中谷義和［編］

グローバル化理論の視座
プロブレマティーク＆パースペクティブ

Globalization Theory: Problematics and Perspectives
edited by Yoshikazu Nakatani

法律文化社

はしがき

　遠くにはトクヴィルが、より近くにはブライスやラスキが指摘しているように、新しい時代には新しい政治学が、また新しい視座と展望が求められる。
　21世紀への移行期は世界史の"革命的転換期"にあたるとされる。これは、いわゆる「グローバル化」のなかで、「時空間の拡大と圧縮」が急速に進み、国権型社会主義体制の崩壊を呼んだだけでなく、国内的にも国際的にも、20世紀までに形成されてきた伝統的社会経済のガヴァナンス・システムの再編状況が起こったことを指している。そして、この事態は、なお、深化している。こうした世界秩序の新しい構造的変貌期のなかで、理論的にも実践的にも新しい課題が提起されている。この脈絡において、グローバル化の動態と構造や現代の歴史的位相をめぐって論争が繰り返され、あるいは、その行方と展望をめぐって議論がグローバルに交差している。本書は、歴史としての現代をグローバル化の時代とし、「時代をとらえる視座」、「カオスをつかむ視座」、「グラムシからの視座」という3つの"視座"からグローバル化の構造と動態に迫り、民主政の現代的課題と方向を提示しようとする、ひとつの試みである。
　本書は3部からなり、第Ⅰ部は「新自由主義と民主政」を表題とし、ジェソップ、ヒルシュ、オーゴーの3論文を収めている。いずれもマルクス主義的アプローチを基礎とし、また、マルクス主義の理論的成果と課題を踏まえつつ、「新自由主義的グローバル化」の分析にはマルクス主義の分析概念の豊富化と新しい視座が求められているとの考えに立っている。巻頭のジェソップ論文は、生物学の援用において「生態的優位」という注目すべき分析概念を提示し、この概念を時期区分や経済社会の複合的システムの位相と変動分析に適用すべきであるとするとともに、この概念を視点として新自由主義的グローバル化の現状を理論的に分析している。また、ヒルシュ論文は、グローバル化のなかで国民国家を超える民主政が求められているとする考えから「グローバル市民社会」

を展望するとともに、NGOなどの社会運動の今日的課題を提示している。そして、オーゴー論文は、史的唯物論の"強み"ないし知的訴求力と"弱さ"について整理したうえで、グローバル化と結びつけて、資本主義の生命力の潜在的柔軟性と展開力の、また、その上部構造の分析を深める必要を指摘している。

　第Ⅱ部は「ガヴァナンス理論の構築」を表題とし、ヘルド、マッグルー、レズニックの3論文を収めている。第Ⅰ部とは分析視座を異にしつつも、いずれも、グローバル化のなかで「重複型運命共同体」が生成しているとの認識において、どのようなガヴァナンスの課題が浮上しているかを明らかにしようとするものとなっている。つまり、ヘルド論文は、グローバル化のなかで地域間格差の広がりや自然と環境破壊などに見られるように、国民国家型代表民主政の制度的対応力と地球的課題との乖離が深まっているとの認識において国連を含む多層連接型のグローバル・ガヴァナンスの強化の必要を提起し、そのヴィジョンも提示している。また、マッグルー論文は、グローバル化の歴史社会学的アプローチが必要であるとの認識において、「組織暴力」とグローバル化との連関を歴史的・現状分析的に辿ったうえで、そのコントロールという現代的課題をグローバルな安全保障のガヴァナンスに求めるとともに、その構成原理に占める「討議民主政」の意義について論じている。そして、レズニック論文はコスモポリタニズムとナショナリズムというベクトルを異にしているように見える2つの緊張した契機の理念と運動の歴史と現状を視野に収めつつ、民主的規範性という共通軸において両者の複合的・有機的展開を展望している。

　第Ⅲ部は「グローバル研究の新たな地平」を表題とし、ここにも3本の論文を収めている。いずれもグラムシの視座を踏まえて、グローバル化研究の課題とアメリカのヘゲモニーについて論じている。つまり、ミッテルマン論文は、「批判的グローバル化研究」の諸潮流を整理したうえで、「変革研究」の意義と視点をグラムシとポラニーの理論をも参考にしつつ提示している。また、カニンガム論文は、グラムシのヘゲモニー論の再解釈を試みるとともに、今日のグローバル・ヘゲモンの位置にあるアメリカ合衆国の"たそがれ"についてのみならず、新しい"きざし"についても論じている。そして、終章の中谷論文は、存在しなかったアメリカという国家がヘゲモニー的存在へと転化するにあたっ

ては、どのような修辞と論理が作動したかを歴史的に辿ろうとしている。

　以上のように、本書は、専門領域をやや異にしつつも、英・独・米・加とデンマークのすぐれた論者を配し、これに編者の小論を所収するという構成にある。この点では政治学を中心として、一定の国際的編成をもってグローバル化の動態と構造にアプローチし、これを理論化するための視座を提示しようとするものとなっている。当然のことながら、論者は視点と論点や基本的分析視座を異にしている。だが、グローバル化の時代には新しい民主政が求められているし、歴史と地理的空間を異にしつつも、その深化を期すべきであるという点では認識を共通にしている。この意味で、本書は、グローバル化をめぐるプロブレマティックを提示し、その解明を期すとともに、グローバル化時代の民主的パースペクティブを展望しようとしている点では、グローバル化理論の、ひとつの試みである。

編　　者

目次

はしがき

I 新自由主義と民主政
時代をとらえる視座

第1章 新自由主義のあとに何が……3
―― アメリカ支配の矛盾の深化と新しいグローバル秩序の模索

【ボブ・ジェソップ】

1 はじめに　3
2 時期区分の問題　4
3 新自由主義(ネオ・リベラリズム)とは何か　7
4 新自由主義と経済的決定　11
5 経済の生態的優位　13
6 世界社会のなかの資本主義の生態的優位　20
7 他の資本分派をしのぐ金融資本の生態的優位　25
8 むすび　26

第2章 グローバル化……31
―― 自由民主政の終焉

【ヨアヒム・ヒルシュ】

1 グローバル化と自由民主政　31
2 国家・市民社会・自由民主政　33
3 国家の国際化　35
4 国民国家を超える民主政　40
5 ラディカルな改革主義　42

6　パースペクティブ　44
　　7　非政府組織は民主的アクターか　46

第3章　史的唯物論のグローバル化研究 ……………………52
　　　　── 批判的再評価
　　　　　　　　　　　　　　　　　【モートン・オーゴー】
　　1　はじめに　52
　　2　史的唯物論の魅力と課題　53
　　3　経済のグローバル化のパースペクティブ　58
　　4　土台－上部構造の弁証法 ── グローバルな政治的上部構造　63
　　5　結　論　72

II　ガヴァナンス理論の構築
カオスをつかむ視座

第4章　グローバル・ガヴァナンスの再構築 ……………81
　　　　── 終末か改革か！
　　　　　　　　　　　　　　　　　【デヴィッド・ヘルド】
　　1　現代の逆説　81
　　2　なぜグローバルな課題を問題とせざるをえないか　83
　　3　構造的要因とガヴァナンスの課題　85
　　4　グローバル・ガヴァナンス ── 現状の概観　89
　　5　諸問題とグローバルな問題解決のジレンマ　92
　　6　グローバル・ガヴァナンスの強化　95
　　7　グローバル・ガヴァナンスと民主政の問題　101
　　8　多元型シチズンシップと多層型民主政　105

第5章 討議民主政とグローバル・ガヴァナンス 112
　　　── コスモポリタニズムと組織暴力のグローバル化
　　　　　　　　　　　　　　【アントニー・マッグルー】

　1　はじめに　112
　2　組織的暴力のグローバル化 ── 世界文明から運命共同体へ　114
　3　新しい暗黒時代か ── 組織暴力とグローバル化の終焉　126
　4　組織暴力とグローバル化理論の限界　137
　5　戦争の新ルールか ── グローバルな暴力のグローバルな規範　142
　6　コスモポリタニズムと暴力のグローバル化
　　　── 討議型超国民主義とグローバルな安全保障のガヴァナンス　145

第6章 コスモポリタニズムとナショナリズム 156
　　　　　　　　　　　　　　【フィリップ・レズニック】

　1　コスモポリタンな理念の起源　157
　2　コスモポリタニズムの再生とその限界　161
　3　国民国家の生命力とグローバル化に対する抵抗　164
　4　強弱の問題　170

III　グローバル化研究の新たな地平
グラムシからの視座

第7章 批判的グローバル化研究とは何か 177
　　　　　　　　　　　　　　【ジェイムズ・H. ミッテルマン】

　1　はじめに　177
　2　批判的パースペクティブ　178
　3　予備的考察　180

4　陥穽と混乱　183
　　　5　批判的グローバル化研究の構成　186
　　　6　9.11後の変革研究の課題　188
　　　7　求められる知識　190

第8章　現代の君主たちのたそがれ……198
【フランク・カニンガム】

　　　1　はじめに　198
　　　2　集団的意思（コレクティブ・ウィル）　201
　　　3　リーダーシップ　203
　　　4　ポスト・グラムシ派の修正　205
　　　5　グローバルな脈絡とヘゲモニー　207
　　　6　アメリカとグローバル・ヘゲモニー　210
　　　7　ヘゲモニーのグラムシ的評価　212
　　　8　たそがれ　218
　　　9　新しい兆しか　219

第9章　アメリカのヘゲモニー……224
―― ひとつの史的脈絡化
【中谷義和】

　　　1　はじめに　224
　　　2　アメリカ"膨張主義"の論理と心理　228
　　　3　多元主義的「帝国」の論理　233
　　　4　むすびにかえて　243

あとがき

執筆者紹介
(＊は編者及び訳者)

ボブ・ジェソップ Bob Jessop
　　　　　　　　1946年生，ランカスター大学教授，第1章

ヨアヒム・ヒルシュ Joachim Hirsch
　　　　　　　　1938年生，フランクフルト大学教授，第2章

モートン・オーゴー Morten Ougaard
　　　　　　　　1950年生，コペンハーゲン・ビジネス・スクール教授，第3章

デヴィッド・ヘルド David Held
　　　　　　　　1951年生，ロンドン政治経済学院（LSE）教授，第4章

アントニー・マッグルー Anthony McGrew
　　　　　　　　1954年生，サザンプトン大学教授，第5章

フィリップ・レズニック Philip Resnick
　　　　　　　　1944年生，ブリティッシュ・コロンビア大学教授，第6章

ジェイムズ・H．ミッテルマン James H. Mittelman
　　　　　　　　1944年生，アメリカン大学教授，第7章

フランク・カニンガム Frank Cunningham
　　　　　　　　1940年生，トロント大学教授，第8章

＊**中谷 義和** Yoshikazu Nakatani
　　　　　　　　1942年生，立命館大学教授，第9章

I

新自由主義と民主政
時代をとらえる視座

第1章
新自由主義のあとに何が
──アメリカ支配の矛盾の深化と新しいグローバル秩序の模索

ボブ・ジェソップ

1 はじめに

　この章では、新自由主義(ネオ・リベラリズム)の形態と時期区分について検討するとともに、資本主義世界市場の力学変化という点から、その将来を展望することにする。とくに、アメリカの新自由主義と対外経済政策に焦点を据えることにするのは、アメリカが、なお、新自由主義の拠点となっているからである。だが、アメリカの経済的ヘゲモニーは衰退しているだけでなく、その支配に対する挑戦も多くの分野に及ぶようになっている。アメリカが経済力と政治力をしのぐ力をとどめているのは、連邦政府や関連国際経済機関が新しい金融支配の体制を構築し、また、超国民的金融資本が世界経済の、より広くはグローバル秩序の形成という点で「生態的に支配的な」位置を保持しているからにほかならない。この章は5つの部分からなる。次の第2節では、資本主義的世界市場と新自由主義とを結びつけて、時期区分の問題について論じ、第3節では新自由主義を規定するとともに、これを4形態に区分することになる。そして、経済的決定論については概括的にしか論じられてこなかっただけに、第4節と第5節ではこれを4形態に分けることにする。以上を踏まえて、第6節以降では、アメリカの新自由主義の論理が世界市場において、なお生態的に支配的であると位置づけたうえで、アメリカの支配の諸矛盾と限界について全般的に考察することで結ぶことにする。

2 時期区分の問題

　新自由主義の将来を語ろうとすると、時期区分の問題が浮上することになる。時期を区分する主な目的は、この作業を経ないと歴史的時代の「フロー」が区分されえないだけに、事象と過程を、あるいは、いずれかを内在的類似性と外面的差異から分類することで、連続と移行の局面を明らかにすることにある（cf. Elchardus 1988：48）。新自由主義が台頭するなかで資本主義の展開に大きな断絶が起こったと広く受け止められているが、新自由主義がどのような段階を経たかについて、また、その継続的支配が世界的に持続しえず破綻したとするとどのような事態が起こるかについて、広く理解されているという状況にはない。すると、新自由主義の諸段階に相対的連続性を認めうるとすると、何が作動することで一定の構造的統一性が維持されているのかという問題が、また、それが破綻したとすると、直接的ないし全面的に新しい安定的レジームが成立すると否とを問わず、決定的断絶がどのように起こるかという問題が浮上せざるをえないことになる。さらには、それなりの連続が認められるからといって、自動反復が繰り返されるという静態的状況にあるとはいえないわけであるから、新自由主義のレジームに典型的な構造的統一性を遮断しうるだけの変化が起こっていないということになる。

　新自由主義が終焉したとしても、その特徴のすべてが全面的に消滅するわけではない。名残りをとどめつつもその姿を大きく変えて、別の支配的な経済・政治・イデオロギーの枠組みにおいて作動しうることになる。要するに、新自由主義レジームの構造的統一性に変化が起こり、その固有の諸段階を確認しうる状況にあるといえるかどうかについて、また、新しい徴候が浮上していて、構造的に不安定な局面に、あるいは、新しい統一的形状に連なりうる局面にあるかどうかについて検討すべきことになる（時期区分についての全般的検討を踏まえ、これをフォーディズムとポスト・フォーディズムに援用した論稿としては次がある。参照のこと。Jessop 2001）。

第2の問題は、多数の、それなりに自律的な経済空間が世界中に広がっている局面の力学に焦点を据えるというよりは、世界市場が、いつ十分な統一性をみることで世界資本主義の歴史を書くことが可能となり、また、その必要も起こったかということである。この問題は、生産様式としての資本主義の歴史的特殊性や資本主義の多様性という点で、また、「偏差状資本主義（variegated capitalism）」化を傾向的特徴とする世界市場への統合という点でも、さらには、この偏差状のグローバルな資本主義の時期区分という点でも興味深い争点となりうる。こうした世界資本主義への移行は、19世紀後期以降の諸段階で不均等に展開したが、今や、世界通貨やグローバル金融の展開と結びつくに及んでいるし、ソ連圏の崩壊後に新自由主義が最盛期に達することで、大きな弾みを得ることにもなった（以下を参照のこと）。

　世界資本主義の統合が進むなかで、「資本主義の多様性」から世界資本主義を研究することは不十分なものとなっている。これは次の理由による。つまり、資本主義の多様性からアプローチすると資本主義のナショナルな個別様式（その類的集合）のみを対象とし、ナショナルなモデルを同様の利害から同一の土俵で競争している対抗関係とみなすことになるので、より広く国際的ないしグローバルな分業における補完性の潜在力を無視することになる。逆に、世界市場の統合化のなかで分業形態が変化しているとし、これにのみ焦点を据えると、ナショナルなレベルで程度の差はあれ持続的な資本主義の多様性を軽視し、単一の偏差状資本主義が生成しているとすることになる。このように、資本主義は多様であるとし、それぞれの内的統一形態について研究される場合が多いが、これは、それぞれがそれなりに孤立しているとする間違った仮説に依拠している。他方で、ひとつの偏差状のグローバルな資本主義が生成しているとし、これに焦点を据えようとすると、蓄積レジーム、調整様式、時間－空間の位相の複合的「生態」において、補完性、矛盾、危機傾向がどのように変化しているかという視点から、相対的に安定的な多様な圏域を確認し、説明すべきことになる。この視点からすると、それぞれの圏域が矛盾と危機傾向を移転したり、これを、将来に、また、相対的不統一と不安定や破局の圏域に持ち込みうるという点で、あるいは、いずれかの点で、どのような能力を備えているかについ

ても検討すべきことにもなる。伝統的資本主義の多様な形態を偏差状のグローバル資本主義と結びつけることで、一定の経済空間のなかで、どのような内的・外的存在条件において、また、きわめて重要なことに、他の空間や将来の世代にどのようなコストを課すことで、それなりの成果を得ることができるかを明らかにすることができよう。この脈絡からすると、新自由主義とは、他の資本主義様式よりも、程度の差はあれ、より生産的で前進的な（あるいは、効果と収奪の差を含んだ）資本主義にすぎないとは、また、全世界経済が新自由の方向で組織されることになれば、あらゆる地域で積極的（ないし消極的）効果をもちうるような資本主義の一様式にすぎないとはみなされえないことになる。むしろ、新自由主義を経済レジームのグローバルな生態（および、このレジームの経済的・経済外的基盤）と結びつけるとともに、こうしたレジームのいずれが、ありうるとして、固有の論理に訴えることで、世界規模の蓄積の力学に最大のインパクトを与えているかを問うことで、その実態について、より多くを知りうることになる。

　この視点は、マルクスが世界市場とはすべての関連諸力が交差するアリーナにほかならないとしているだけに、彼の指摘に新しい光を当てることになる。というのも、この立場からすると、単一の論理が、世界市場の全てのレベルにおいて、同一の方向で作動しているわけではないと考えられているからである（世界システム論の粗野な視野はこれと視点を異にしている）。むしろ、抽象的労働と価値形態とが結合するという点で、その最も先端的な存在様式が世界市場なのであって、この空間において、生産はすべての契機を備えた統一体として現れるとともに、その内部において、すべての矛盾が浮上することにもなる（Marx 1973 : 227）。以下で新しい言葉を使うことになる。そのなかには、構造的一対化、同時進化、相互補完性と合成可能性という言葉が含まれるが、これは、資本主義の諸様式や諸段階相互の矛盾と排他性について、また、資本蓄積の力学が世界的規模で進むと、将来、どのようなことになるかについても検討するためである。要するに、資本主義の時期区分の理論的・実践的地平は、結局、世界市場レベルにおける「偏差状資本主義」の視点から捉えるべきものといえよう。

すると、現代資本主義において世界市場の統合が深化しているとする考えを、また、マルクスが『資本論（*Capital*）』で分析した当時よりも、その分析が、今や、光彩を放つものとなっているとする考えを出発点とすべきことになる。だが、問題は、こうした世界市場の論理をどのように理解し、理論化すべきかということである。世界社会の複合性を正確に把握するためには、経済主義を排し、他の社会的論理を勘案すべきことになる。この点については、既刊の『資本主義国家の未来（*The Future of the Capitalist State*）』の分析に依拠することになる（Jessop 2002）。とりわけ、別の社会編成様式（*Vergesellschatungsmodi*）、社会編成の多様な論理の可能性（と合成可能性）の限界、機能システム間の構造的一対化と同時進化という考え、制度的秩序と組織化、資本主義とその矛盾の歴史的特殊性、そして、とくに、システム相互とその内部の生態的優位の諸関係の意味は、こうした議論に依拠することになる。なかでも、金融資本の国際化とグローバル化とは、資本の論理がこれまでになくグローバルな規模で作動しうることを意味するだけに、きわめて重要な過程であると判断せざるをえない。だからといって、不均等発展を、また、早晩の差はあれ、時間的ズレが起こることを排除するものではなくて、こうした要件は、根本的障害となるというより、部分的であれ、新自由主義的グローバル化の推進要因とみなすべきことになる。資本蓄積の限界は、蓄積の短期的変動や中期的循環と危機というより、さらには、蓄積の長期波動というより、資本関係自身に、また、その破壊性の深化に求められるべきである。

3 新自由主義とは何か

既述の課題からすると、新自由主義の意味を4つに分けることができる。第1の、最も根本的意味は、ソ連圏の崩壊後に起こった新自由主義的システム変容のことである。これは、いわば、空白状態アプローチであって、継承された国家社会主義的諸制度を創造的に解体することで、十分に機能しうる自由主義的市場社会が自発的に生成するものと、また、代議制民主政の機能が徐々に展

開するものと、それなりに想定している。第2に、本質的に自生的な新自由主義的レジーム移動のことである。これは、例えば、資本と労働との制度的妥協を基礎とした戦後体制から残存公的部門の自由化と規制緩和を、また民営化と市場代替を基礎とした経済政策への移行策に、つまり、諸力のバランスを資本中心型に変えようとする一連の政策に認めることができる。その典型例がサッチャー主義とレーガン主義であるが、これにとどまらず広く先進資本主義経済にも認めうることであるし、チリやアルゼンチンのように、一部のラテンアメリカ経済でも起こっている。第3に、経済を新自由主義に再編しようとする過程やレジーム変動を指している。これは、主要資本主義国と同盟諸国が、あるいは、いずれかが国際的経済機関と機構に訴えて、金融などの援助の条件として危機に陥った経済と国家に外から押し付けたものである[*1]。そして、第4に、それなりにプラグマティックで、したがって、可逆的な新自由主義的政策調整のことであり、国際化の深化と諸力のグローバルなバランス変化のなかで最小限の変化を期すことで、新しい条件にも耐えうる経済と社会のモデルを創出しようとすることである。その諸例を北欧の社会民主政や「モデル・ドイツ」に、また、ライン流域の資本主義形態に認めることができる。

　新自由主義の盛期は1980年代後期から1990年代前期に訪れている。この局面において、新自由主義的システム変容、新自由主義的レジーム移動、新自由主義的政策調整が偶発的に大きく結合することになった。そして、新自由主義の謳歌論者や新自由主義の支持者たちは、全世界が新自由主義に衣替えしたと、あるいは、遠からずそうなると主張した (e.g., Fukuyama 1992)。だが、その後の展開に鑑みると、新自由主義的システム変容のなかで「大構想」が実現されたわけではないし、新自由主義的レジーム移動といえども、「第3の道」などの多様な形態にとどまらず、ネオ・コミュニタリアン型の政策によってすら支えられ、補完される必要があったことは明らかである。さらには、市場中心型資本主義に回帰するには位階制に支えられた多層型ガヴァナンスが求められるし、新自由主義的政策調整だけでは、まず、新自由主義的レジーム移動とは結びつきえないことも明らかとなっている（近時の例として、スウェーデンとドイツの場合を挙げることができる。というのも、両国の保守政権は、全面的な新自由主義的

転換を試みるというより、大枠としては、継承したモデルの制約内で作動しうる方途を再び選択しているからである)。

　すると、新自由主義を無視しうるかという問題が、あるいは、単なる趨勢のひとつに過ぎないと判断しうるかという問題が浮上することになる。そのように判断するわけにはいかない。というのも、次の考察が求められるからである。それは、(a)新自由主義の盛期は、また、新自由主義的システム変容の機能不全は、どのような経路依存型遺産のなかで浮上したのか、(b)新自由主義的レジーム移動において、新自由主義的な巻き返しから前進という方向移動が、なお、続いているのか (cf. Peck and Tickell 2002)、また、これと結びついて、前進し続けるための支援と補完のメカニズムと政策が模索されているのではないか、この点の検討が求められることになる (cf. Jessop 2003)。さらには、(c)新自由主義的レジーム移動を起こさなかったナショナルとリージョナルな経済の場合でも、新自由主義的政策調整がネオコーポラ主義的・新国家主義的・ネオコミュニタリアン的調整の循環運動の一部であるとすると、こうした調整は一般的な循環的回帰に過ぎないといえるのか、この点の検討も求められることになる。この視点からすると、先進資本主義経済における新自由主義が (とりわけ、政策調整に大きく限定されている場合)「通常」の国内政策として導入されている場合もあれば、より従属的な (また、危機局面の) 資本主義経済における市場と支配をめぐる対立的な資本主義的・国家的利益間の帝国主義的闘争のなかで、新自由主義的な政策と政治が (「非常事態」と軍事支配の、あるいは、いずれかの事態の場合もある) より「例外的」に押し付けられている場合もあるだけに、それぞれの位相を区別すべきことにもなる。

　さらには、新自由主義が導入されたことがなく、押し付けられたり、あるいは導入を迫られることになったリージョンにおいて、新自由主義政策が採用されることで、(大まかにいって) どのような形態や局面で、また、どのような力学が作動することで経済危機を呼ぶことになったかについても検討すべきことになろう。というのも、世界市場で新自由主義の実現を期そうとすると、利害関係者の価値において短期の金銭的見返りを最大にするというより、中・長期の物質的相互依存関係の管理をもとに別の調整とガヴァナンスの、あるいは、

いずれかの様式を基礎とした経済が求められるだけに、その構造的統一性の機能不全を呼びかねないからである。この点は、資本関係の主要形態の2つの面の矛盾と対立に内在している緊張関係やその潜在的可能性を注目することで、より精確化を期すことができる。例えば、商品は交換価値であり、使用価値でもある。また、労働者は他の同様の単位（実際、他の生産要素）で代替されうる抽象的労働力であるが、同時に、特殊な技術と知識や創造力をもった具体的個人でもある。さらには、賃金とは生産コストであるだけでなく、需要の源泉でもある。そして、貨幣は国際通貨として、また、ナショナルな貨幣として機能するし、生産的資本は流動的な抽象的価値であるだけでなく（とりわけ、再投資可能な現実的利潤の形態において）、価値実現の過程における時間的・空間的特殊資産の具体的ストックでもある。そして、知識は知的財産として領有され、あるいは、知的共有財の一部として循環しうることにもなる。他にも挙げうる。こうした社会諸形態にとって、新自由主義は使用価値の契機よりも交換価値の契機を重視し、コストの回収と縮減を重視し、すべての経済活動を世界的レベルの市場平均率に合わせようと、あるいは、これを超えようとする要求に従属させることになる（cf. Jessop 2000；2001）。

　これは超流動的金融資本を重視することで、特定の時間と空間において実現されるべき資本の価値を犠牲にするものである。それだけに、それまで領域外にあった空間に利潤志向的で市場媒介型の蓄積を拡げようとすることにもなる。新自由主義の盛期が終わり、新自由主義のヘゲモニーが弱体化したあとになっても、新自由主義の支配的な経済・政治・イデオロギーの諸力は多極的・二極的次元で繰り返し登場し、新自由主義に抵抗する経済にその方向を押し付けようとした。

　以上の指摘は、グローバル化のなかで新自由主義の現在の趨勢が既述の諸矛盾の第1の側面の重要性をどのように高めているかについて検討することで明らかにすることができる。というのも、使用価値の実質的・物質的契機よりも、この構造に占める交換価値の抽象的・形式的契機が強力なものとなっているからであり、またこうした抽象的契機において、資本は、あっさりと、特定の空間から分離し、空間と時間を自由に「浮遊」しだしたからである[*2]。

だが、より具体的に、それぞれの契機に即してみると、資本は固有の生産と再生産の要件に服していて、それが実現されうるには特定の空間的－時間的場所が求められる。したがって、新自由主義は空間からの離脱を強くすることで抽象的（貨幣）資本のフローを加速することを求めるが、他方で、資本は時間と空間に「固定され」、特定の社会諸関係に埋め込まれることを価値実現の条件としているため、一般的には、両者に緊張関係を含まざるをえないことになる。

4　新自由主義と経済的決定

　新自由主義の優位とは、どのようなことであろうか。（多くは間違って、あるいは、誤解をもとに）これまでオーソドックスなマルクス主義に帰せられてきたこととはいえ、利潤志向的で市場媒介型の蓄積過程と他の制度的秩序や関連意識形態との関係において「最終審級における決定」など存在してはいない。これは、資本蓄積が経済外的諸要因に依存せざるをえないことからも明らかである。だが、経済的決定の他の様式が存在しないわけではない。他の論稿で、すでに、経済的決定、生態的優位、経済的支配、ブルジョア・ヘゲモニーの概念を区別している。第1の原理は経済機能の体系的特徴のことである。第2の原理は、(a)経済における構造的力の制度的・組織的次元と(b)経済諸主体と経済外諸力との関係を、あるいは、(a)と(b)のいずれかを対象としている。ヘゲモニーが作動すると構造的に埋め込まれ、具象化する傾向を帯びることになるとはいえ、第3のメカニズムは、基本的に、観念ないし言説の次元で作動している。そして第4の原理は経済と他のシステムとの体系的関係を対象としている。[*3]

- **第1審級における経済的決定**——これは、全資本循環において生産的資本の循環が規定的役割を果たしていることであって、経済システムにおける生産の規定性と言い換えてもよかろう。これは、富が分配されるには、まず、生産されなければならないということを、あるいは、もっとマルクス主義的にいえば、富が実現され、再分配・再配分されるには、まず、生産される必要があるという事実を指している（その含意は、これ以上でも以下でもない）。こうした経済的決定が勢いを強めると、

他の交換関係の諸類型が根づいていて、利潤志向的で市場媒介型の交換が存在しない領域にも商品化の論理を持ち込むことになる。
- **経済的支配**——これは、所与の商品連鎖と一連の広範な経済活動において、あるいは、いずれかにおいて、例えば、フォード主義経済の、また、実際、ポスト・フォード主義経済の石油のように、あるいは、より近年に至っては、生物資本主義の分野における遺伝子特許のように、戦略的資源をコントロールしている人々の優位性を指すものである。経済的支配には、さらに、他のシステムや制度的秩序が特定の経済的入力に物質的に依存しているだけに、それなりに、「ストライキ権」や「脅し」を経済的に行使しうることも含まれる。
- **経済的ヘゲモニー**——これは、一連の社会諸勢力が、自らの技術的−経済的パラダイムと蓄積戦略を支配的な経済的構図とすることで、他の諸勢力のパラダイムとビジネス・モデルや戦略がこのヘゲモニーに合わせざるをえなくしうる能力のことである。
- **生態的優位**——これは、経済外的基盤を含めて、利潤志向的で市場媒介型の資本主義的経済秩序が、他の社会秩序にまさるインパクトを与えることで、その展開を左右しうることである。生態的優位は、蓄積レジームと調整様式の特定の属性、環境に占める他のシステムの性格、特定の偶発的特徴に左右される。他の諸システムとそのアクターは、程度の差はあれ、商品化を制約し、あるいは抵抗しうるし、自らの体系的優位順位や秤量様式を経済に課すことで、経済活動を動かしうる。

生態的優位とは、一般的に、所与のシステムが、自らの組織システムの自己組織化の生態において、浸透と構造的一対化や自動的同時進化と戦略的調整をもって、また、戦略的慣性に訴えることで自らの発展の論理を他のシステムの機能に押し付け、他のシステムの論理が自らに課しうる規模を超えうることを意味している[*4]。この能力は、常に、他のシステムの機能論理と生活世界のコミュニケーションの合理性に依拠し、また、これを媒介としてもいる。生態的優位は、常に、示差的・関係論的であり、偶発的でもある。したがって、所与のシステムは、程度の差はあれ、生態的に支配的な存在となりうるし、その優位は諸システムのなかで、また、生活世界の多様な局面ないし領域のなかで変化しうることにもなる。そして、生態的に支配的なシステムが他のシステムの

機能の影響を受けないとか、特定の社会諸力がその優位に介入し、逆転したり、あるいは、これを抑制し、誘導しようとすることなど起こらないということにはならない。むしろ、名称からもわかるように、生態的優位には生態的関係が含まれているのであって、あるシステムが優位となるのは、同時に進化する複合的状況においてのことであって、あるシステムが自らの論理ないし意思を一方的に押し付けうるような一方的な支配関係が含まれているわけではない（cf. Morin 1980：44）。生態的優位の諸関係において「最終審級」は存在せず、その諸関係は常に偶発的である。したがって、どのような状況において、より広い社会構成体のなかで蓄積が生態的に支配的過程となるかについて、その歴史的に固有の条件を研究することが求められることになる。

5　経済の生態的優位

以上の視点からすると、(生物界に対置される) 社会的世界には、分析的には7つの、だが、経験的には相互に結びついた側面が存在していて、これがあるシステムの可能性に影響を与えることになる（付表を参照のこと）。すると、利潤志向的で市場媒介型の経済には、固有の自己価値実現の論理が含まれていて、この属性のゆえに、他の社会諸関係の類型よりも生態的優位をもちうるに過ぎないことになる。

第1に、資本主義経済は他のシステムとの結びつきを断つ傾向を強めるので、社会的に必要な労働時間と社会的に必要な回転時間を短縮しようとする内的競争が資本の蓄積力学の強力な駆動力となる。したがって、経済に対する経済外的圧力は資本間の競争に転化し、資本はこうした圧力に新しい利潤の機会を発見するとともに、(流動資産を含めて) 他に投資することで資本を守ろうと特定の市場から脱出することになる。あるいは、いずれかの方向を強くすることになる。流動性と柔軟性や代替可能性には程度の差があるが、これは、資本がこうした圧力と競争にどの程度の対応力を有しているかによって、状況は異ならざるをえないことを意味している。金融資本が最も流動的で、また、抽象的な一

付表　機能システム間の関係における生態的優位にかかわる諸要因

内的	・継続的自己変容の範囲——内的競争圧力が所与のシステムの力学における外的適応圧力よりも強力なことによる。 ・内部の構造的・機能的複合性の程度、したがって、動揺ないし攪乱のなかで（適応圧力の内的ないし外的起源と対抗しうる）自発的自己適応の範囲。 ・自らの機能を時間と空間において拡大・圧縮し、あるいは、いずれかを期すことで（例えば、時間的 − 空間的拡大と時間的 − 空間的圧縮、あるいは、いずれかによって）自己再生産の最も広範な機会を利用しうる能力。
横断的	・自らの内的矛盾と逆説やジレンマを他のシステムや環境に移転し、あるいは、将来に引き伸ばしうる能力。 ・他のシステムの構図を鋳直し、脈絡管理力によって（とりわけ、基本的機能の方向を設定するとともに、他の機能システムに適合的空間を提示する組織によって）[*8] 他のシステムの進化の方向を設定し、その基本的編成の構図を（再）鋳直しうる、あるいは、いずれかを期しうる能力。
外的	・他のアクターがその機能をより広範なシステムの再生産の中心であることを認めるとともに、（例えば、システム・プログラムないし決定の前提を当然の制約ないし命令として所与化することで）このアクターを自らの再生産「条件」の方向に誘導しうる程度。組織は、この点で、いくつかの機能システムの不満と期待に対応しうる能力に訴えることで鍵的役割を果たすことになる。 ・所与のシステムが他のシステムに対する外的適応圧力の最大の源泉となり（恐らく、システムの機能不全の頻発の意味、社会的排除の強化、積極的フィードバック効果による）[*9]、また、システム展開について、それぞれの内的圧力よりも重要な存在となりうる程度、あるいは、いずれかの状況にありうる程度。

般的資源をコントロールしているので、利潤の機会や外的攪乱状況に対応しうる最大の能力を持っている。デリバティブの展開は、こうした能力の最も一般的形態であり、実際、世界市場において、あらゆる投資機会の均一化の役割を強めているだけでなく、世界的規模で資本一般の自生的で自己指示的(セルフ・レフェレンシャル)表現の役割も果たしている（cf. Bryan and Rafferty 2006, 2007）。

　第2に、資本主義経済は内的に複雑で、柔軟な構造にある。これは、市場諸力が分散的でアナーキーな性格を帯びていることによるだけでなく、価格メカニズムが二重機能を果たしていることにもよる。つまり、資本を多様な経済活動に配分するとともに、二次的観察や学習と自省の誘引の役割を果たしている

からである。自然界において生態的優位が起こりうる状況のひとつとして、所与の種が環境の変化に耐えうることを挙げることができる（Keddy 1989：18-19）。この世界を援用すれば、こうした能力は経済においても十分に展開しうるといえるのは、内的複合性（多元性と諸要素の異質的内包化）を高めることで、諸要素の一対化を緩和するとともに、市場経済における内省力（自己監視）を高くしうるからである（Baraldi et al. 1998：151）。さらには、資本主義が展開するなかで、多様な組織と制度や装置が資本主義に固有の矛盾とジレンマや逆説の多様な契機を表現しだすだけでなく、相互作用のなかで、特定の時間的−空間的位相において市場の失敗を補おうとすることになる。

第3に、資本は、時間と空間において自らの機能を拡大しうる強い能力（時間的−空間的拡大）を、また、この点では両者を圧縮しうる強い能力（時間的−空間的圧縮）を、あるいは、いずれかの能力を強化している。この2つの過程が相互に強化され、世界市場がリアル・タイムで統合されることで、資本は撹乱要因に対応しつつ、自己拡大の論理の機能要件を充足する。この能力は（アナーキー的見えない手に服しつつも）市場の形式的・手続き的合理性と結びついている。また、資本は、時間と空間の制約を免れて、貨幣を象徴的手段として経済交易を促進しうるのみならず、（資本主義的会計や貨幣収益を計算可能な形式的最大値に合わせうる高度のメカニズムをもった）多様な内的機能を備えうることにもなる（マルクスや資本主義的会計については、とくに次を参照のこと。Bryer 2006）。こうした能力のすべてによって、資本は内外の諸条件に対応しうる「共鳴能力」を高めうることになる（Luhmann 1988：37-41）。この能力が他のシステムよりも高くなると、資本の生態的優位の範囲は広まることになる（付表を参照のこと）。

第4に、こうしたメカニズムなどによって、資本は他のシステムの構造的制約のみならず、また、他のシステムがコントロールしようとする試みを回避しうるチャンスを高め、そのことで、自らの環境に「無関心」でありうることになる（cf. Lohmann 1991；Luhmann 1988）。これは、とりわけ、資本主義経済の唯一のサブシステムに、つまり、程度の差はあれ、グローバルな規模で統合を深めている国際金融資本に妥当する（Luhmann 1996）。だからといって、金融が（いわんや、より一般的には経済が）自らの機能に対する他の機能システムの多様な役

割に依存しなくてすむとか、あるいは、当然のことながら、固有の矛盾やジレンマに発する危機傾向を免れうるといっているわけではない。だが、特定の制約や特定のコントロールを回避しようとする方向は、固有の機能を媒介として時間（値引き、保険、危機管理、見越し、デリバティブ、ヘッジ・ファンドなど）と空間（資本逃避、再配転、海外への外注、領土外への要求など）のレベルで浮上することになる。また、他のシステムの機能の中心に位置している組織を交換価値の論理によって植民地化することによって、あるいは、単なる買収によって支配下におくことになる。

第5に、自然の進化の場合には種は環境に適応するか、それから脱出しなければならないのに対し、社会進化の場合には再帰的に自己を組織したり、環境を作り変えようとすることになる（ミツバチと建築家との違いについては次を参照のこと。Marx, *Capital*, I, 1965 : 284）。この能力は社会進化の様式を変えようとする試みに及ぶこともありうる（Willke 1997）。だからといって、特定の機能システムの進化を、いわんや、世界社会の進化を完全にコントロールしうるわけではないし、組織間やシステム間の、さらには、世界社会の同時進化の方向を形成しようとする試みが排除されるわけでもない。多様な組織やシステムが自らの環境に適用したり、これを変えようとする場合、あるいは、いずれかの方途に訴えようとする場合、「進化過程の論理は生態系化(エコシステム)することになり、支配的で環境をコントロールしうる種やその共生体と寄生体だけが存続しうることになる」（Bateson 1972 : 451)[*5]。すると、多様な組織とシステムが個別の環境を変えうる能力をそれなりに持っているのであって、自らの環境の変化に適応せざるをえないわけではないということ、これが実態かどうかという問題が浮上することになる（次の第7の点も参照のこと）。

第6に、社会編成の他の原則（例えば、国民の安全、"人種"の優秀性、宗教原理主義、社会連帯）よりも蓄積が優先されるのはなぜかという問題がある。これは、多様な機能システムの自己規定や関連社会価値相互の影響力の点から検討することができる。というのも、とりわけ、こうした自己規定や価値がマスメディアや公領域において、また、政治的・知的・道徳的指導力によって接合され、浮上するからである。こうした自己規定や価値の重要性は、一般的な社会的コ

ミュニケーション（日言用語やマスメディア）において、次と結びついて変化しうる。それは、(a)社会的編成化の別の論理、(b)主要機能にかかわる選択肢の選定に際して（例えば、教育カリキュラムの策定、研究課題の選択、報道価値の決定、医療システムにおける生涯の質の算定、世界的スポーツ・イベントの日程設定）、経済的配慮が鍵的役割を果たすように各機能システムのプログラムを二次的にコード化すること、(c)諸組織の決定の前提、(d)多様な機能的優先順位をもった組織間の消極的調整に占める多様な利益の相対的重み（この場合、この種の調整は、それぞれのコードが適用されることで機能不全をきたさないようにするためである）、(e)世論の性格の変化、これである。マスメディアは、また、機能システムと諸組織や相互作用に情報を提供するという点で、とりわけ、生産手段をコントロールしている人々が知的生産手段をもコントロールすることでニュース・バリューを形成している場合には重大な役割を果たすことになる。この脈絡からすると、ヘゲモニーをめぐる闘争がより容易なものとなりうるのは、本質的に類似の単位が断片的に現れるよりも、中心－周辺関係と成層化を、あるいは、いずれかを基礎として、ある機能システムが世界経済のように内的に組織されている場合である (Luhmann 1996 ; Simsa 2002)[*6]。ヘゲモニー闘争は、また、社会諸勢力が機能システムを横断する姿で登場し、それぞれの機能を（積極的ないし消極的協力をもって）調整しようとする場合には、より容易なものともなる。この点で、権力ブロックは、パラレルな権力ネットワークによって組織されることで、システムの重要なメカニズムと社会統合の役割を果たしうることになる (Poulantzas 1978 ; cf. Baecker 2001, 2006)。だからといって、ヘゲモニー・ビジョンが世界社会のアイデンティティを代表的アイデンティティ（*repraesentatio identitatis*）として十分に具現しうるわけではないし、単一のシステムの視点から可能なものとなるわけでもない。ヘゲモニーの機能といえども、社会全体を代表するわけではなくて、一連の特定の諸利益を社会の諸利益として代表するに過ぎない (cf. Marx and Engels 1976 ; Gramsci 1971)。

　第7に、生態的に支配的なシステムは、他のシステムに対して外から適応圧力をかけうるという点で、最も重要な源泉となる。総じて、ある機能システムの複合性が高まると、他のシステムの環境の複合性も高まり、自らのオートポ

イエシス力を維持するために内的複合性を高めざるをえないことになる (Baraldi et al. 1998：96)。既述の最初の4つの要因にとって内的複合性が強まると、生成期の世界社会において他のシステムにも跳ね返るだけに、内的複合性の深化が国際的市場経済の特徴となる可能性を最も強くすることになる。実際、ワグナーは、優位性（*Primat*）を、あるいは本論の言葉からすると、生態的優位をとどめているシステムとは、最も強く退化の過程にあるとはいえ、他のシステムに最も重大な影響を与えているシステムのことにほかならないとする (Wagner 2006)。その可能性が高いといえるのは、他のシステムの活動の実現にとって重要な諸組織は、直接的ないし間接的に、自らの機能を支えうるだけの財源を経済から調達しなければならないからである（cf. Lange 2003：233）。だから、利潤志向的で市場媒介型の経済は、商品化の論理によって、また、主要な二次的コードとして純財源を導入することで、他の機能システムや生活世界を取り込みうる能力を高めうることになる。この視点からすると、個別の領土型国家に対する圧力はグローバル化のなかで高まり（Stichweh 2000：195f）、不断に経済問題にとりつかれ続けることになる（Wagner 2006：7）。

　以上の指摘からすると、「生態的優位」の概念に訴えることが、「最終審級における経済的決定」という古典的マルクス主義の考えやグラムシの「歴史的ブロック」の概念の再解釈という点で有効であるといえよう。「最終審級における経済的決定」という理解が常に問題を内包せざるをえなかったのは、資本主義的生産様式が第一・中級・最終の審級を十分に規定しうるだけの（原因なき原因としての）自律性を欠いているからである。だが、こうした決定の概念を引っ込めて内的諸関係の理論に訴えたからといって、経済的諸関係の優位性に内包されている非相称性の説明がつくわけではない。すると、資本が生態的に優位であるといえるのは、蓄積の論理が他のシステムに与える問題と、他のシステムが資本の拡大再生産に与える問題とを比較したとき、蓄積の論理にまさるものがあるかぎりにおいてのことに過ぎないということになる。だからといって、他のシステムの機能と力学が資本循環を混乱させ、緊張を生み、あるいは、中断させることで利潤志向的で市場媒介型の進化の方向を左右するかぎり、他のシステム相互の影響を排除してよいということにはならない。すると、生態的

優位のなかで（とりわけ、経済的ヘゲモニーをめぐる闘争に決着をみ、これによって補完されている場合）、同時進化の構造的流れが生まれることになるが、この動態をもって「歴史的ブロック」の性格を土台と上部構造との構造的統一性のパターンであると説明しうることになる（Gramsci 1971）。こうしたブロックの展開の中心には、経済・法・政治システムのあいだの緊密な一対化が位置していて、これが機能的に自律的ではあるが、物質的に相互依存関係にある社会的諸複合体を構成していることになる。

　だが、諸条件が資本主義経済の長期の生態的優位に作用している場合といえども、他の局面における危機のなかで他のシステムが短期的に優位性を占めることも起こりうる。というのも、いずれの個別システムも全体を代表したり、全体に替わりえないからである。オートポイエティックなシステムは、それぞれ機能的に自律しつつも、実質的には他のシステムとの相互依存関係にある。生態的に優位なシステムといえども、他の社会システムが十分に機能しうることに依存しているし、一般的には従属的なシステムといえども、例外状況において支配的な存在となりうる。これは、非経済的危機を解決しないと、資本主義経済を含めて、すべてのシステムの再生産が機能しえないという喫緊の問題が浮上するかぎり、起こりうることである。例えば、大戦争期やその臨戦期に、国家は、軍事的－政治的必要を認識することで、経済を計画したり、その方向を設定しようとする。これは冷戦期の国民安全保障型国家にも妥当することであって、国民の安全保障という課題のなかで、また、覇権国＝アメリカからすると政治的正統性という問題もあって、開発国家の性格に特有の方向を与えることになる（例えば、台湾、韓国の場合）。別の例として、「テロとの戦争」と結びついて、アメリカでは安全が支配的関心となったことを挙げることができる。こうした関心が高まったのは、9.11事件が、特定の政治的・経済的利益と結びついて、国内の空間的経済の拡大再生産の視点から非合理的であると、アメリカ社会に対する安全の脅威であると解釈されたからである。だが、確かな緊急事態やそれに名を借りた事態が終わると、蓄積の優位が再び主張されうることになる。だからといって、一般的に支配的なシステムにおいて、この種の例外的状況が経路依存的に起こらなかったわけではない（例えば、1945年以降の経済軌

跡に与えた全面戦争の遺産）。だが、こうした経路依存性を所与としつつも、生態的に支配的なシステムの「半超越的メタコード」[*7]は、この複合的進化過程において、他のシステムの作用にまして大きなインパクトを与える。

6　世界社会のなかの資本主義の生態的優位

マルクスとエンゲルスは、『ドイツ・イデオロギー』において、次のように指摘している。資本主義の初期の展開期に「資本の運動は、かなり加速していたとはいえ、なお、相対的に緩慢であった。世界市場を個別の部分に分け、それぞれが特定の国民によって収奪されていたし、諸国民においては相互の競争が排除され、生産自体もぎこちないものであった。事実、金融は初期の局面から抜け出しつつあったに過ぎず、流通を大きく阻害していた」と（Marx and Engels 1976: 56n）。また、マルクスは次のように論じている。

> 外国貿易、世界市場への市場の展開、これによって貨幣は世界貨幣へと、抽象的労働は社会的労働へと転化する。抽象的富、価値、したがって抽象的労働が展開し、具体的労働は世界市場を包括する多様な労働様式の全体となる。資本主義的生産は価値に、つまり、生産物に具体化される労働の社会的労働への転化に依拠している。しかし、これが〔可能となるのは〕外国貿易や世界市場を基礎としてのことに過ぎない。これは、また、資本主義的生産の前提条件であり、その結果でもある（Marx 1971: 253）。

この意味で、マルクスが「世界市場と危機」に関する論述を残さなかったのは、世界市場が、結局、「多数の決定要因の具体的総合」であると考えていたからであろう。というのも、「最も一般的抽象は最も豊かな可能性を含んだ具体的展開のなかでのみ浮上し、ひとつの事象が多くに、すべてに共通の事象として現われ、特定の形態においてしか考えられないものではなくなるからである」と述べているからである（Marx 1973: 101, 104）。あるいは、ボーンフェルドは次のように指摘している。「一切が世界市場とのかかわりにおいて存在し

ているだけでなく、根本的には、世界市場において、また、これを媒介とすることで存在している。……要するに、世界市場は資本の政治経済の"定言命題"である」と（Bonefeld 2000：36）。

　こうした議論を既述の指摘と重ねると、資本主義の生態的優位は、その内部競争、内的複合性、緩やかな一対化、再帰的自己組織力、時空間の拡大と縮小の範囲、問題の外部化、ヘゲモニー能力が、（相互に排他的な主権型領土に断片化した政治システムのような）他のシステムによって限定された一定の生態的空間の枠内から、どの程度に開放されているかということと密接に結びついていることになる。この点は、グローバル化が、とりわけ新自由主義的形態において、こうした政治的制約を回避することで蓄積の範囲を広げ、資本主義的経済システムの相対的な生態的優位を高める場合に妥当する（Jessop 2000：328-333）。新自由主義は世界市場の開放性をさらに高め、ナショナルな「権力容器」が導入した擬制を縮小する。そのことで、資本関係の多様な交換価値の契機の優位を強化し、貨幣資本は、資本関係の最も抽象的な表現として、利潤の機会の最大化を期して世界市場を自由に移動しうることになる（Jessop 2002）。自由化、規制緩和、民営化、行政の商品化、国際化、直接税の軽減、これはすべて、利潤志向的で市場媒介型経済において、内的多様化と選択の範囲を高めることになる。さらには、当事者価値が強調されることで、こうした特殊な便益は金融資本の超流動化と競争力を強化し、諸問題を先送りしたり、他の経済アクターとその利益や他のシステムに、さらには、自然環境に転移しうる能力を高めうることになる。そのことで、それなりに浮上した（あるいは、解放された）資本主義の諸矛盾とジレンマが他のシステムの機能に影響しうる範囲を高め、蓄積にとって重要な経済外的条件を切り崩すことにもなる。

　資本関係の生態的優位の意味について、イストヴァン・メスザロスは、適切にも、次のように指摘している。

　　資本とは「物質的実体」では、いわんや、合理的に制御しうる「メカニズム」ではなくて、……究極的に制御不能な社会的にメタボリックなコントロールの様式である。……より厳しく全体包括的な（例の「全体主義的」という重要な意味におけ

る）コントロール・システムという点では、グローバルに支配的な資本主義システムをしのぐものはほかにない。このシステムは、保健と通商や教育と農業にかぎらず、芸術と製造業をも同様の命令に服せしめ、すべてを自らの可視性の基準を押し付ける。それは、自らの「小世界(マイクロコズム)」といった最小の単位から最も巨大な超国民的企業に、さらには、最も緊密な個人的関係から最も複雑な産業独占の決定過程にまで及び、常に、弱者よりも強者に有利に作用する。……こうした比類なき全体化の力学に対して支払われねばならない代償は、逆説的ながら、決定過程に対するコントロールの喪失にほかならない（Mészáros 1995 : 41）。

　グローバルな新自由主義の盛期は、エリートのコンセンサス（いわんや、民衆の支持）という点からすると過ぎ去ったといえるにしろ、世界的規模の資本蓄積の脈絡からすると新自由主義の論理が逆転したわけでも、世界社会との関連において、その生態的支配が終焉したわけでもない。これは、世界市場においてアメリカ経済が、なお、生態的優位にあることを、また、世界社会の発展において、この市場が生態的優位にあることを示している。換言すれば、グローバルな規模で新自由主義を追求すると、都市の経済のみならず、リージョンとナショナルな、また、スプラ・リージョナルな経済に諸問題を残すことになり、その規模は、他の経済戦略が規制を緩和されたグローバル経済において新自由主義に与える問題をしのぐものとならざるをえないことになる。そして、世界市場の論理そのものは、新自由主義のなかで組織されて、他の経済システムや生活世界に諸問題を残すことになるが、その規模は他のシステムをしのぐものとなる。

　すると、世界市場や世界社会において、アメリカがどのような位置にあるかについて考えざるをえないことになる。アメリカは、世界社会において半球規模ないしグローバル規模のヘゲモニー権力であると、また、世界経済において経済的に支配的な権力であると、あるいは、いずれかであると論じられることが多い。だが、戦後直後の経済体制に占めたほどのヘゲモニーを行使しているわけではない。これは、直接的な経済利益を犠牲にしつつ、経済をグローバルに拡大するという長期の経済利益の実現を期すとともに、他の先進資本主義諸国を、直接的ないし間接的に、アトランティック・フォーディズムの、あるい

は、より広い国際経済の循環に統合することで、こうした諸国の経済−同業組合的利益の向上を期していることにうかがわれる。戦後直後期のアメリカは、また、技術力、石油資源などの戦略的商品のコントロール、金と外貨の保有、ドルの支配的通貨化、文化産業を媒介とした「ソフトな」権力の行使、こうした諸条件のなかで経済的優位を享受していた。だが、この20年間のアメリカは、とりわけ、EU、日本、BRIC諸国（ブラジル、ロシア、インド、中国）の経済と比べると、かつての優位を失いだしている。新自由主義的レジーム移動が起こったのは、こうした政治的ヘゲモニーと経済優位における危機の浮上を背景としている。だが、（ポスト社会主義経済における自らのアピールにもかかわらず）アメリカの政治的ヘゲモニーの衰退が、あるいは、アメリカの経済的優位の後退（アメリカ経済における財政と予算や貿易の継続的赤字に認められる）が逆転したわけではない。とはいえ、アメリカは、なお、生態的優位という（破壊）力を握っている。つまり、他の経済がアメリカ経済に与えるよりも大きな力で他の経済に問題を突きつけうる能力を備えている。また、アメリカは、他の空間に位置している多様な資本主義が自らの問題をアメリカに移しうるよりも、新自由主義の諸矛盾を他の時間と空間に移し、先に延ばしうる立場にある。この点では、古い格言をグローバルな規模で援用することができよう。つまり、ある企業の銀行負債が1万ドルであれば問題であるが、1000万ドルであれば、それは銀行が問題を抱えていることになる、と。換言すれば、新自由主義のアメリカにおいて経済の不均衡が浮上し、そのことで他の主要な経済プレイヤー（とりわけ、中国と日本）との関係をそこないかねないことになったとしても、それは世界市場の、ひいては世界社会の安定の問題にほかならないとされることになる。実際、アメリカの政策自身が他の資本主義諸国の多様な政策的方向よりもアメリカ経済の成長力学に大きな影響を与えることも起こりうる。

　アメリカ経済の生態的優位を示す最も明確な指標として次を挙げることができよう。それは、アメリカと中国や日本との国際貿易と金融の不均衡が拡がったとしても、アメリカはこれを積極的にフィードバックしうるし、また、中国の生産やアメリカの消費が維持しえない規模に及んでも、これを環境の破壊でしのぐことができるということである。だが、大危機がグローバルに起こり、

グローバルな資本循環を政治的に解決しえないとなると、この危機に対処するために、どのように負担を割り振るかとなると、その見通しをつけることは困難である。起こりそうなことは、資産バブルの劇的な爆発、「競争的緊縮」政策の激化、帝国主義的敵対関係や貿易戦争の深刻化であろう。

　こうした積極的フィードバック効果が、現局面において、きわめて重要な位置にあるといえるのは、特定の新自由主義的・新保守主義的政策がジョージ・W・ブッシュを中心とした例外的政治レジームにおいて追求されていて、それが一連の特定の資本主義的利益によって支配的なものとされているからである。ブルジョア民主共和政は資本主義的国家類型の通常形態であり、この政体において、階級権力は自由市場と政治的民主政の一般的機能を媒介とすることで構造化され、見えないものとなっている。これに比して、アメリカ連邦国家は、特殊利益に取り付かれるなかで例外的レジームの形態を帯びていて、民主的制度や民主政の通常機能を無視ないし放棄する方向を強めることでアメリカの階級権力をさらに可視的なものとしている。この点で、アメリカはテロとの戦いや（イスラム教コミュニティは別としても）「宗教コミュニティ」による自恃を称揚し、そのことで新自由主義と新保守主義を異常なまでに追求するための「例外的」補完メカニズムとしている。これは、かつて、新自由主義レジームが「第3の道」の修辞へと転じたことを、また、このレジームが逆転型から前進型新自由主義へと転ずるにあたって設定した支援と補強のメカニズムという政策的解決を想起させるものである。この意味で、新自由主義の生態的優位は、重要なことに、その主要な政治的提唱者の（ノーマルというより名状しがたい）異常な性格を媒介としている。実際、既述のアプローチからすると、「テロとの戦争」のなかで安全の順位が高まり、蓄積よりも国家の領土的論理が重視されることになった。これは、熟練の知識労働者を海外から調達しなければならないし、連邦政府の赤字が膨張しているという点で、アメリカ経済が抱えている諸困難を反映してもいる。だからといって、（大統領在任期限やイラクの偶発的状況から）ブッシュのレジームが終わり、困難ではあるにせよ、その経済と政治の遺産を巻き返すことに成功したとしても、新自由主義の生態的優位が終焉することにはなるまい。せいぜい、こうした新自由主義の政治勢力の終焉で幕が引かれる

ことになろう。より基本的で持続的なことは、資本循環に占める新自由主義的金融資本の位置であり、コーポラ的ガヴァナンスの最高価値である関係者価値のインパクトである。

7 他の資本分派をしのぐ金融資本の生態的優位

　資本主義の時期区分を設定するなかで、ポスト・フォード主義経済の蓄積様式として最も浮上しそうな形態は知識基盤型経済のグローバル化であろうと予測したことがある。この予測は2つの議論に依拠していた。第1に、1970年代後期と1980年代にフォード主義の危機が深化するなかで、フォード主義レジームの経済構想と政治戦略が変化していると判断したからである。第2に、都市の経済にかぎらず、リージョンとナショナルな経済レベルで知識基盤型経済の構造的統一性と再生産力に関心が高まっていると考えたからである。この意味では、生産的資本の視点に立っていたことになるし、世界市場の重要性を認識していたとはいえ、知識ないし意匠(デザイン)集約型の商品とサービスの多様な類型に特化した多様な知識基盤型経済間の両立可能性から、偏差状資本主義の力学に注目していたことになる。このアプローチに欠けていたことは、生産的資本と金融資本との乖離が深まることであった。また、金融資本が生態的に優位な蓄積の論理となることで、知識基盤型経済戦略の展開にどのような影響を与えるかということであった。この点では、生産的資本の物質的・イデオロギー的表現である知識基盤型経済のグローバル化へのヘゲモニーが強まる一方で、このヘゲモニーと資本蓄積の金融中心的当事者価値志向型過程の論理とは敵対的関係にあるだけに、両者の矛盾はさらに深まったことになる。

　要するに、既述の視点は、次の相互に結びついた2点を軽視していたことになる。第1に、現在のアメリカ連邦国家は資本主義国家の通常形態であるというより、例外的形態にあたるという点で、その特殊性の指摘を欠いていたことである。第2に、資本関係の組織化に占める金融資本の生態的優位とは、世界社会における生態的に優位な制度的体系のことであるという点で、その十分な

議論を欠いていたことである。(どこで浮上することになろうと、つまり、アメリカの金融資本との関係にかぎらず、実際、グローバルな金融資本システム一般外の固有の資本分派であるとされるなら) 金融資本化の論理は、資本蓄積の論理そのものにおいて、第1審級における経済的決定の機能 (つまり、生産的資本の優位性) を切り崩し、あるいは、これを制約している。フォード主義の構造的統一性やポスト・フォード主義の知識基盤型経済とは対照的に、ポスト・フォード主義的新自由主義型金融レジームは、蓄積レジームとその調整様式の長期的な構造的統一性を弱める方向に作用している。とりわけ、このレジームは、生産的資本の優位性を基礎としたレジームが空間的な固定性と可動性の矛盾を管理し、その作用を引き伸ばし、移転することで相対的に安定した領域を創出しうる空間的－時間的位相を弱めている。この点は、アトランティック・フォーディズムに限らず、東アジアの輸出志向型経済の金融資本化のインパクトやラテンアメリカとアフリカの輸入代替型産業化戦略の方向にも確認することができる。こうした金融資本化の破壊的インパクトは、所有権の停止 (とりわけ、公的資産と知的共有財の政治の力による略奪) や不均等発展の力学 (金融資本化の破壊的作用のなかで、特定の時間と空間において価値を実現すべき生産的資本の弱体化が起こる場合には、金融資本の移動が可能となる) を媒介とした新自由主義的蓄積アプローチによって強力なものとなる。これは、また、拠点における生態的に優位な資本分派の「共生体と寄生体」に市場をさらに開放することで支えられることになるが、そのことで、こうした分派がリージョナルとナショナルな、また、グローバルな規模で不均等に発展しうる諸形態とも結びつくことになる。

8 むすび

この章では、資本主義の時期区分と新自由主義の分析には、従来のアプローチを超えることが求められることを指摘した。とくに、経済的決定、歴史的ブロックといった問題に対処するための新しい言葉と理論的アプローチを提示するとともに、最終審級における経済的決定について検討し、新自由主義のイン

パクトを説明するためには生態的優位という概念が重要であると指摘した。このアプローチは経済的・政治的・イデオロギー的階級支配の基礎に関する新しい論述をもって補完される必要があるが、この課題は本章の範囲を超えるものとなる。だが、アメリカ連邦国家の例外的性格については、いくつかのコメントを付したつもりである。この点で、巻き返し型新自由主義の論理は、漸進型新自由主義が新自由主義レジームの下位単位で新自由主義的再編の弾みを維持し、再生するために他のメカニズムに支えられ、補完される必要があるだけに、(アメリカという重大な例外はあるにしろ) 後退しているとしても、世界市場のレベルからすると、なお、生態的に優位な位置にあるといえる。生態的優位の性格からすると、世界レベルで「巻き返し」型新自由主義を巻き返したり、漸進型新自由主義の新しい形態で管理しようとすると、あるいは、いずれかの方向を求めようとすると、今のところ、ブルジョア政治の通常形態によって政治責任のメカニズムが作動している特定のナショナルな国家において模索されてきた場合よりも、はるかに困難なものとならざるをえないのではないかと思われる。実際、新自由主義の生態的優位は、環境危機が深化するなかで、自然環境の生態的優位をもって幕を引きうるのではないかということ、これが重大な関心事となってしかるべきである。ポラニーの言葉を借りれば、逆転を求めているのは「社会」だけでなく、「自然」も同様であって、新自由主義に、より一般的には、資本蓄積の論理に対峙する方向にあると思われる。だが、今のところ、新自由主義や世界的規模の蓄積の論理に対抗しうるだけの統一的闘争が組まれているわけではないし、統一的闘争のグローバルな共通空間が存在しているわけでもない。とはいえ、この論集では現在と将来の闘争について、重要な考察や指針が提示され、抵抗の新しい空間を創造することで、より統一的な闘争を呼びうることを期待したい。

〈参考文献〉

Baecker, D. (2001) 'Managing corporations in networks', *Thesis Eleven*, 66, 80-98.
—— (2006) 'Network Society', in N.O. Lehmann, L. Qvortup, B. K. Walter, eds, *The Concept of the Network Society: Post-Ontological Reflections*, Copenhagen.

Baraldi, C., Corsi, G., and Esposito, E. (1998) *GLU. Glossar zu Niklas Luhmann's Theorie sozialer Systeme*, Frankfurt.

Bateson, G. (1972) *Steps to an Ecology of Mind: Collected Essays in Anthropology, Psychiatry, Evolution, and Epistemology*, London（佐藤良明訳『精神の生態学（改訂第2版）』新思索社、2000年）.

Blühdorn, I. (2000) 'An offer one might prefer to refuse: the systems theoretical legacy of Niklas Luhmann', *European Journal of Social Theory*, 2 (2), 339-354.

Bonefeld, W. (2000) 'The Spectre of Globalization: on the form and content of the world market', in W. Bonefeld and K. Psychopedis, eds, *The Politics of Change: Globalization, Ideology, and Critique*, Basingstoke, Macmillan, 31-68.

Bryan, D. and Rafferty, M. (2006) *Capitalism with Derivatives: a Political Economy of Financial Derivatives, Capital and Class,* Basingstoke.

―― (2007) 'Financial derivatives and the theory of money', *Economy and Society*, 36 (1), 134-158.

Bryer, R.A. (2006) 'Accounting and control of the labour process', *Critical Perspectives on Accounting*, 17 (5), 551-598.

Elchardus, M. (1988) 'The rediscovery of chronos: the new role of time in sociological theory', *International Sociology*, 3 (1).

Fukuyama, F. (1992) *The End of History and the Last Man,* Glencoe, Free Press（渡部昇一訳『歴史の終わり』三笠書房、1992年）.

Gramsci, A. (1971) *Selections from the Prison Notebooks,* London, Lawrence & Wishart.

Jessop, B. (2000) 'The crisis of the national spatio-temporal fix and the ecological dominance of globalizing capitalism', *International Journal of Urban and Regional Studies*, 24 (2), 323-360.

―― (2001) 'What follows Fordism? On the periodisation of capitalism and its regulation?', In R. Albritton, Itoh, R. Westra, and A. Zuege, eds, *Phases of Capitalist Development: Booms, Crises, and Globalization,* Basingstoke, 282-299.

―― (2002) *The Future of the Capitalist State*, Cambridge, Polity（中谷義和監訳『資本主義国家の未来』御茶の水書房、2005年）.

―― (2003) 'From Thatcherism to New Labour: neo-liberalism, workfarism, and labour market regulation' in H. Overbeek, ed., *The Political Economy of European Unemployment*, London, 137-53.

Keddy, P.A. (1989) *Competition*, London.

Lange, S. (2003) *Niklas Luhmanns Theorie der Politik. Eine Abklärung der Staatsgesellschaft*, Opladen.

Lohmann, G. (1991) *Indifferenz und Gesellschaft. Eine kritische Auseinandersetzung mit Marx,* Frankfurt, Suhrkamp.

Luhmann, N. (1988) *Die Wirtschaft der Gesellschaft,* Frankfurt.

── (1996)'Politics and economics', *Thesis Eleven*, 53, 1-9.
Marx, K. (1965) *Capital, volume I*, London, Lawrence & Wishart(『マルクス＝エンゲルス全集〈第23巻第1分冊〉』大月書店、1965年).
── (1971) *Theories of Surplus Value III*, London, Lawrence & Wishart(『マルクス＝エンゲルス全集〈第26巻第3分冊〉』大月書店、1970年).
── (1973)'Introduction', in *idem, Grundrisse,* Harmondsworth, Penguin, 81-111(高木幸二郎監訳『経済学批判要綱(全5巻)』大月書店、1958〜1965年).
Marx, K. and Engels, F. (1976) *The German Ideology*, in *idem, Marx-Engels Collected Works, vol 5,* London, Lawrence & Wishart, 19-539(『マルクス＝エンゲルス全集〈第3巻〉』大月書店、1963年、所収).
Mészáros, I. (1995) *Beyond 'Capital'* , London, Merlin Press.
Morin, E. (1980) *La méthode: volume 2. La vie de la vie,* Paris, Seuil(大津真作訳『生命の生命』法政大学出版局、1991年).
Peck, J. and Tickell, A. (2002)'Neoliberalizing space', *Antipode*, 34 (3), 380-404.
Poulantzas, N. (1978) *State, Power, Socialism*, London, Verso(田中・柳内訳『国家・権力・社会主義』ユニテ、1984年).
Simsa, R. (2002) 'Strukturelle Kopplung: die Antwort der Theorie auf der Geschlossenheit sozialer Systeme und ihre Bedeutung für die Politik', in K.U. Hellmann and R. Schmalz-Bruns, eds, *Theorie der Politik. Niklas Luhmanns politische Soziologie*, Frankfurt, 149-170.
Stichweh, R. (2000) *Die Weltgesellschaft. Soziologische Analysen,* Frankfurt, Suhrkamp.
Wagner, T. (2006) Funktionale Differenzierung und ein ökonomischer Primat? Paper available at http://www.sozialarbeit.ch/dokumente/oeknomischer_primat.pdf, last accessed 19.12. 2006
Willke, H. (1997) *Die Supervision des Staates,* Frankfurt, Suhrkamp.

---

(1) すでに、先進資本主義経済を中心とした分析において、新自由主義を3類型に区分しているが(e.g., Jessop 2002)、グローバル資本主義に関心が移るなかで、第4の類型が必要となった(ただし、付表では3類型に収めてある)。
(2) フローの時間的次元は「流動性」と「粘着性」のたとえによって捉えられる。
(3) この区別は、経済的階級支配にかかわる諸問題と直接的に結びついているわけではない。経済的階級支配は、賃金関係や(賃金関係を含む)成長様式の構造化と規制というレベルにおける綱引きをめぐる闘争において、また、これを媒介として生成する。そして、政治的階級支配とは、国家の構成と再編や国家の政策をめぐる闘争および国家とは一定の距離をおいて起こる闘争のことである(代表形態、国家の制度的装置、国家介入の形態を含む)。さらには、イデオロギー的階級支配には、精神的生産手段、特定のイデオロギー形態、特定の構想をめぐる闘争が含まれる。

(4) こうした生態的優位論を、例えば、組織やネットワークのような他の社会生態の類型に占める他の参与主体にも適用することができる。こうした主体は、程度の差はあれ、個別の社会世界で生態的に優位な地歩をとどめうる。
(5) 奢侈的消費分野（第3部門）における共生体と寄生体について、また、政治ロビイングの商業化や同様の寄生性については一層の検討が求められる。
(6) 中心－周辺関係とは、地理的に中枢と周辺が分化していることを指している（例えば、アトランティック・フォーディズムにおいてはアメリカ資本主義が、また、準大陸規模のアメリカ経済の産業と金融の拠点がそれぞれの後背地との関係において経済的ヘゲモニーと支配の位置を占めていることである）。また、成層化とは社会諸関係が位階的に組織されていることであって、上層階級がナショナルとマクロ・リージョナルな（例えば、ヨーロッパ的ないしトランスアトランティックな）、さらには、トランスナショナルな（例えば、世界経済フォーラム）形態で組織されていることである。
(7) この有益な用語はルーマンに関する次のコメントに発する。Blühdorn 2000：351.
(8) ルーマンは、機能システムの構造的一対化は、多機能性が諸システム間の人為的区別によって妨害される可能性が最も高い組織によって、とりわけ進められることになるとする（Luhmann 1994；1997：843, 2000）。また、シムサは、組織が社会的に最も有効で、最も安定し、最も射程の長い決定であるとすることで、この点を補完している（Simsa 2002：162）。
(9) Luhmann 2002：55. 次に引用。Wagner 2006：5.

第2章

グローバル化
——自由民主政の終焉

ヨアヒム・ヒルシュ

1 グローバル化と自由民主政

　自由民主政は、最も矛盾した様式においてのことではあるが、歴史的根深さと基本的機能要件という点で、資本主義や資本主義的国民国家と強く結びついている。資本主義的諸生産関係が展開するなかで、地理的領域はかなり明確に区分され、それなりに閉じられた経済システムと近代的集権国家をもった社会が生まれた。これが統一的中央権力に服し、政治的に規定された住民が存在しうる前提条件となったし、また、執行権をもち、原則として民主的参加とコントロールに責任を負い、これに服することが政府の前提条件ともなった。だから、ブルジョア階級は、政治的共同決定権を握るとともに、自らを専制から守りうる立憲的制約を国家に課すことができたのである (Rueschemeyer 1992)。20世紀に至る資本主義の歴史は民主的参加をめぐる不断の闘争を特徴としている。最も発達した資本主義諸国において、この闘争は、女性を含めて労働者階級を「国民」に統合することで終止し、市民としての形式的地位のみならず、国家による最小の物質的保障が認められることになった。30年代の世界経済危機を経て、主要諸国においてフォード主義の生成をみたが、これは経済的・社会的に調整された資本主義のことであり、こうした闘争の所産でもあった。だが、その成果といえども少数の主要諸国の特権にとどまるものであって、従属的周辺地域の抑圧と収奪を前提としていた。

新自由主義的グローバル化とは、基本的に、20世紀の70年代にフォード主義の世界的危機が浮上するなかで、これを克服しようとする政治的・経済的戦略であり、その中心は既存の民主的成果を攻撃し、資本の収益性を確保しようとするものである。この局面において、資本は2つの圧力に服することになった。それは、労働者の抵抗の高まりも受けて、テイラー主義的大量生産の生産性の利得が低下しだしていたことであり、また、フォード主義的福祉国家という階級妥協型体制が固有の力学を示しだすなかで、資本利潤に対する圧力が強まったことである。レギュラシオン理論からすると、支配的なフォード主義的蓄積レジームとケインズ主義的調整様式との矛盾が顕在化したことになる。そのなかで、利潤率は低下し、資本利潤が大幅に下落したのみならず、スタグフレーションという結果を呼ぶことにもなった。事実、20世紀の第2の世界的資本主義の危機は、ケインズ主義的福祉国家において制度化されていた階級諸関係と資本の収益性との矛盾が深まったことによる。この危機は経済に影響を与えたにとどまらず、戦後に支配的であった社会民主的な政治的調整様式の破局を呼ぶことにもなった。この状況において、新保守主義と新自由主義の政府が主要諸国で権力の座に着いた。

　グローバル化は、したがって、経済法則の単純な表現ではないし、一部の政治家や科学者たちが主張し続けているにせよ、近代化の一般的傾向の所産であるともいえない。グローバル化とは資本主義社会を、とりわけ、階級構造と制度化された階級関係を根本的に再編しようとする指導的な経済・政治エリートの決定的戦略の所産にほかならない。この戦略の中心は貨幣と資本の自由化や規制緩和をグローバルな規模で展開しようとするものである。それはフォーディズム期に発展し、多国籍企業を主要なアクターとするに至った国際資本の支配状況に読み取ることができる。80年代の終幕期にソ連の動揺が深まるなかで国際的権力関係は大きく変わり、フォード主義的・ケインズ主義的福祉国家は痛打を受けることになった。冷戦下にあっては被支配的階級に対する物質的譲歩をもって大衆の忠誠心を確保する必要があったにしろ、その必要から解放されることになった。グローバル化戦略のなかで、国家と国家システムは大きく変わり、国家と社会との関係を根本的に変えることになった。とりわけ、経

済のグローバル化のなかで国家の国際化に強い弾みがついた。

2 国家・市民社会・自由民主政

　以上の過程を理解するためには、国家理論のレベルで、いくつかの基本的認識を深めておくべきであろう。唯物論的アプローチからすると、近代国家は社会から分離した物理的強力をそなえた集権的装置として展開をみたということ、これが資本主義的社会諸関係の特徴である。資本主義的収奪様式は私的所有・私的生産・賃労働・市場調整を基礎とし、この様式によって直接生産者の物理的強力からの分離が強制されることになる（Hirsch 2005, 20ff）。商品と労働力の自由な交換によって剰余生産物の領有が成立しうるのは、経済諸関係が直接的な物理的強制から自由な場合である（次も参照のこと。Weber 1956, 1042ff）。国家は個別の実体として存在しているし、「政治」と「経済」との、また、「国家」と「社会」との分離は（機能的に完全とはいえないし、常に矛盾に服しているが）、ブルジョア社会の基本的な構造的特徴である。「国家」と「社会」は、いずれも自立的存在とはいえないし、対立的関係にあるわけではなくて、いずれも矛盾に満ちた社会システムの表現にほかならない。資本主義国家は資本主義的生産様式とその再生産の前提条件である。また、特定の階級の道具に過ぎないものではないし、そうありえないとしても、この国家は階級国家にほかならない。この国家は人格や主体とは、あるいは、固有の目標を追求する純粋に合理的な組織とはみなされえない。むしろ、社会の敵対的社会諸関係の結晶であるし、固有の制度的安定性と力学を有し、「相対的自律性」も保持している（Poulantzas 2002, 76ff）。すると、国家とは閉じられた組織ではなくて、一群の組織的実体であって、この実体によって多様な階級や集団がさまざまに、また、相容れない方法で結びついていることになるから、この実体の行動が相互に対立することも起こりうることになる。そして、物理的強制力が集中しているだけでなく、この体制が経済的支配階級からも分離しているということ、これが自由民主政の前提条件である。

他方、「市民社会」とは、それなりに自由で自立した社会的・政治的組織である。この点は、例えば、個別利益を代表する目的団体(アソシエーション)、政党と集団、メディア、教会、学界、知識人集団、「シンク・タンク」に認めることができる。市民社会は公的な討論をもって意見や利害を表明し、対決しうる場となりうる。だが、これとても、生産手段の私的所有、有給労働、市場諸関係、核家族などの資本主義社会の構造によって大きく規定されている。したがって、権力の行使から自由な存在ではなく、実際、多様な経済的・政治的強制に服している。公的な討論と論争は民主的過程の基本であり、国家権力の正統化機能を果たすだけでなく、国家がその支配(「合意」)を導出しうる手段ともなるし、公的組織や討論と論争に介入しうることにもなる(「強力(フォース)」)。したがって、市民社会とは政治とイデオロギーの戦場であって、別の社会秩序と展望が浮上しうる場とみなすべきことにもなる。「国家」と「社会」は強力と合意を基礎とした支配のシステムであり、グラムシの言葉に従えば、ヘゲモニー・ブロックを形成していることになる (Gramsci 1986)。市民社会とは矛盾を含んだものと受け止めると、「拡大国家(エクステンデド・ステイト)」の一部であるとみなしうることになる。

　きわめて多くの(国民)国家が存在していることは偶然とはいえない。これは資本主義的生産様式の基本的特徴である。資本主義的競争は国家システムにおいて自らを再生産するし、国内の階級分裂や国境を超える階級的結びつきは資本主義システムを調整するための重要な前提条件となる。だからこそ、階級間や階級分派間を対抗させることができるだけでなく、国民国家において社会契約を成立させうるし、さらには、政治的正統性と社会的凝集性を期すために「国民的アイデンティティ」を構築することもできることになる。国家とは多様な諸制度の矛盾に満ちた複合体であって、社会・経済的構造から相対的に自律しているから、諸国家のシステムからなる国際的レベルにおいて再生産されることになる。そして、再生産過程を基礎とした国家が多元的であるから国際的不平等が生まれ、これがグローバルな蓄積過程の主要な前提条件となる。

　今日まで、民主的諸制度は個別国家のレベルでのみで確立されることになった。だから、程度の差はあれ、発達した市民社会が民主的諸過程の基盤となり、「統合国家(インテグレーテド・ステイツ)」の枠組において集権的政治権力によって実現されうることに

なる。この理解からすると、「世界市民社会」が成立するとしても、きわめてゆるい断片型のものであって、民主的決定設定の目標となりうる集権型の「世界国家」を欠くことになる。

　要約すると、資本主義的国家システムとは複雑な矛盾を抱えていることになる。こうした矛盾としては、多様な経済構造、階級諸力、階級諸関係を含んだ個別国家間の矛盾を挙げることができる。また、生産手段の私的所有は正統な民主的行政介入の範囲を構造的に制約するだけに、民主的諸制度と矛盾することにもなる。さらには、敵対的階級関係は国家装置間の矛盾となって現われる。そして、自由民主政が個別国家レベルでしか制度化されていないということも事実であるし、個別国家を超えるレベルで公式の民主的諸制度や諸過程が存在しているわけでもない。

　グローバル化とは、こうした資本主義に内在している諸矛盾が新しい形態と新しい次元で浮上することを、つまり、伝統的に周知の自由民主政の時代が終焉期にあることを意味している。この視点からすると、21世紀の幕開けは、「民主政の課題」という点で全く新しい次元を迎えたことになる。

3　国家の国際化

　国家が国際化するとともに、これと結びついて経済・社会・政治空間の形状が再編されるなかで、自由民主政は後退している（Jessop 1997, 2002, Hirsch / Jesop / Poulantzas 2001）。これは、国際的な組織とレジームの重要性が高まっていることに、また、その他の国際的協力の諸形態も強まっていることに、さらには、リージョナル・ナショナル・インターナショナルなレベルで複合的連鎖の構造が強まっていることに認めることができる。これは、国民経済の蚕食が起こり、とりわけ、貨幣と金融の世界市場の規制緩和が進んだことによる。さらには、政治的決定が国際的レベルで繰り返されるようになり、国家装置の国際化も起こっている。新自由主義的グローバル化やこれと結びついた規制緩和と民営化のなかで、国家は国際資本や金融市場に従属する方向を強くしている。

この状況のなかで、主要なアクターが、とりわけ「強力な」国家と多国籍企業が有効な経済的メカニズムをもって個別国家の政策を大きく規制する方向を強めている。その活動は民主的なコントロールと決定のメカニズムから自立し、程度の差はあれ「非政治的」方法に訴えうるものとなっている。この新しい構造は「新自由主義的立憲主義(neoliberal constitutionalism)」と呼んでよかろう (Gill and Law 1993)。一定の地理的空間をもった社会において集権的権力と決定権を備えた国民国家が消滅しようとしているわけではないが、その形状の再編と規制緩和や断片化の強力な諸力が作動していると思われる。また、地域間の競争が激化するなかで、資本の価値実現の最適条件を模索することがナショナルな政治の基本目標とされている。

以上に鑑みると、新自由主義的グローバル化の論理が作動することで空間的形状は大きく再編され、ナショナルなレベルというより、部分的にはローカルやリージョナルなレベルを含みつつも、インターナショナル化の方向に動いていることになる (Jessop 2002)。経済や領土間の競争関係が資本主義世界システムの基本であるが、この関係が新しい形態を帯びだしている (Harvey 2003)。そのなかで「国家」と「社会」との関係は根本的に変化している。この脈絡からすると、きわめて重大なことに、形式的に制度化された民主的構造は個別国家のレベルでしか存在しないという考えが大きく揺らぎだしたことである。こうした再編過程のなかで政治過程も重大な影響を受けざるをえないだけでなく、国家は民主的な政治的コントロールの及ばない国際的資本と協力を強いられることになる。というのも、新自由主義的資本主義の政治構造は「新封建主義」という特徴を強く帯びていて、国家の政治を強力な私的アクターに従属させるからである。「交渉国家」化と並んで、IMFと世銀 (WB) や世界貿易機構 (WTO) のような重要な国際機関とネットワークの重要性が高まるなかで、個別国家の枠内に収まっていた民主的システムの基礎が大きく掘り崩されている。

すると、現在のグローバル化の過程は自由民主政の最も重要な基盤を切り崩していることになる。超国民的企業ネットワークは国民経済の領域を解体している。また、社会的断片化と移民の波は民主政における主権者の意味を疑問視させることになった。同時に、個別国家が経済と社会に介入しうる能力も大き

く制約されだしているだけに、社会と階級関係の組織のみならず、社会的再生産の一般的諸条件もインパクトを受けていることになる。グローバル化と国際化の最も重要な影響は、個別国家の政府が資本蓄積の力学と国際資本の戦略に従属する方向を強めていることに求めることができる。すると、国家が「生産の場」であり、その相互間の競争がきわめて重要な位置にあるとしても、また、民主的諸制度が国家において存続しているとしても、民主的制度は実効性を失い、空洞化の傾向を強めていることになる。政治と経済の決定中枢は個別国家を超えるレベルに移動しつつある。この視点からすると、政治代表の危機が深まり、政治システムの民主的正統性が欠如するという注目すべき事態が起こっていることになる。投票率の低落傾向はその兆候のひとつに過ぎない。

こうみると、国家と社会との一対化の解体という新しい形態が、また、統治行政が自律性を強め、権威主義化するという傾向が浮上していることになる。この点で、とくに重要なことは、金融行政と中央銀行が民主的決定から自立化しだしていることである。これは、国家を基盤とした階級間の社会的パートナーシップや社会契約の基礎が掘り崩されることを意味している。フォード主義的な全体包括的制度様式や資本主義的階級対立の平和的解決という体制と比較すると、新自由主義的階級関係の組織化は、主として、個人間と集団間の分裂を深め、競争の強化を求めるものであるし、人種差別やナショナリズムと好戦的愛国主義を煽る場合も多い。個別国家において民主的諸制度と諸過程に訴えることで政治的決定に影響力を行使しえなくなると、自由民主政は、市民が形式的で限定的に享受しているに過ぎないにしろ、現実には自治を欠いた支配のシステムに転化することになる。すると、自由民主政は社会を統合し、利益対立に決着をつけるという能力を失うことになるだけでなく、新しい問題や課題に対処しえなくなる。これは、資本主義社会を規制するという民主的構造の鍵的機能のひとつである学習能力を失うことを意味し、支配機構としての国家とヒューマンな自治という民主政との齟齬を深めざるをえないことになる。

不平等がグローバルに広まり、移民と難民が波状化するとともに、国民社会の社会的断片化が深まるなかで、強力な主要国家の民主的システムは、それなりに特権的な市民の団体と化し、その主要目標は、他者を締め出すことで富者

の砦を守り、周辺地域の危機に軍事的に介入することで国民の安全と経済の繁栄を維持しようとすることになる。この点で、自然資源にアクセスしうることがわけても重要なこととなる。この脈絡において、「国民的競争国家」は「国民的安全保障国家」を目指すことになるし (Hirsch 2005, 14ff)、この過程において、個別国家は単なる受動的対象ではなくて戦略的アクターともなる。実際、国家は、軍事力の最終的コントロール権を保持しているわけであるから、国際的政治システムの鍵的なアクターの位置にいる。

　新自由主義的グローバル化のなかで浮上した自由民主政の危機は、ヒューマンな自治の可能性のみならず、社会全体の再生産条件にも重大な影響を与える。カール・ポラニーが説得的に論じているように (Polanyi 1990)、市場諸関係が不断に支配を強めると、社会全体の自然な社会的基盤を破壊しかねない。これまでは、労働運動や「労働者」政党が、そして、今や、環境保全運動もこれに加わることで、こうした趨勢に対抗し、資本の価値実現過程に起因する社会と環境の破壊を阻止するための政治的方策を求めてきた。フォード主義的資本主義体制はこうした闘争の結果であって、一時的にしろ、前世紀の20年代と30年代の経済的・政治的・社会的危機を解決しようとするものであった。だが、実効的介入力と民主的構造を備えた国家であれば、社会諸運動の展開と効果という点で、その重要な前提条件となりうるが、こうした固有の政治構造が国家の国際化のなかで切り崩されると、その前提条件も潰えることになる。「新封建主義」の時代に至って個別国家が強力な多国籍企業に従属化しつつある状況において、重大なことに、資本家階級との関係という点においてすら国家の相対的自律性が問われだしている。これは、グローバルな規模において政治と経済の複合化が進むことで、包括的で長期の社会危機を呼ばざるをえないことにもなる。グローバル資本主義がナショナルとインターナショナルなレベルで、新しい政治的調整様式を必要としていることは確かであるが、既存の国家システムが国際化の波に服していることに鑑みると、新しい調整様式といえども危機に対する場当たり策の域を出るものとはなりえず、混乱した世界秩序に積極的インパクトを与えうるとは思われない。とりわけ、民主的基盤の構造が欠如しているだけに、無規制の市場諸力の破壊的影響力を抑えうるものとはなりえない

ように思われる。

　こうした諸矛盾のなかで、世界経済は厳しい構造的危険に面しているが、資本主義の危機ないし崩壊が解放の出発点となりうるとは考えられない。すると、こうした破壊的方向に対し、どのように政治的に対応すべきかという問題が浮上することになる。固有の抑圧や分裂と排除のメカニズムを内在した古い国民国家を復活させることは、国際資本の支配や現実の階級構造のなかでも可能なことであるにせよ、これがきわめて有益な方途となりうるとは思われない。民主政と人権を、また、政治的討論の争点として民主政の再生を求める運動が世界的な広がりをみせている。これは重要な方向ではあるが、ある意味で民主政が世界的危機に見舞われているという事実を反映するものでもある。だが、新しい民主政の言説は諸矛盾に満ちている。つまり、「新しい」世界秩序をつくることで自らの支配を固めようとする「強力な」資本主義国家の意向を表現しているだけでなく、グローバル化のなかで自由民主政の蚕食や社会の断片化と解体状況が起こっていることに対する抗議の表現ともなっている。「人権」の意味は歴史的にも社会的にも両義的であるとはいえ、現在の討論と論争で問われていることは、「人権」や「民主政」とは、どのようなことを指し、どのように実践すべきかということである。さらには、「市民社会」をめぐる議論から、資本主義の中心と周辺との違いがきわめて重大であることも明らかになっている。資本主義の中心諸国においては、市民社会をめぐる議論が「国民的競争国家」の政治構造に正統性を与えることで富者の砦と化したり、新自由主義的な「自由と民主政」のスローガンに傾きがちなのにたいし、周辺地域において「市民社会」は権威主義的政府から自立した自治型の民主的社会を生み出すための闘争の場であるとされている。この点は、例えば、メキシコのザパティスタ蜂起後の討論に認めることができる（Brand/Cecena 2000）。こうして、民主政の概念や政治組織をめぐって、また、これにかかわる運動をめぐって論争が繰り返されているが、これはきわめて重要なことである。

4 国民国家を超える民主政

　以上を踏まえると、新しい民主政の実現という課題が浮上していることは明らかである。強調されてしかるべきことは、だからといって、それが「世界国家」において実現されるものではありえないということである。全体包括的な世界国家は資本主義の諸条件の下では不可能であるし、全体主義的特徴を帯びないまでも、権威主義的性格をもたざるをえない。個別の国家と既存の国家システムを超える新しい形態の民主政が求められているが、これは伝統的自由民主政とは異なるものとならざるをえないし、組織と活動に鑑みると、ナショナルとインターナショナルなレベルで国家から自立性を強くしたものとならざるをえまい。その実現を期しうるのは、自由民主政と結びついた政治的要件が、つまり、公私領域の分離や代表と決定過程の基本原則が根本的に再設定される場合であろう。これは、諸組織と諸運動が国家や私的企業から自立し、相互の国際的協力を深めるとともに、新しい方法を展開し制度化することで、繰り返し浮上した「グローバル市民社会」の名にふさわしいものを作り上げることを意味している（Görg / Hirsch 1998）。また、民主的過程が国際レベルで機能しうる新しい制度的装置も必要とされることになろう。そのためには、インターナショナルなレベルに限らず、まず、ローカル、リージョナル、ナショナルなレベルで民主化の基本的過程が緒につき、ブルジョア自由民主政の地平と限界を超えることが求められることになる。

　すると、どのような代替戦略が求められ、いかなる社会勢力がこれを担うかという問題が浮上せざるをえないことになる。この検討に際しては、新自由主義的グローバル化が社会的・イデオロギー的に作用するなかで、つまり、社会と階級諸関係の断片化、民主的構造の弱体化、新自由主義的グローバル化の突出、こうした条件が作用するなかで、解放型政治の諸条件は大きく変化したと認識しなければならない。

　代替戦略について語ろうとすると、歴史に学ぶことが有益と思われる。20世

紀の70年代に起こったフォード主義的資本主義の危機のなかで、東側の国家社会主義にとどまらず、西側の社会民主的改革路線は、つまり、国家介入をもって資本主義の「市民化」を試みようとする社会民主的改革政治は破綻している。すると、20世紀に社会変化を試みた2つの代替戦略は全体的に挫折したことになる。これを踏まえると、国家の理論的概念について、より複合的な考察が求められることになる。この点では、唯物論的国家理論の主要な成果を想起すべきであろう。つまり、すでに指摘したように、資本主義国家とは支配階級の道具に過ぎないものではないし、すべての社会諸勢力が自由に利用しうる中立的機関でもなくて、「階級諸関係の物質的凝集」であり、資本主義的生産様式の不可避の位置にある。その制度的構造は資本主義的社会諸関係を基礎とし、資本主義国家はその維持を役目としている。これは歴史的経験と理論的・経験的根拠に負うものであって、資本主義的階級諸関係は国家介入によって根本的に変えられうるものではないことになる。また、国家社会主義の経験からも明らかなように、国家権力によって社会の基本的構造を変えようとしても、原則的には不可能であるとすることにも理論的に妥当なところが多い。すると、代替型の政治戦略は、古い国家中心型左翼概念のみならず、国家社会主義と社会民主政の概念とは別のパースペクティブから検討すべきことになる。

　80年代に新自由主義的戦略が一応の「勝利」を収めるとともに、国家社会主義が破綻するなかで、左翼の科学と政治は方向を失い、明確な対抗概念に欠ける状況にあるように思われた。だが、新自由主義的グローバル化に対抗する国際的運動が高揚しているだけに、この数年の状況は変化しているといえる。この運動には新しい国家改良主義的政治を志向する強い傾向もみられる。というのも、例えば、とりわけ西ヨーロッパで強力な「アタック（Attac）」組織の中心理念は、結局、トービン税によって国際資本や金融のフローを再び規制しようとするものであるし、伝統的なフォード主義的・ケインズ主義的な制度と政治を再確立しようとするものとなっているからである。だが、私のテーゼからすると、こうした概念が誤解を呼びかねないと思われるのは、社会的・政治的条件が不可逆的に変化しているだけでなく、フォード主義的な介入型福祉国家自体が疑問の多い体制であったからにほかならない。この体制のなかで自然資源

は破壊され、国際的な構造的不平等が拡大した。また、この体制は官僚主義的支配と規律化の装置に過ぎなかっただけでなく、断片化と周辺化を強めることにもなった。新自由主義イデオロギーが勝利しえたのは、左翼を含めて、このシステムの批判が強まったことによるところが大きい。こうみると、「新フォード主義的」政治企図が現実主義的パースペクティブであって、それが大衆の支持を得ることになるとは思われない。

　他方で、全く別の政治概念に立った運動や政治的趨勢を認めることができる。たとえば、メキシコのサパティスタは、綱領のうえでは、国家権力を求めてはいない。その主要目標は市民社会を強化し、これに動員することで自律的な政治的・社会的・経済的構造を構築することにある（Brand/Cecena 2000, Brand/Hirsch 2004）。この運動は、確かに、新しい解放と社会改革の概念を設定しているし、批判的国家論の考察を反映していることも明らかである。すると、あえて単純化するなら、新しい国際運動の脈絡において、議論は戦略的アプローチの中心であった「国家」と「社会」とのあいだで揺れていることになる。

5　ラディカルな改革主義

　収奪と支配という資本主義の構造は社会諸関係の複合的次元に根ざしている。また、資本主義とは生産手段の私的所有と市場諸関係のことであるだけでなく、一定の生活様式と分業の形態や消費スタイルのことでもあり、さらには、ジェンダー関係や自然との関係のことでもあるとすると、解放の政治は、わけても「社会中心的」なものとならざるをえない。国家権力を掌握したからといって、広範な社会変革が実現されるわけではなく、そのためには広範な社会諸勢力の動員と代替プロジェクトが、いわば、社会の自己変革が求められる（Holloway 2002）。換言すれば、政治的「革命」のみならず、社会と文化の「革命」も必要とされることになる。これは、いずれにしても、複雑で時間の要する過程であって、日常生活、習慣、価値、意識形態の変化を伴わざるをえない。こうした諸過程として、例えば、ジェンダー関係を変えようとするフェミニストの運

動や自然との諸関係を変えようとする環境保全運動を挙げることができる。だが、こうした変化を期すことは容易なことではないし、抵抗と対立が繰り返されざるをえない。とはいえ、基本的社会諸関係や行動様式を変えないでは、政治支配と国家の形態の変革など望みうべくもない。だから、アントニオ・グラムシは、市民社会が資本主義的支配とブルジョア的ヘゲモニーの重要な基盤であると指摘したのである。同時に、市民社会は別の社会概念が生成しうる戦場でもある。そのためには知的過程だけでなく、別の社会的実践形態や組織形態が求められることにもなる。既存の市民社会は、確かに、不平等な権力と支配の舞台であるし、「拡大国家」の一部でもあるだけに、それ自体の変革が期されなければならない。

　また、国家自体が権力を握っているわけではなくて、社会的権力諸関係の複合的ネットワークの表現であり、その形式的制度化にほかならない。こうした制度的総体が資本主義的姿だけでなく、例えば、性差別主義的・人種差別主義的相貌も帯びているだけに、こうした複雑で広範に根を張った権力関係の変革が求められることになる。解放の政治が国家のみを対象とすると、国家システムに凝縮され、再生産されている既存の資本主義的権力関係を、結局、安定化させてしまうことになりかねない。すると、政治と社会組織の自律的形態の展開を期すとともに、自治を広め、関心を直接的に表現しうる枠組みを設定すべきであるし、また、国家と資本主義的文化産業から自立した公衆を育み、自律的知識を創出しうる条件を整えることが求められることになる。これが対抗ヘゲモニーを展開するための中心的諸条件のひとつである。

　以上のような社会中心型の政治概念を「ラディカルな改革主義」と呼んでいる (Hirsch 2005, 229ff.)。「ラディカル」であるというのは、その対象を国家権力にとどめず、社会における権力と収奪の基本要素にも設定しているからである。また、「改革主義」であるといえるのは、この概念は、当然のことながら、既定のものではないし、対立に満ちた長期のものとならざるをえないとしても、社会と政治の変革の複合的過程を含んでいるからである。その特徴は代替型の政治概念であって、その方向は「国家」と「社会」との関係を、また、「公」と「私」との関係を根本的に再編成し、既存のブルジョアジー的・資本主義的

構造の克服を目指すものである。

　こうした変革過程が成功すれば、社会的権力諸関係の凝集である国家装置の構造と機能も変わらざるをえないことになる。これは重要なことである。というのも、国家システムは社会の再生産の中心に位置しているからである。この視点からすると、国家と政党政治が重要でないとはいえないとしても、解放型社会変革の中心とはなりえないことになる。また、国家は生活と社会秩序の一般的条件を設定し、民主的決定をコード化し実行するという点で、さらには、物資を再配分し、個人や団体の権利を保障するという点でも重要な位置にあるだけに、その制度的形状と諸過程に影響を与えることが求められる。この運動は国家装置の内部にのみ発するものであってはならない。では、どのように実現されうるか。これは、諸力の社会諸関係と市民社会の構造による。より精確には、人民が自らを組織し、自らの社会生活の概念を構築することで相互の関係を自立的に結び、自立した知識を創造しうるかどうかにかかっている。

6　パースペクティブ

　以上の短い理論的検討を踏まえて、次に、どのような政治的パースペクティブがありうるかについて考察することにする。批判的科学は具体的な、あるいは「現実主義的な」提案を開示することを目指しているわけではないが、社会運動の展開という視点からすると、その諸条件と可能性を明らかにすべきであろう。一般的にいえば、所与の歴史状況において何が「現実主義的」であるかとなると、それは既存の力関係に依存せざるをえないことになる。社会と政治の改革については多くの分野が存在しているが、ここでは一点に絞って、つまり、国民国家を超える民主的構造をどのように構築すべきかという問題について検討しておくことにする。

　第1に、政治と経済の構造の分権化が求められる。つまり、ある意味で、政治と経済の「脱グローバル化」が必要である。より精確には、下からのグローバル化に着手すべきである。これは、ローカルとリージョナルなレベルで政治

の単位を強化し、連接型(フェデラル)の政治・経済体制を構築すべきことを意味している。すると、補完性の原理を導入すべきことになるが、これは、民主的過程とは人民が見渡せうる範囲においてのみ実現されうるものであるし、持続的発展を期しうる経済はこの方法でしか実現されえないからである。国家の国際化という現局面を変えるには、ローカル、ナショナル、インターナショナルなレベルで新しい政治の連鎖を構築しなければならない。だが、強調しておくべきことは、だからといって、政治的・経済的閉鎖体制や孤立主義が求められるわけではなくて、インターナショナルなレベルの民主化の過程と、また、リージョナルな政治的関係を変える可能性と結びついたものでなければならないということである。

　第2に、現在の「新自由主義的立憲主義」と対峙する必要がある（Gill / Law 1993）。というのも、国際的組織とルールのシステムによって私的所有と市場諸関係が保障されているだけに、個別国家が民主的立憲主義の視点から民主的決定を下しえない状況にあるからにほかならない。こうした立憲主義には、例えば、参加・協議・情報の権利を制度化することで国際組織を民主化するとともに、その機能を少なくとも公的なものとし、できるだけコントロールに服しうるものに変えることが、また、個別の市民権とは別に政治的・社会的な基本的人権を保障することが含まれる。そのためには、機能的に不十分な国際刑事裁判所の充実を期すとともに、国際市民権裁判所を設置することが求められる。国際市民権裁判所は、個別国家から独立し、国家や国際的企業から人々の経済的・社会的権利を保障するという点で重要な位置にある。

　第3に、「国際的市民社会」の構造を強化すること、これがナショナルとインターナショナルなレベルで諸過程を民主化するための中心的前提条件となる。これには自主組織型のプロジェクトとネットワークや非政府組織（NGO）のような団体が含まれる。こうした組織は国家や国際機構からのみならず、私的企業からも自立していて、無視されている利益を代表しうる存在であるだけでなく、固有の知識と情報の普及に努めうるものでなければならない。この数十年間に、この種の政治組織は急増したが、グローバル化や国家の国際化の、また、自由民主政の後退の所産でもある。

7 非政府組織は民主的アクターか

　だが、NGOは現に所期の目的に応えているかという疑問を発することができる。文献や政治的検討からすると、NGOは国際政治の改善と民主化に大きな役割を果たすものと想定されている。また、現実の構造と過程に即してみると、少なくとも、いくつかの領域においてNGOは国際的調整システムの重要な役割を果たしているし、そのような位置も占めつつある。だが、民主化という点で、その影響力の行使には疑問も浮上せざるをえない。というのも、NGOが国際的調整システムの役割を果たすだけでなく、民主的で自律的なアクターの位置にあるかとなると、疑問視せざるをえない点も残されているからである。近年の民主政の理論的検討のなかで指摘されることが多くなっているように(Görg / Hirsch 1998, 594ff)、民主政とは政治過程と決定過程における機能性と合理性のことであるとすると、その限りではNGOは「民主的」組織であるといえるし、広範な問題に関心を喚起し、課題の設定と決定過程の点でも合理性を高めることになったといえよう。また、民主政とは一定の参加の可能性を含んだ多元主義的な抑制と均衡のシステムであるとすると、その機能も果たしていることになる。

　だが、民主政とは社会の全成員が最高度の自由と自律性を享受しうることであるとすると、事態は複雑なものとならざるをえない。NGOがナショナルないしインターナショナルなレベルで官僚型国家行政に依存し、基本的には国家志向型の存在であるとすると、社会の根本的変革の戦略を展開し、追求しえないことになる (Brand et. al. 2001, Hirsch 2003)。また、NGOが組織内民主政にとどまっていて、「草の根」に開かれたものとならないと、妥当な制度的メカニズムを全く欠くことになるから、どの程度の代表機能や民主的正統性を保持しているかという疑問も浮上せざるをえないことになる。さらには、組織の自己利益に腐心しだすと、自ら代弁しているとする人々の必要に応えることができなくなるし、NGOが民主的正統性を欠いたり、党派的な関心を表面化させたと

しても、止めようがないことになる。また、近年に至っても、NGOの活動は、主として環境と社会や開発と人権にかかわる「ソフトな」争点に限られていて、安全・防衛・技術・経済といった「ハードな」争点については、かなり控えめな役割しか果たしていない。これは、国家がこうした領域にNGOの協力を求めることに、ほとんど、ないし全く関心を示さないからでもある。しかし、IMFとWBやWTOの政策をめぐる最近の議論が示しているように、事態は変化しだしている。そして、活動の資源と範囲という点でNGOの政治力には、かなりの違いがあることを想起すべきである。この点は「南」と「北」のNGOを比較し、「南」のNGOの財政と組織の依存性に注目すれば明らかであろう。また、NGO相互間の権力は位階化していて、一般的には、主要諸国を中心とした「超国民的NGO」が強力で、ローカルとリージョナルなレベルの弱小組織に比べて有利な地歩を保持している。したがって、NGOのシステムは、国民国家間と同様に、権力バランスを欠くという構造にある。

　NGOの民主的性格は、内部構造が民主的であったにせよ、個別組織の目的と内部構造や機能条件だけでなく、より広くは、国際的レベルの政治的調整システムに占める位置と機能にも規定される。民主政の理論からすると、NGOは多くのアクターのひとつに過ぎないし、多様なNGOが存在しているだけに相互に対立する場合も多い。政府によって直接的に組織され、その関心の執行が求められているわけではないとしても、なかには政府に依存したNGOも存在している。一般的には、NGOが国家や国際組織と私企業の関係において自らの物質的・政治的自立性を強く維持しうる場合には、より重要な役割を民主的諸過程において果たしうるといえるが、これは容易なことではない。しかし、自らの行政と中心的機能の点で、NGOは国家の資金供与や補助から自立していることが、また、メディアの資金供与に従属し過ぎないことが求められる。すると、社会運動を展開しイニシアティブを発揮するには、積極的な政治的基盤に支えられねばならないことになる。これにはダイレクト・メールや支援コンサートの放映に頼るだけでなく、関心を深くしている人々に精確で重要な情報を伝えるとともに、NGOの活動をめぐる公的討論を喚起することが求められる。さらには、NGOがどのような活動に取り組み、どのような困難に直面し

ているかを明らかにするだけでなく、必要ならば、なぜ所期の目的を実現しえなかったかも明らかにすべきことになる。こうした基盤に立つことで、国家行政や私的企業と対峙し、その対抗力と、つまり、シンボルにとどまらない政治権力の対抗力となりうる。これが政治のヴィジョンと理念を展開し、既存の調整と支配のシステムの枠組みを超えるための、あるいは、その制約にとらわれないための前提条件である。さらには、グローバルな社会的・政治的秩序にとってきわめて重要であるし、国家機関からの援助と協力の対象とはなりえない「ハードな」政策領域においても有益な活動を展開しうる前提条件ともなる。社会変革を喚起するには「政治」の概念を大きく広げ、生産過程・消費・生活スタイル・ジェンダー関係といった争点に取り組むとともに、これと結びつけて社会学習や意識の陶冶を期す諸活動が求められることになる。そのためには、国家主導型の交渉フォーラムやロビー活動にとどまらない政治的方向や活動が必要とされることにもなる。

　NGOが国家や国際組織に依存せずにすみうるには国際的協力と連携の態勢が求められる。とりわけ、国際システムの交渉のチャンネルが複雑で判然としないものであるだけに、わかりやすく、開かれたものとし続ける活動が重要である。そして、NGOが民主的なものとなりうるかどうかは、自ら代弁しているとする人々との関心とどの程度に結びつきうるかによる。というのも、「受益者」の従属性を強め、政治的に組織できたはずの機会を失わせる方法で、利益を代表し、物質的援助を与えることもできるからである。これは開発援助や救済プロジェクトによく見かけることである。NGOは、メディアが飛びつくほどではないし、国家機関との対立を呼びかねないものであるにしろ、自己組織の強化を目指すことができるが、このアプローチといえども矛盾に満ちたものとならざるをえない。というのも、外部の介入をまねくことで政治的自治を高めえない場合も起こりうるし、政府間の対立の材料に使われかねないし、より精確には、強力な国家が弱小国家を利用するための手段に使う危険も伏在しているからである。どのような方向を目指すかはきわめて重要なことであるし、NGOの影響力が民主的なものとなりうるかどうかは、ローカルとリージョナルな政治構造をどの程度に支えうるかにかかっている。NGOが「拡大国家」の

一部であり続けるかぎり、国家と政治的に対抗しうるとする論者もいるにせよ、これは幻想である。NGOに期待しうることは、「国家の内部にあって、しかも、これに対抗する」ような政治的存在となることであるが (Band/Görg 1998)、この道といえども困難と危険や矛盾をはらんだものとならざるをえない。

　指摘しておくべきことは、NGOが「ラディカルな活動に替わりうる重要な選択肢となりつつある」と想定すると、これは誤解を呼びかねないということである (Princen/Finger 1994:65)。NGOは、せいぜい、より広い運動やネットワークの一部に過ぎない。これには、やや複雑な関係が含まれるようになったのも、例えば、1999年のシアトル、2000年のプラハ、2001年のジェノヴァにみられるように、WTOとIMFやWBの、あるいはG7ないしG8の会議に対する抗議の動員がそれなりに成功したことから、NGOの役割が両義的なものとなったからである。NGOの両義性が浮上することになったのも、街頭デモの組織化の中心的役割を果たすことで、政府や国際機関との重要な交渉パートナーであるというイメージを強くする必要があったからである。グローバルな支配と収奪や依存性を克服すべきものとすると、ラディカルな活動が、つまり、制度的構造外の直接行動をもって支配的な政治アジェンダの枠組みを超えるだけでなく、コンセンサスを変え、ナショナルとインターナショナルなレベルで根を張っている複合的な支配のシステムを攻撃すべきことになる。これは、外交の回路や交渉のテーブルでみられるような活動をもって代替しうるものではない。だがNGOの構造と機能からすると、まず、こうした活動を展開しうる状況にはない。NGOに期待しうることといえば、享受している地位を強力にし、意志と能力に恵まれているかぎり、自らの内部構造と政治的活動や方向に即して、国際的交渉の場において、また、政府や国際組織と対峙することでラディカルな活動を生み出すことである。ラディカルな社会運動とは、抗議と抵抗の能力が制度と直結しないことを求めるものであるだけに、なお、民主的展開の基礎のひとつである。だから、逆説も浮上することになる。というのも、NGOのシステムの民主的性格が重要な影響力を持ちうるのは、NGOがよりラディカルな政治的イニシアティブや運動と持続的に対抗しうる場合にほかならないからである。約言するなら、NGOが民主的性格を持ちうるかどうかは、個別国家の内外で活

動している国際的な社会と政治の運動が存在しているかどうかに左右されることになる (Brand 2005)。新自由主義的グローバル化と国家の国際化も、効果的な国際的運動によって変えうるものである。その行方は自由主義時代以後の民主政の将来にとって決定的に重要なものとなろう (2006年12月、脱稿)。

〈参考文献〉

Brand, Ulrich (2005) *Gegen-Hegemonie: Perspektiven globalisierungskritischer Strategien*, Hamburg, VSA.

Brand, Ulrich and Goerg, Christoph (1998) *Nichtregierungsorganisationen und neue Staatlichkeit*, ed., J. Calliess, *Loccumer Protokolle* 9, Loccum, Evangelische Akademie.

Brand, Ulrich and Cecena, Ana Esther, eds. (2000) *Reflexionen einer Rebellion: "Chiapas" und ein anderes Politikverständnis*, Münster, Westfälisches Dampfboot.

Brand, Ulrich et al. (2001) *Nichtregierungsorganisationen in der Transformation des Staates*, Müster, Westfälisches Dampfboot.

Brand, Ulrich and Hirsch, Joachim (2004) "In Search of Emanzipatory Politics: The Resonances of Zapatism in Western Europe," in *Antipode*, vol.36, no.3, 371-382.

Gill, Stephen and Law, David (1993) "Global Hegemony and the Structural Power of Capital," in St. Gill ed., *Gramsci, Historical Materialism and International Relations*, Cambridge, Cambridge University Press, 93-124.

Goerg, Christoph and Hirsch, Joachim (1998) "Is Ibternational Democracy Possible?" in *Review of International Political Economy*, vol.5, no.4, 585-615.

Gramsci, Antonio (1986) *Selection from Prison Notebooks*, ed., Q. Hoare and G. N. Smith, London, Lawrence and Wishart.

Harvey, David (2003) *The New Imperialism*, Oxford and New York, Oxford University Press(本橋哲也訳『ニュー・インペリアリズム』青木書店、2005年).

Hirsch, Joachim (2003) "The State's New Clothes: NGOs and the Internationalization of States," *in Rethinking Marxism*, vol.15, no.2, 237-261.

—— (2005) *Materialistische Staatstheorie*, Hamburg, VSA.

Hirsch, Joachim, Jessop, Bob and Poulantzas, Nicos (2001) *Die Zukunft des Staates*, Hamburg, VSA.

Holloway, John (2002) *Die Welt verändern ohne die Macht zu übernehmen*, Münster, Westfälisches Dampfboot.

Jessop, Bob (1997) "A Neo-Gramscian Approach to the Regulation of Urban Regimes," in M. Lauria ed., *Reconstructing Urban Regime Theory*, London, Sage.

—— (2001) "(Un)Logik der Globalisierung," in *Das Argument*, vol.12, no.236, 341-354.

―― (2002) *The Future of the Capitalist State*, Cambridge, Cambridge University Press（中谷義和監訳『資本主義国家の未来』御茶の水書房、2005年）.
Poulantzas, Nicos (2002) *Staatstheorie, Hamburg*, VSA.
Polanyi, Karl (1990) *The Great Transformation*, Frankfurt and Main, Suhrkamp（吉沢英成ほか訳『大転換 ―― 市場社会の形成と崩壊』東洋経済新報社、1975年）.
Princen, T. and Finger, M. (1994) *Environmental NGOs in World Politics: Linking the Local and the Global*, New York, Routledge.
Rueschmayer, Dietrich et al. (1992) *Capitalist Development and Democracy*, Cambridge, Cambridge University Press.
Weber, Max (1956) *Wirtschaft und Gesellschaft*, Köln and Berlin, Kiepenheuer und Witsch.

第3章
史的唯物論のグローバル化研究
――批判的再評価

モートン・オーゴー

1 はじめに

「なぜ、国際歴史社会学が存在しないのであろうか」。これは、ジャスティン・ローゼンバークが最近の論稿で発した疑問である (Rosenberg 2006)。彼が欠けていると判断しているのは「国際関係の社会理論」であり、「国際的なもの」についての社会理論である (p.312)。この空白を満たすためには、「複合的で不均等な発展」という考えが有効な出発点になろうと述べている。これはレオン・トロッキーが最初に述べた概念であるが、他の論者の近著にも同様の指摘を認めることができる (Herod 2006; Dunn 2006)。ローゼンバークの発想は、史的唯物論の固有の読み方を基礎として、世界の諸事象に歴史社会学的にアプローチすべきであるとする課題に応えようとするものである。

ローゼンバークの疑問に込められた言葉は驚くべきことでもない。というのも、全く同一の方向ではないにしろ、歴史学とマクロ社会学的アプローチをもって国際的でグローバルな諸問題を分析すべきであるとする著作が増えているからである (例えば、次を挙げることができよう。Cox 1987; Chase-Dunn 1989; Albrow 1996; Robertson 1992; Scholte 2005; Robinson 2004; Germain and Kenny 1998; Ougaard 2004)。方法を異にしつつも、こうした著者のなかには、史的唯物論に依拠している論者もいるが、ロバートソンとショルトのように、なかにはこのように括られることを望まない論者もいよう。

換言すれば、国際的ないしグローバルな領域について多数の社会学が存在しているとはいえ、ローゼンバークのように、史的唯物論的歴史学に依拠した論者となると、きわめて少数であることになる。また、冷戦の終焉とソ連の崩壊後に、広範な、だが、表面的な理解からマルクス主義は「間違っている」ことが判明したとする考えもあったが、マルクスに依拠して国際領域にアプローチしようとする試みは続いているし、そうしたアプローチに新しい興味もわいている。これは、この種の著作や論文が増えていることにうかがうことができる。

本論はその理由について検討することにする。多くの人々からすると、人道に反し、圧制や経済的実験の失敗を重ねたと受け止められている知的伝統が、また、学界における栄達という視点からすると最適の選択肢とはいえないし、時流には乗りえない伝統が、なぜ、学界で多くの支持者を集めうるのであろうか、これは問われてしかるべき疑問であろう。

2　史的唯物論の魅力と課題

強力な諸点　既述の疑問に暫定的であれ応えようとすると、研究者にとって史的唯物論の知的諸要素には魅力的なものがあるからにほかならないということになろう。例えば、その政治的姿勢(スタンス)や資本主義に対する批判的態度を挙げることができよう。また、より公正でヒューマンな、また、衡平な社会発展観に依拠して政治を分析し、理論化したいとする考えも指摘することができよう。程度の差はあれ、こうした政治姿勢と強く結びついて、史的唯物論の研究プログラムに研究者たちは生産的で放棄しがたい理論的・分析的理由や強みを認めている。こうした強みとして次を挙げることができよう。

構造と行動主体(エージェンシー)の弁証法的理解は、史的分析アプローチと結びついて、現在を史的展開の長期過程の所産であるし、変化の過程にあると位置づけるとともに、そのダイナミズムを理解することが理論化と研究の課題であるとする。これは、しげく引用されてきたことではあるが、「人々は固有の歴史をつくるが、自由に、思うままに選んだ条件のもとではなくて、目の前の所与の積み重ねら

れた状況のもとでつくるのである」というマルクスの指摘に依拠している (Marx 1974 : 542)。

　さらには、社会の変化過程を分析するに際しては、国家と非国家型アクターのみならず、経済・政治・理念の特徴も注目されることになる。国際政治経済学分野の多くの研究者たちがマルクスに発する、あるいは、史的唯物論に類するパースペクティブに魅力を覚えるのは、より重要なことに、この視点のゆえである。

　現代のグローバル経済のすべてを捉えうるわけではないとしても、研究者たちは、資本主義経済の諸過程の検討という点で、マルクスの鋭敏な批判的分析に多くの豊かな考察が含まれていると判断し、その考察に依拠してもいる。そのなかにはマルクスが資本主義の長期的傾向をどのように理解していたかということも含まれる。この点では、技術革新の継続、成長、集権化、資本主義の地理的拡大を挙げることができようし、この過程には社会的に消極的な結果を呼ばざるをえないことについての理解も読み取ることができる。次いで、この問題に移ろう。

　全体性のパースペクティブとは社会を総体として研究しようとするものであって、経済・政治・文化・理念の形状を相互の連関と全体の脈絡において位置づけようとするものである。その際、分析の単位となるのは社会全体であって、市場と経済や政治を個別の検討対象とすることではない。こうした伝統において経済と政治に（また、文化と理念に）統合的にアプローチしようとしてきたし、その展開を期そうとしているからこそ、国際政治経済分野の研究者にとって、史的唯物論は魅力をもちえたのである。また、かつては分析単位が国民的社会であったにしろ、グローバル化の時代に至って、全体論的（ホリスティック）パースペクティブに傾くなかで、伝統的手法になじんでいた研究者たちも全体性のパースペクティブをグローバルなレベルに適用しようとする方向を強くしている。換言すれば、史的唯物論のパースペクティブからすると、そのパースペクティブをグローバルなシステムに適用しようとすることになったのは、論理的にも自然なことであったといえる。

　留保と逡巡　すると、史的唯物論が発想のよりどころとされ続けていること

は明らかであるとしても、史的唯物論者ないしマルクス主義者を自称する論者たちにあっても、意見の違いや留保と逡巡が認められる。それは、研究者たちが自らをどのように位置づけ、どのような研究に取り組んでいるかということに認めることができる。例えば、マルクス主義や史的唯物論という伝統的名称を使っている論者がいる一方で、別の名称を求めたり、少なくとも限定的に使うべきであるとする論者もみられる。国際政治経済分野において、明確な潮流となりつつあるのはネオ・グラムシ派である。この学派は、ロバート・コックスを草分けとするものであって、彼自身は、すでに、1985年に既存の潮流に不満を覚えている（Cox 1996）。別の方向は「批判的政治経済学」ないし「批判的国際政治経済学」である。この名称は、マルクスが自らの著作のなかで「政治経済批判」という言葉を使ったことに発している。また、形容詞を使うことで限定し、「オープン・マルクス主義」を（Drainville 1994、次に引用、Germain 2006）、あるいは「柔軟なマルクス主義」を（Laffey and Dean 2002）、さらには「ポスト・マルクス主義的、プレないしノン・マルクス主義的史的唯物論」を呼称する潮流も存在している（Germain 2006）。こうした限定を付しているのも、新自由主義が台頭するに至って、便宜的であれ、知的「時代精神」に合わせようとするものであると理解することができよう。だが、これは誤解を呼びかねない。マルクス主義や史的唯物論といった名称を無条件で受け入れるべきではないとするには、学問的にも政治的にも、それなりの理由があるといえよう。とはいえ、グローバル社会を分析するという点で史的唯物論の有効性を検討するにあたっては、史的唯物論を拒否すべきであるとする理由のみならず、研究課題に占める史的唯物論の強みも明らかにしておくべきであろう。

「マルクス主義」：ひとつの組織的教義　「マルクス主義」は問題内包的で政治的色調を帯びたカテゴリーであって、一定の教条や問題を含んだ仮説でもある。それだけに、マルクスの時代において間違いであることが判明したものもある。この点では、しげく引き合いに出されることではあるが、マルクス自身がマルクス主義者ではないと指摘したことを想起すべきである。また、「マルクス主義が組織原理となった重大な局面（1890年–1990年）」の歴史的経験のインパクトも認識すべきであろう（Balibar 1995：2）。決定的に重要なことは、マル

クス主義と史的唯物論がソ連と中国（および、他の一部の諸国）の公式の教義となっていただけでなく、他の地域においても、社会党や共産党にとって重要な位置を占めていたということである。この点で、エリック・ホブズボームは「レーニン以降、すべての指導者が、今や、重要な理論家であると想定されることになったのも、すべての政治的決定がマルクス主義の分析に依拠していると、より強力には、マルクス、エンゲルス、レーニンの、そして、当然ながら、スターリンの教典に従っているとして、正統化されることになったからである」と指摘している（Hobsbawm 1998：9）。

　こうして、根拠を全く別にすることが多かったにもかかわらず、史的唯物論の言葉で飾られた理論的議論によって、政治選択や決定が正統化されることになった（Claudin 1975）。また、史的唯物論の内実と意味をめぐる理論的・科学的検討であることが明らかであるにもかかわらず、それが指導と正統性をめぐる闘争に転化している場合も少なくはなかった。「西欧マルクス主義」における傾向は、重要なことに、こうした教条的で、実際、非科学的な歴史分析と理論的アプローチと決別しようとするものであったとはいえ、教条主義的要素が残存していて、少なくとも、研究者にあって古典の引用に依拠すればよいとする傾向を生むことになった。これは研究者のみならず、民主的社会主義の政治にもマイナスに作用したといえよう。

　挫折した予言　すると、革命の問題が浮上せざるをえないことになる。マルクスは、1848年2月に公刊された『共産党宣言』において、資本主義が発展するとプロレタリアートの革命を呼ばざるをえないし、その局面も遠い先のことではないと予言しただけでなく、そのように考えていたことも明らかである。バリバールによれば、マルクスは次のように考えていたとされる。彼は「資本主義の全般的危機が切迫しているという考えを完全に共有していた。この局面に至るや、プロレタリアートは（ヨーロッパの）全諸国の被支配階級の先頭に立ち、ラディカルな民主政を樹立することで、短期間に階級を廃止し、共産主義への道を拓くものと考えていた」と（Balibar 1995：8）。だが、1848年にヨーロッパを襲った革命の嵐は完全に挫折し、予言した結果を期しえなかった。再びバリバールを引用すれば、大きな失望のなかで、「マルクス主義のプ・ロ・レ・タ・リ・ア・ー・

ト観とその革命の使命という考えは揺らぐことになった」と(ibid)。周知のように、労働者大衆の不断の貧困化がプロレタリアートの革命に連なるというより、資本主義の本拠地は民主化され、生活水準の大幅の改善と福祉国家の台頭を呼ぶことになった。

マルクス主義者のみならず、マルクス主義批判者たちも、こうした予言が史的唯物論の中心的構成要素のひとつであるとみなしている。また、この予言の挫折は、ソ連や中国の実験や組織論の性格とも結びついて、史的唯物論とは距離をおこうとする最も強い理由のひとつになったと思われる。すると、重要なことは、この予言がマルクス主義の理論的世界においてどのような位置にあるかを明らかにすべきことになる。この点で、ホブズボームは適切かつ簡明に次のように指摘している。「マルクスのプロレタリアート観からすると、その本質は、この集団が全人類を解放し、資本主義を打倒することで階級社会に幕を引くことに求められたが、これは、資本主義の分析のなかで得た希望的観測に過ぎないものであって、その分析から引き出さざるをえなかった結論とはいえない」と (Hobsbawm 1998: 25)。

教条的傾向 すると、マルクスの（また、エンゲルスとレーニンの）著作のすべてが正しい一連の教義からなるとみなすべきではなく、思考の過程にあったというのが実際であって、「不断に新しい糸口となりうる哲学者として、多くの未完の草案や構想を将来に残した」ことになる (Balibar 1995: 6)。とくに、1848年の大きな挫折のなかで、既述のように、「プロレタリアート観とその革命の使命という考えは揺らぐ」ことになったが、「そのことで、政治の諸局面や長期の社会革命の傾向に占める経済の規定性を研究の構想とせざるをえないことになった」(Balibar 1995: 8-9)。

こうみると、マルクス主義の中心であるとみなされている諸構成要素を放棄すべきことになるし、「マルクス主義」とは政治活動を不可避のプロレタリア革命に導きうる政治教義であるとする時代は終わったことになる。すると、ランドール・ジャーメンが「ポスト・マルクス主義的、プレないしノン・マルクス主義的史的唯物論者」という呼称に注目したのも妥当なところがあったといえよう。とはいえ、改めて史的唯物論の強みを想起すると、バリバールに従って、

「幻想とペテンから解放されるとき、理論的世界が浮上することになる」といえよう（Balibar 1995: 2）。また、グローバル化研究の脈絡からすると、マルクスを先駆者とする史的唯物論の伝統から多数の概念とパースペクティブや説明の原理を引き出し、グローバル化を分析するためのオープンな研究プログラムを設定することができることになる。次いで、こうした理論的提言について検討することで、グローバル化時代の世界社会の研究にとって、どのような意味が含まれているかを説明し、評価することにする。

3 経済のグローバル化のパースペクティブ

　マルクスの考察のなかには、グローバル化について、とりわけ、この歴史的過程の経済面について検討しようとすると、きわめて有効なものを認めることができる。まず、彼（とフレデリック・エンゲルス）が、こうした大きな変化をどのように予測していたかを振り返っておくべきであろう。例えば、1847－48年の局面で、彼らは次のように指摘している。「商品市場を不断に拡大しなければならないだけに、ブルジョアジーは地球上を駆け回らなければならない。彼らはどこにでも巣をかけ、定住と結びつきを求めなければならない」と。また、そのなかで、「あらゆる諸国の生産と消費はコスモポリタンなものとなった」のであり、だから、「ブルジョアジーは、あらゆる生産用具を急速に改良することで、また、きわめて広範なコミュニケーション手段によって、あらゆる諸国民を、未開人すらをも文明に引き入れる」と（Marx and Engels 1998: 39）。その結果、

　　古い地方的・民族的まとまりや自足的経済にかわって、あらゆる方向で交易や民族間の広い相互依存関係が登場する。物質的生産のみならず、知的生産についても同様の事態が起こる。個別民族の知的生産が共有財産となる。民族的一面性や偏狭さは不可能となる傾向を強め、多くの民族的・地方的文学から、ひとつの世界文学が登場することになる（ibid）。

この脈絡からすると、ホブズボームの次の指摘を引用しておくべきであろう。「マルクスとエンゲルスは、1848年の時点で資本主義がすでに変えるに至っていた世界を描いたわけではなく、論理的には、資本主義が世界をどのように変えるかを予測していたのである」と（Hobsbawm 1998：17）。この指摘は、マルクスの資本主義経済の理解の（部分的な）予言の強みを明らかにするものであって、この点については、経済のグローバル化の主な諸特徴についての指摘に確認したことである。これには、経済成長と生産諸力の巨大な展開、資本主義の不断の地理的拡大、その結果としての国際分業の深化と世界経済の統合化が含まれる。また、この過程の主要な駆動力をどのように措定するかという点では、マルクスの経済学に有益な指摘を認めることができる。それは、資本の集積と集中の傾向のみならず、成長の力学と圧力が技術革新と結びつかざるをえないことを、例えば、「資本蓄積の一般法則」と題する章で明らかにしている（Marx 1976：ch.25）。

　成長、技術開発、地理的膨張、資本の集積と集中、これがグローバル化の諸過程の基本的特徴であることは明らかであるし、この点については十分に論証されてもいる（Maddison 1991, 2001；Dicken 2003）。また、OECD、世界銀行、IMF、国連システムの世界経済に関する統計からも容易に察しのつくことである。とりわけ、多国籍企業の数と規模の経済的肥大化のなかで国際分業が深化し、国境横断型の生産ネットワークのみならず金融市場の統合も深まっていることは、マルクスが最初に分析したように、資本の集中と集積の結果であることを直接的に例証している（この点については、例えば、次を参照のこと。Dicken 2003、UNCTADの世界投資年次報告〔最新版は2006年〕）。さらには、マルクスが導入した理論的概念からすると、グローバル化と結びついて経済変化が起こっているが、その多くは生産諸力と生産諸関係の国際化の深化であると理解しうる。だが、多国籍企業、グローバルな商品連鎖、国際統合型生産ネットワーク、国際金融と資本市場、コミュニケーションと情報技術の急速な展開、こうした世界において、生産の諸力と諸関係という「古い言葉」だけで、今日の経済活動に支配的な社会諸制度を記述し、分析しようとすると、不十分なものとならざるをえない。

二重のパースペクティブ　現代のグローバル化の諸過程を理解しようとすると、マルクスの資本主義分析だけで十分とはいえない。この点では次の２点を挙げることにするが、これを現在に適用しようとすると、既述の概括より論争的なものとならざるをえないし、重要性の点では分析的にも政治的にも強い疑問も呼ばざるをえないであろう。第１はマルクスの資本主義論の二重のパースペクティブである。これは、資本主義を人類史の前進的段階であって、生産諸力が大いに高まることで、新しく、よりヒューマンな社会の基礎となりうるが、この過程はまた破壊面を内包していて、既存の社会の破壊を、また、大衆の苦悩と貧困を呼ばざるをえないとするものである。

この二重のパースペクティブの最も簡明な要約は、マルクスがイギリスのインド支配について1853年に論じた論稿に認めることができる。すなわち、「イギリスはインドで二重の使命を実現しなければならない。それは、破壊と再生である。アジア社会を解体するだけでなく、西洋社会の物質的基盤をアジアで構築しなければならない」と（Marx 1972：82）。彼は、もっと全般的指摘を残している。

> 歴史におけるブルジョアジーの時代は新世界の物質的基盤をつくりださなければならない。一方では、人々の相互依存関係を基礎とした世界的交通とその手段であり、他方では、人々の生産諸力と物質的生産を自然力の科学的支配に変えることである。地質上の大変動のなかで地表が生成したのと同様に、ブルジョア的産業と商業は新しい世界の物質的諸条件をつくりだしている。大きな社会革命が起こり、ブルジョア時代の所産である世界市場と近代的生産力がわがものとなり、最も先進的な諸人民の共通のコントロール下に置かれたとき、人類の進歩は、死者の脳みそをすする身の毛のよだつ異教の偶像に類するものではなくなるであろう（ibid.：87）。

この二重のパースペクティブが現代の発展にどのような意味を含んでいるかを示すに困難はあるまい。例えば、国連開発プログラムの人間開発レポート（2006年版）は「人間開発の現状」と題する章を置き、次のように指摘している。

> "上げ潮はすべてボートを高くする"という格言を残したのはジョン・F. ケネディ大統領である。今や、これは人間開発に妥当することであって、グローバルな繁栄

という上げ潮のなかで、より早く上げ潮にのっているボートもあれば、沈み込んでいるボートもある。グローバル化の積極面を称揚する人々も、時々、波浪にのみ込まれている。彼らは、グローバル村という言葉で新しい秩序を描いているが、人間開発というレンズからみると、グローバル村には持っている人々と持っていない人々との深い亀裂が起こっている（UNDP 2006：263-273）

こうした二重のパースペクティブをグローバル化の世界経済に適用しようとすると、建設的か破壊的かという２方向ではなくて、両者のバランスをめぐる論争が浮上することになる。この疑問については、偶発的なものであって、時間と空間を異にすると変わらざるをえないし、多くの経済的・政治的要因などに依拠していると答えざるをえない。とはいえ、何らかの簡潔で一般的な答えが求められるとすると、グローバル化の時代において資本主義がどのような方向にあるかを確認すべきことになる。すると、マルクスの第２の指摘を挙げるべきであろう。それは、なお進歩の時代といえるかという疑問である。この点については、おそらく、最もしげく引用されてきたマルクスの史的唯物論の公式を挙げることができよう。

　　いかなる社会秩序も、その内部で十分に機能していたすべての生産諸力が破壊されないかぎり、解体するものではないし、新しい生産諸関係は、その存在の物質的条件が古い社会の体内で孵化し終わらないうちは、古い生産諸関係に替わることはない。だから、人々は自ら解決しうる課題を自らに課さざるをえないといえるのも、よく調べてみると、その課題を解決しうる物質的諸条件がすでに存在しているか、あるいは、少なくとも生成している場合に、課題そのものが浮上するということが常に明らかとなるからである（Marx 1970：21）

換言すれば、ある社会モデルは、その潜在力が展開し終わらないうちは過去のものとはなりえないことになる。この理解は、レーニンの帝国主義の分析を受けて（Lenin 1981）、マルクス主義のグローバルな政治経済分析に強い影響を残した見解と、つまり、帝国主義の時代の資本主義は衰退と寄生の時代に突入したという考えと対照的位置にある。換言すれば、資本主義が発展するなかで、今や、建設的ではなくて破壊的なものとなっているだけに、その進歩的潜在力

は汲み尽くされたとするものである。この種の理解は、なお、左翼の研究者の一部にも認められることであるが（例えば、かなり気乗り薄ながらも、ビル・ウォレンは、1980年の著書で、帝国主義の進歩的側面を分析のなかで、これを受け入れている）、こうした理解を支持するわけにはいかない。現に、メディアが指摘し、OECD、IMF、世界銀行、国連システムの統計の多くが明らかにしているように、人々は、資本主義的生産様式が、確実にグローバルなものとなっている時代のなかで、また、不均等で不平等であるとはいえ、経済成長の潜在力が強く作動していて、産業資本主義が地球のあらゆる空間に広がっている時代のなかで生活している。さらには、すべての諸国が、現にグローバル経済に統合され、労働力の規模がグローバルな広がりをみせているだけでなく、開発が強化され、科学が生産に、さらには、健康・生産・環境問題を含めて人々の生活のあらゆる面に応用されることで、技術革新が、なお続いている時代のなかにいるといえる。

だが、重大な問題や障害が存在していないわけではない。例えば、地球温暖化や資源枯渇のような、とりわけ、エネルギーや水資源などの資源にかかわる環境問題は重大であって、対処しえないと、生命の誕生を含めて由々しい社会問題となりかねない。理論的には、こうした課題は環境という次元をグローバル社会の分析と結びつける必要があることを示している。この次元は展開をみたとはいえないが、古典的な史的唯物論と両立しえないわけではない（Burkett and Foster 2006）。経済システムにおいても、資本主義が展開するなかで、金融危機や社会不安が簇生しているように、内的緊張関係や不安定要因が浮上している。しかし、歴史は、こうした問題を、少なくとも一時的には克服しうるし、金融危機や環境問題にも対処しうることを示している。ただ、こうした課題に実効的に対処しようとすると、実業界の強い抵抗に直面せざるをえない場合が多いといえよう。これまでの資本主義的生産様式の経験からすると、現在の課題は従来とは質的に異なるものであるだけに、その克服能力が低下したと論ずるわけにはいかないように思われる。

マルクスは、資本主義には歴史的限界があると指摘している。これは正しい指摘であるといえようが、世界は、生産と分配の組織様式という点で「歴史の

終焉」を迎えたとすることは歴史的経験にそぐわないし、常識にも反することである。資本主義は歴史的展開を期しうるだけのエネルギーを使い尽くしたとはいえないだけの可能性を秘めているし、その力学は、なお、作動しているといえる。

現状に鑑みると、これは、分析を基礎とした結論であるといって済ますわけにはいかないし、実際、今後の歴史によって検証されうる仮説に過ぎない。史的唯物論の強みからグローバル化の今後を想定してみると、別の考え方や成り行きを予想することができる。すると、どのような方向がありうるかについて検討すべきことになる。次いで、史的唯物論の中心的教義からグローバル化の経済面について検討しておこう。つまり、土台－上部構造の弁証法をグローバル化の脈絡に設定してみることにする。

4　土台－上部構造の弁証法 —— グローバルな政治的上部構造

やや長くなるが、再びマルクスの指摘を引用しておこう。

> 人間は、その生存の社会的生産において、一定の諸関係に入らざるをえない。この関係とは人々の意志から独立し、物質的生産諸力の発展の所与の段階に対応する生産の諸関係のことである。こうした生産諸関係の総体が社会の経済構造を形成し、これが現実の土台となり、これを基礎として法的・政治的上部構造がそびえたち、また、この土台に一定の社会的意識形態が対応している。物質的生活の生産様式が社会的・政治的・知的生活の一般的過程を制約する。人々の生存を規定しているのは意識ではなくて、社会的存在が意識を規定している。ある発展段階で、社会の物質的生産諸力は既存の生産諸関係と、あるいは、その法的表現にほかならないのであるが、それまで作動してきた枠組みに占める所有諸関係と矛盾するようになる。すると、こうした諸関係は生産諸力の発展形態から桎梏に転化する。そのとき、社会革命の時代が始まる。経済的基盤の諸変化は、遅かれ早かれ、巨大な全上部構造の変革を呼ぶことになる（Marx 1970：20-21）。

上記の文章は、土台−上部構造の公式として、しげく引用されてきたが、問題は、この命題をグローバル化の現代世界にどのように適用しうるかということである。ひとつの重要な限定を付すべきと思われる。この点については、後に再び述べることになるが、それは経済的決定を機械的に解釈し、社会変化の説明モデルとして正当化することが多かったということである。だが、現在の脈絡からすると、まず、検討すべきことは、このモデルをグローバル化の現象にどのように適応しうるかということである。

　経済のグローバル化が重要な政治的(および文化的・理念的)影響を与えているという指摘は、何もマルクス主義に発する分析に限られるわけではない。これは、むしろ、現在の社会科学の最も主要な研究対象のひとつとなっていて、相互に結びついてはいるが、区別しうる2つの課題を浮上させることになった。それは、国際化が国民国家にどのような影響を与え、また、国際的でグローバルなガヴァナンス・メカニズムにどのような意味をもっているかということである。前者については多くの研究が残されているが (e.g., Weiss 1998；Sørensen 2001)、ここで論ずるのは後者の問題である。この問題について論じた著作において、指摘は多様であれ、国際化とグローバル化の経済過程は、他の諸過程と並んで国際的な政治制度と諸過程の族生を導くことになったし、今後も、その傾向は続くであろうと考えられている。換言すれば、マルクスのモデルを論理的に適用すれば想定せざるをえないように、グローバル化が進み、世界経済の統合が深まると、グローバルな政治的上部構造が生成すると考えられていることになる。

　ロバート・O. コヘーンはリベラルな国際関係論の代表的論者である。彼は、1993年の論稿で「技術革新によって、経済の相互依存関係が強まるだけでなく、環境問題がグローバルに深刻化するかぎり、国際機関の数は増え続け、複雑化せざるをえないし、その調整の範囲も広がることになる」と述べている (Keohane 1993：285)。論法を異にしつつも、他の論者も同様に意見を述べている。例えば、ジャン・アート・ショルトは「グローバル化と多中心的ガヴァナンス」論を (Scholte 2005：185ff)、アンソニー・マッグルーは「地政学的ガヴァナンス」論を展開し (McGrew 1997)、マーティン・アルブローは「世界国家」

について論じている（Albrow 1996：171）。また、マーティン・ショーは「グローバル国家」について（Shaw 2000）、ユルゲン・ハバーマスは「脱国民的形状」について（Habermas 1998）、ヒゴットとオーゴーは「グローバル政体」について（Higgott and Ougaard 2002）、そして、オーゴーは「国家存在の不均等なグローバル化」について（Ougaard 2004）、それぞれ論じている。こうした指摘は広い経験的観察に依拠しているといってよかろう。

　以上のような史的概括のほかにも、より具体的なレベルで、とりわけ「レジーム理論」の名称で広範な分析が試みられている。この理論によって、国際的ガヴァナンスが、個別領域において、どのように編成され、推進されているかについて、また、その有効性についても、それなりに明らかにされている。だが、史的唯物論を自称する論者がこの分野で残している成果となると乏しいといわざるをえない。この点は、例えば、ハッセンクレバー、メイヤー、リッツバーガーの著書にうかがうことができる（Hasenclever et al., 1997：2000）。

　こうみると、マルクスが指摘したように、経済のグローバル化がグローバルな政治的上部構造の生成と一体化しているとする指摘が多いことになる。だが、いかに単純なものであれ、こうした概念がそれほど史的唯物論者の関心を呼んでいないのは、総じて、その関心がグローバル化と国民国家の行方をめぐるものとなっているからにほかならない。実際、あるマルクス主義研究者は、この種の展開に期待しえないのは、資本主義が国民国家に依拠せざるをえないだけに「資本主義のグローバル化とその国民的性格との矛盾」は「克服しがたい矛盾なのであって、いずれも資本主義の本質に発している」に過ぎないと述べている（Wood 2002：30）。これにたいし、ハネス・ラッチャーは「資本主義の政治空間の間国家性は資本関係の本質に発するものではなくて、前資本主義の歴史的展開の"史的遺産"にほかならないとみなすべきであり」、だから国家存在の他の形態を分析するための方途も拓かれることになると指摘している（Lacher 2002：161）。

　ラッチャーは、法主権型国民国家からなる国際システムとは、産業資本主義が台頭する以前に成立した歴史的な社会構成体なのであって、「政治的上部構造」が世界史の特定の段階で帯びることになった固有の形態であるとみなすべ

きであるとしている。この考えから、さらに、今や「ウェストファリア」型の主権型国民国家は資本主義システムの継続的発展の「桎梏」に転化しているだけに、この局面を克服する世界史の過程が始まっていると判断している。この過程において、国民国家が最も重要な基礎単位であるとしても、多様な国際的・超国民的諸制度と諸過程に補完される方向が強まっているし、国民国家自身も変容しているとする。すると、大いに論争されていることではあるが、国民国家は、なお、有効な存在なのかという問題が浮上することになるし、より興味深いことに、生成期のグローバルな政治的上部構造とは、どのようなものなのかの分析も求められることになる。

世界社会の複合的構造化　グローバルな政治的上部構造が生成しているとすると、その現象の検討に際しては、次の２つの分析視点が求められるが、いずれも、研究の方向という点では史的唯物論の古典的命題から自動的に引き出されうるものではない。ひとつは、この現象の複合性にかかわる問題である。他は、土台－上部構造の弁証法の重層的理解を避けるべきかどうかという問題にかかわることであって、政治の制度と過程の相対的自律性の認識と結びついている。

　この問題は２つの特徴と、つまり、世界社会が国民国家の相互連関システムからなるし、また、そのシステムの深化に依拠しているという事実と直接的に結びついている。グローバル・ガヴァナンスとは、制度的に、きわめて複合的で多層型の政策中心型の制度的編成からなり、サブ・リージョナル、リージョナル、トランス・リージョナルなレベルで、また、なかばグローバルと真にグローバルなレベルで接合していて、このガヴァナンスにおいては国民国家装置も重要な役割を果たしている。したがって、社会的結果を規定する政治的諸過程は、グローバルな政治的上部構造に含まれるナショナルなレベルの統治体制よりも、はるかに複合的な制度的形状を帯びていることになる。また、こうした制度的複合体と並んで、グローバルなガヴァナンス体制は、ひとつの社会的実体である世界社会のなかで作動しているだけに、この体制はナショナルな社会よりも複合的なものとならざるをえない。

　こうした複合的構造の第２の層については、本論のはじめで提示したように、

「複合的で不均等な発展」の概念を適用すべきことになる。すると、国民国家間の多元的諸関係を基礎に「国際的なもの」を理論化すべきことになる。こうした諸関係は、基本的に、文字通り複合的で不均等な発展の論理に依拠していると理解されてきたが、この戦略には疑問の余地も多い。というのも、社会生活のすべての面が超国民化とグローバル化を強めていることを十分に反映してはいないし、多国籍企業や超国民的政治機関の台頭を十分に視野に収めてもいないからである。「複合的で不均等な発展」の概念から、国際的・超国民的過程と並んで、世界は、基本的に、なお国民国家のシステムからなっているという姿も浮かび上がる。つまり、グローバル化によって国家中心型パースペクティブが解体したわけではないことになる。別の戦略は、統合化の過程にある世界社会を基本的分析単位とし、その浸透性が強まることで国民国家も複雑化せざるをえないとしつつも、世界社会が基本的出発点となりうるわけではないとするものである（Higgott and Ougaard 2002；Ougaard 2002）。だが、こうしたグローバルなパースペクティブにおいても、複合的で不均等な発展の概念が重要な位置にあるといえるのは、この概念は、グローバル資本主義が同質化の傾向を帯びているとはいえ（Halliday 1994：94ff）、世界は経済的に不均等で異質の構成にあり、質的に多様な生産様式を、また、多様な資本主義的様式を特徴としつつも、資本主義の支配下に接合される過程にあることを明らかにしうるからである（生産様式の接合については次を参照のこと。Wolpe 1980）。

　こうした異質的構成を分析しようとすると、その基本的分析視点は国民国家の概念を基礎とするよりもグローバルで超国民的なパースペクティブに求められるべきものと思われる。「複合的で不均等な発展」という概念の対象は国民国家ではなくて生産の諸様式であり、より一般的には社会諸関係の形態と類型である。先進資本主義は、例えば、グローバルな商品連鎖によって超国民的資本主義と前資本主義的生産様式とが結びついているように、今や、超国民的な存在においてのみ理解しうるものとなっている。逆に、いずれのナショナルな社会の経済発展も超国民的相互関係において捉えるべきものであって、「国際的なもの」とはナショナルな社会にとって「外的」なものとは理解されえない。要するに、現代の経済諸関係の、実際、すべての社会諸関係の現実の複合的構

造はグローバルなパースペクティブの視点をもって明らかにされうることになる。したがって、既述のように、グローバルな政治的上部構造とは、こうした複雑化を強めた社会全体と結びつけて理解すべきことになる。とはいえ、この点を理解しようとすると、政治領域の相対的自律性の認識も求められる。

国際的でグローバルな政治の相対的自律性　史的唯物論の研究プログラムの独創的公式は、既述のように、決定主義的で機械的理解に傾き、経済基盤の変化が自動的に政治と理念の上部構造の変化に連なると想定している。この種の単純な社会発展モデルはしげく批判されているし、経験的研究に耐えうるものでないことも判明している。現に、マルクス自身の歴史分析に照らしてみても、これは疑わしいことであって、例えば、(彼のパースペクティブからすると) フランスにおいて挫折した1848年の革命の分析において、社会諸勢力の経済的利益の相互関係や政治諸制度の役割に、また、一連の知的・イデオロギー的潮流に関心を深くしている (Marx 1974)。

土台-上部構造という様式を意味あるものにしようとすると、経済・政治・理念・文化の各領域の相対的自律性の概念を含めなければならない。この点では、ニコス・プーランザスを始めとする研究者たちに限らず (Poulantzas 1973)、その後も、国際関係論の領域においてネオ・グラムシ派がイデオロギー的ヘゲモニーの重要性を強調してきたことである (Cox 1987; Germain and Kenny 1998; Murphy 1994)。

なぜ「相対的」自律性であって、単なる自律性であってはいけないのであろうか。それは、「相対的自律性」という言葉によって、この問題の中心に位置している二重の領域が最もうまく表現されることになるからである。つまり、この概念によって、一方では上部構造現象が経済的土台の随伴現象に還元されるとする単純主義的決定論の概念ではないことが、他方では、経済・政治・イデオロギーの各領域が完全に独立しているとみなし、社会を相互に結びついた全体として分析すべき課題を放棄するような絶対的自律性の概念とも異なることが明らかにされる。

繰り返し指摘したように、ネオ・グラムシ派が国際政治経済学にどのような成果を残したかとなると、理念的事象の (相対的に) 自律的な作用に注目し、こ

れを分析したことに求めることができる。とはいえ、この学派やプレ・マルクス主義とポストないしノン・マルクス主義とを問わず、総じて、史的唯物論の学派においても、国際的でグローバルな政治領域の相対的自律性が、つまり、国際政治機関の役割が、とりわけ、政治力学がグローバル化の過程やグローバルな政治的上部構造の展開に果たしうる可能性が注目されることは少なかったといえよう。

　とくに政治的な国際的力学の重要な一例として、国民国家と特定の列強国との地政学的対抗関係を挙げることができる。権力バランスと安全保障ゲームの力学が国際関係の現実主義派理論の中心に位置し、成功の程度を異にしつつも、国民国家間における軍事力の配置を基礎に世界政治の記述的モデルが作り上げられてきた。このモデルのなかには、国際政治分野の絶対的自律性を設定しているものもある。ケネス・ウォルツの構造的現実主義はこれにあたり、史的唯物論の全体論的アプローチとは著しい対照的位置にある (Waltz 1983)。だが、地政学や権力バランスとは、世界社会において政治的性格を帯びた相対的に自立的な力学なのであって、社会経済的特徴を基礎に国家類型を識別するという、より広い社会的脈絡において地政学や権力バランスを解釈し、このサブ・フィールドを権力バランスの変動の不断の物語として理論化するのではなくて、その史的変容を認めるものであるかぎり、史的唯物論のパースペクティブと両立しえないわけではない。この点では、冷戦期の社会モデル間の対抗や第一次世界大戦に連なる敵対的植民地主義期に比べると、現在の地政学的ゲームには決定的違いを認めることができる (Shaw 2000；Ougaard 2004)。

　こうした違いは列強の性格の変容と結びついているだけでなく、列強間の軍事対抗の、とりわけ、20世紀の世界戦争の集団的経験とも結びつけなければならない。列強間の国家間戦争と結びついた大量破壊は、紛争解決の手段という点では戦争に対する姿勢を変えることになり (Mueller 1990)、国連システムにみられるように、平和的手段の模索を呼ぶことになった。こうした展開のなかで、諸国間の経済的・政治的統合や相互依存関係が深まることになったが、これは、重要な国家間の安全保障の問題を各地域にとどめつつも、列強型地政学的軍事対立はグローバル政治の二次的力学に変わっている。

別の固有の政治学的・理念的力学として、例えば、国際機構の生成に伴う相乗的作用や環境などの課題に関する国家間協力が進んでいることを、また、国際的・超国民的政治に関する人道的関心が深まるなかでグローバルな規範が課題化しているだけでなく、情報革命の文化的・理念的意味とはどのようなことなのかが問われだしていることを挙げることができる。これは分析の対象ともなりうる課題である。こうした課題だけでも、本論の脈絡からすると重大な位置にある。つまり、グローバルな政治的上部構造が生成しているということ、これは経済の国際化に対する政治的反応であるだけでなく、固有の政治的・理念的力学の所産でもあるということにほかならない。

グローバルな存続の機能　以上から、グローバルな政治的上部構造の問題が、つまり、世界社会においてグローバルな上部構造がどのような役割を果たしているかという問題が浮上することになる。これは、政治制度と国家の機能という国家の諸理論で広く取り上げられている問題であるが、次いで、これをグローバルなレベルで検討することにする。

史的唯物論を基礎とした分析においては、この問題を「資本論理的」視点からアプローチされている。つまり、グローバルな諸制度やグローバルなガヴァナンス・メカニズムを資本主義的生産関係の再生産と拡大にとって必要なグローバルな制度的・法的基礎であると、また、資本の継続的蓄積にとって必要な機能であるとする傾向が強くみられる（Cox 1987；Robinson 2002, 2004. 部分的には次にもみられる。Murphy 1994；Wood 2002）。

このような解釈は理解しうることである。ぴったり符合するとはいえないまでも、この種の例としては、物質的・非物質的財産権を世界経済において維持し展開すること、会社法や契約慣行の統一、雑多な慣行の平準化、国際的決済制度の創設と展開、国際通貨と金融制度の設定と維持、金融危機に対する国際的安定策などを挙げることができよう（Braithwaite and Drahos 2000）。他方で、こうした性格に収まりきれないグローバルな政策やガヴァナンス体制の諸例を挙げることもできよう。というのも、もっと広い社会的目標も作動しているだけに、資本の継続的蓄積の政治的・制度的基盤に過ぎないとはいえない政策も視野に収める必要があるからである。その代表例としては、オゾン層の破壊や地

球温暖化のような環境問題に対処するための国際的でグローバルな取り組み、生物の多様性と絶滅危険種の保護、組織犯罪に対する国際的協力体制、麻薬貿易や売春組織への取り組み、テロとの戦い、人道的問題、人権の強化と展開、これを挙げることができよう（概観については次を参照のこと。Braithwaite and Drahos 2000；Simmons and Jonge Oudraat 2001）。こうした課題にどのように取り組まれているかとなると、現状のグローバルなガヴァナンス体制は十分であるとはいえないし、限界も伴わざるをえないといえるが、これをグローバルな政治的上部構造に経済的・資本論理的影響が強く作動しているに過ぎないものであるとみなすと、不十分なものとならざるをえない。

すると、より広く、グローバルな政治的上部構造の、つまり、グローバル・ガヴァナンス体制の役割をその展開と世界社会との脈絡において理解すべきことになる。この種の広い展望は、グローバル・ガヴァナンス委員会が「グローバル・ガヴァナンスの展開は世界的規模で生活を組織しようとするヒューマンな営為の一部である」と指摘していることにうかがうことができる（Commission on Global Governance 1995：xvi）。政治制度の役割という点で、こうした、より広い理解は国家理論や政治分析の論稿に、とりわけ、ニコス・プーランザスの国家の凝集機能という概念に認めることができる（Poulantzas 1973）。また、デヴィッド・ストーンは「システム存続」という概念をもって政治システムの鍵的要素としている。さらには、デヴィッド・アプターは政治システムの役割について述べ、「これを構成単位とするシステムの維持」について指摘している（Apter 1958. 次に引用。Poulantzas 1973：47n）。これは、いずれも、こうした理解に発しているといえる。この点については、別の論稿でやや詳細に論じたことがあるが、その際に、こうした政治制度の役割は存続の機能の概念で捉えうるとしている（Ougaard 2004）。

この概念は、国家を歴史的に固有の社会構造と諸制度の複合的総体であるとし、その機能を社会の再生産と継続的展開の保持という点から捉えようとするものである。イーストンは、力学的次元を示すために、「維持」に替えて「存　続」という言葉を使い、継続的な変化と発展の要素としている（Easton 1965. とくに、88頁）。グローバル化の脈絡からすると、この機能は世界的な社会

的形状と結びつけて規定されるべきものであって、その姿はいずれの国民国家よりもはるかに複雑で、生産様式と社会諸関係の複合的で不均等な発展を特徴としている。グローバル・ガヴァナンス委員会は、具体的活動として「平和と秩序の維持、経済活動の拡大、汚染との取り組み、気候変動の防止ないし最小化、伝染病との闘い、武器拡散の防止、砂漠化の阻止、生物と種の多様性の保全、テロの防止、飢餓の撲滅、経済後退の阻止、希少資源の共有、麻薬取引の取り締まり、など」を挙げているが (Commission on Global Governance 1995：42)、これはグローバルな存続の機能の構成要素という点では、資本の継続的蓄積手段の保持とならんで、より十分に理論化されてしかるべきものと思われる。

　次に、注意すべきことを2点挙げておこう。ひとつは、グローバルな存続の機能という概念は高度に発達しているわけでは、また、先進型国民国家にみられるようなパターンを指しているわけではないということである。能力という点からすると、この機能は地理空間と政策領域において弱く不均等に発展しているに過ぎないし、権威的決定の制度という点からすると、ショルトたちが指摘しているように、断片化され、多中心的なものである (Scholte 2005)。第2に、存続機能とはグローバルな政治的上部構造が果たすべき役割の一面に過ぎないことも指摘しておかなければならない。グローバル・ガヴァナンスの体制は、実際、すべての政治制度は二重の性格を帯びていると考えられる。これは、社会的再生産（存続の面）と社会諸勢力間の権力諸関係の再生産（権力の面）の役割を果たしているということである（この議論の詳細については次を参照のこと。Ougaard 2004）。しかし、本論の脈絡からすると、史的唯物論がグローバル時代の世界政治の分析に有効なものとなるためには、グローバルな政治上部構造の存続を認識し、分析すべきことになる。

5　結　論

　史的唯物論がグローバル化研究を研究プログラムに組み込もうとすると、どのように批判的に再評価すべきかについて論じてきたが、その要点を次のよう

にまとめることができる。

　一般的に、あるいは、マルクス主義と結びついている場合が多いが、いくつかの概念と慣用や仮説については注意深くあってしかるべきである。そのなかには、資本主義は、早晩、崩壊すると判断したり、「プロレタリア革命」の不可避性という理論的根拠に欠けるビジョンを想定することが、あるいは、今や、歴史に属することであるとはいえ、「マルクス主義の」役割は組織論と国家イデオロギーに求められるとするスコラ主義と教条主義に、ひいては、機械的決定論に陥ることが含まれる。

　他方で、マルクス主義の研究プログラムには強みもあるだけに、研究者にとっては、なお、魅力的で、生産的な経験的・理論的方向を提示している。なかでも、構造と主体との弁証法的理解、国家アクターと非国家アクター型社会諸勢力の重視、資本主義の「内的作用」の経済的分析とその社会的影響を挙げることができる。また、マクロ社会学的な史的パースペクティブから社会を捉え、不断の発展と変化の過程にある複合的構造の総体として理解することも強みといえる。

　史的唯物論が現代のグローバル社会の分析に有効なものとなるためには、変化しないものであってはならない。既述のように、史的唯物論は、使いものにならない諸要素や否認済みの仮説を放棄すべきであるし、（少なくとも）次の方向で展開しうるし、また、この方向の展開を期すべきである。

- 例えば、今日の「生産諸力と生産諸関係」の分析と結びつけて、概念の展開と分化や明確化を期すべきである。
- 資本主義的生産様式の歴史的前進面を認識し、この生産様式が固有の展開力を汲み尽くしたわけではないという視点に立つべきである。
- グローバルな政治的・理念的上部構造の生成を認識するとともに、これを経験的に分析しうる概念と理論を設定すべきである。そのためには、
- 政治と理念の相対的自律性の概念を維持するとともに、その展開を国際的・グローバルなレベルでも展開すべきである。そして、
- この概念がグローバルな存続の機能の生成なのであって、世界レベルにおける資本の継続的蓄積条件の維持というより、より広い社会的内実をもっていることを認識

し、その理論化を期すべきである。

史的唯物論には、既述のような強みが含まれているし、取り組むべき諸課題との有効性に鑑みると、赤子をたらいの水とともに流してしまうようなことがあってはならない。史的唯物論が開かれた研究プログラムとなりうるかぎり、資本主義と同様に、前進のエネルギーが汲み尽くされているわけではない。

〈参考文献〉

Albrow, Martin (1996) *The Global Age. State and Society Beyond Modernity*, Cambridge, Polity Press(会田彰・佐藤康行訳『グローバル時代の歴史社会論――近代を超えた国家と社会』日本経済評論社、2000年).
Balibar, Etienne (1995) *The Philosophy of Marx,* London and New York, Verso.
Braithwaite, John and Peter Drahos (2000) *Global Business Regulation*. Cambridge, Cambridge University Press.
Burkett, Paul and Foster, John Bellamy (2006) "Metabolism, energy, and entropy in Marx's critique of political economy: Beyond the Podolinsky myth", 109-156 in *Theory and Society*, vol 35.
Chase-Dunn, Christopher (1989) *Global Formation. Structures of the World-Economy*, Cambridge Mass. and Oxford, Basil Blackwell.
Claudin, Fernando (1975) *The Communist Movement. From Comintern to Cominform*, Harmondsworth, Penguin Books.
Commission on Global Governance (1995) *Our Global Neighborhood, The Report of the Commission on Global Governance*, Oxford, Oxford University Press.
Cox, Robert W. (1987) *Production, Power, and World Order, Social Forces in the Making of History*, New York, Columbia University Press.
―― (1996 (1985)) "Realism, positivism, and historicism,"49-59 in Robert W. Cox with Timothy J. Sinclair, *Approaches to World Order*, Cambridge, Cambridge University Press.
Dicken, Peter (2003) *Global Shift. Fourth Edition. Reshaping the Global Economic Map in the 21st Century*, London, Thousand Oaks, New Delhi, SAGE Publications.
Drainville, André (1994) "International Political Economy in the age of open Marxism", 105-132 in *Review of International Political Economy* 1 (1).
Dunn, Bill (2006) "Combined and Uneven Development as a Strategic Concept" 166-179 in Bill Dunn and Hugo Radice (eds.) *100 Years of Permanent Revolution. Results and Prospects*, London and Ann Arbor, Pluto Press.
Easton, David (1965) *A Framework for Political Analysis*, Inglewood Cliffs, Prentice-Hall(岡村

忠夫訳『政治分析の基礎』みすず書房、1968年).

Germain, Randall D. (2006) "'Critical' political economy and historical materialism: reflections of a 'non-Marxist' historical materialist", Carleton University, Department of Politics, Ottawa.

Germain, Randall D. and Kenny, Michael (1998) "Engaging Gramsci: international relations theory and the 'new' Gramscians", *Review of International Studies* 24 (1) 3-21.

Habermas, Jürgen. (1998) "Die Postnationale Konstellation und die Zukunft der Demokratie" In Jürgen Habermas, *Die Postnationale Konstellation. Politische Essays*, 91-169, Frankfurt am Main, Suhrkamp Verlag.

Halliday, Fred (1994) *Rethinking International Relations*, Houndmills and London, Macmillan Press (菊井禮次訳『国際関係論再考 —— 新たなパラダイム構築をめざして』ミネルヴァ書房、1997年).

Hasenclever, Andreas, Mayer, Peter and Rittberger, Volker (1997) *Theories of international regimes*, Cambridge, Cambridge University Press.

—— (2000) "Integrating theories of International Regimes", *Review of International Studies*, vol 26, 1, 3-33.

Herod, Andrew (2006) "Trotsky's Omission: Labour's Role in Combined and Uneven Development", 152-165 in Bill Dunn and Hugo Radice (eds.) *100 Years of Permanent Revolution, Results and Prospects*, London and Ann Arbor, Pluto Press.

Higgott, Richard and Ougaard, Morten (2002) "Beyond System and Society: Towards a Global Polity", 1-20 in Morten Ougaard and Richard Higgott (eds.) *Towards a Global Polity*, London and New York, Routledge.

Hobsbawm, Eric (1998) "Introduction" in Marx, Karl and Engels, Friedrich 1998 (1848) *The Communist Manifesto, A Modern Edition with an introduction by Eric Hobsbawm*, London and New York, Verso.

Keohane, Robert O. (1993) "Institutional Theory and the realist challenge after the cold war", 269-300 in *Neorealism and Neoliberalism, The Contemporary Debate*, edited by David A. Baldwin, New York, Columbia University Press.

Lacher, Hannes (2002) "Making sense of the international system: the promises and pitfalls of contemporary Marxist theories of international relations", 147-164, in Mark Rupert and Hazel Smith (eds.) *Historical Materialism and Gobalization*, London and New York, Routledge.

Laffey, Mark and Dean, Katryn (2002) "A flexible Marxism for flexible times: globalization and historical materialism", 90-109 in Rupert, Mark and Smith, Hazel (eds.) 2002. *Historical Materialism and Globalization*, London and New York, Routledge.

Lenin, W.I. (1981 (1917)) *Der Imperialismus als höchstes Stadium des Kapitalismus*, i W.I. Lenin, Werke, Band 22, Berlin, Dietz Verlag.

Maddison, Angus (1991) *Dynamic Forces in Capitalist Development, A Long-Run Comparative*

View, Oxford and New York, Oxford University Press.
—— (2001) *The World Economy: A Millennial Perspective*, OECD Development Centre Studies, Paris, OECD（政治経済研究所訳『経済統計で見る世界経済2000年史』柏書房、2004年）.
Marx, Karl (1970 (1859)) 'Preface' to *A Contribution to the Critique of Political Economy*（『全集』第13巻、所収）, with an introduction by Maurice Dobb, Moscow, Progress Publishers.
—— (1972 (1853)) "The Future Results of the British Rule in India" New York Daily Tribune, August 8, 1853, 81-87（『全集』第9巻、所収）in Karl Marx and Frederick Engels, *On Colonialism. Articles from the New York Tribune and other Writings*, New York, International Publishers,
—— (1974 (1852)) (Selections from) "Der Achtzehnte Brumaire des Louis Bonaparte"（『全集』第8巻、所収）, 542- 573, in Hennig, Elke, Hirsch, Joachim, Reichelt, Helmut und Schäfer, Gert (eds.) *Staatstheorie, Materialien zur Rekonstruktion der marxistischen Staatstheorie*, Frankfur und M, Berlin, Wien, Verlag Ullstein.Marx.
—— (1976 (1867)) *Capital. A Critique of Political Economy, Volume One*（『全集』第23巻a、所収）. Introduced by Ernest Mandel, London, Pelican Books in association with New Left Review.
Marx, Karl and Engels, Friedrich (1998 (1848)) *The Communist Manifesto*（『全集』第4巻、所収）, *A Modern Edition with an introduction by Eric Hobsbawm*, London and New York, Verso.
McGrew, Anthony (1997) "Globalization and territorial democracy: an introduction," in *The Transformation of Democracy? Globalization and Teorritorial Democracy*, edited by Anthony McGrew, 1-24, Cambridge, Polity Press（松下冽監訳『変容する民主主義 —— グローバル化のなかで』日本経済評論社、2003年）.
Mueller, John (1990) *Retreat from doomsday - the obsolescence of major war*, New York, Basic Books.
Murphy, Craig N. (1994) *International Organization and Industrial Change, Global Governance since 1850*, Cambridge, Polity Press.
Ougaard, Morten (2002) "Global Polity Research: Characteristics and Challenges", 23-39 in *Towards a Global Polity* edited by Morten Ougaard and Richard Higgott, London and New York, Routledge.
—— (2004) *The Globalization of Politics: Power, Social Forces, and Governance*, Houndmills, Palgrave.
Poulantzas, Nicos (1973) *Political Power and Social Classes*, London, New Left Books.
Robertson, Roland (1992) *Globalization: Social Theory and Global Culture*, London, Sage Publications（阿部美哉訳『グローバリゼーション —— 地球文化の社会理論』東京大学出版会、1997年）.
Robinson, William I. (2002) "Capitalist globalization and the transnationalization of the state", 210-229, in Mark Rupert and Hazel Smith (eds.) *Historical Materialism and Gobalization*, London and New York, Routledge.

―― (2004) *A Theory of Global Capitalism: Production, Class, and State in a Transnational World*, Baltimore and London, The Johns Hopkins University Press.
Rosenberg, Justin (2006) "Why is There No International Historical Sociology?", *European Journal of International Relations* 12 (3), 307-340.
Rupert, Mark and Smith, Hazel (eds.) (2002) *Historical Materialism and Gobalization*, London and New York, Routledge.
Scholte, Jan Aart (2005) *Globalization: A critical introduction,* Second Edition. Revised and updated. Houndmills, Palgrave Macmillan.
Shaw, Martin (2000) *Theory of the Global State: Globality as an Unfinished Revolution*, Cambridge, Cambridge University Press.
Simmons, P.J. and Jonge Oudraat, Chantal de (eds) (2001) *Managing Global Issues: Lessons Learned*, Washington D.C., Carnegie Endowment for International Peace.
Sørensen, Georg (2001) *Changes in Statehood: The Transformation of International Relations*, Houndmills, Palgrave.
United Nations Conference on Trade and Development (UNCTAD) (2006) *World Investment Report 2006, FDI From Developing and Transition Economies: Implications for Development*, New York and Geneva, United Nations.
United Nations Development Programme (UNDP) (2006) *Human Development Report 2006, Beyond Scarcity: Power, poverty and the global water crisis*, Houndmills and New York, Palgrave Macmillan（人間開発報告書／国連開発計画（UNDP）編『水危機神話を越えて―― 水資源をめぐる権力闘争と貧困、グローバルな課題』国際協力出版会、古今書院（発売）、2006年）.
Waltz, Kenneth N. (1983 (1979)) *Theory of International Politics, Reading*; Addison Wesley.
Warren, Bill (1980) *Imperialism, Pioneer of Capitalism*, London, New Left Books.
Weiss, Linda (1998) *The Myth of the Powerless State*, Cambridge, Polity Press.
Wolpe, Harold (1980) "Introduction", 1-43 in *The articulation of modes of production, Essays from Economy and Society*, Edited and with an introduction by Harold Wolpe, London, Routledge and Kegan Paul.
Wood, Ellen Meiksins (2002) "Global capital, national states", 17-39 in Mark Rupert and Hazel Smith (eds.), *Historical Materialism and Gobalization*, London and New York, Routledge.

II
ガヴァナンス理論の構築
カオスをつかむ視座

第4章

グローバル・ガヴァナンスの再構築
── 終末か改革か！

デヴィッド・ヘルド

1 現代の逆説

　現代の逆説とは、簡単に言えば、対処しなければならない集団的課題の緊張度が高まり、その範囲も広がっているにもかかわらず、これに対処する手段が脆弱で不完全な状態にあるということである。3つの喫緊の課題が浮上している。

　第1に、それなりに前進はみたものの、地球温暖化に粘り強く対処しうる枠組みをどのように設定するかという問題である。二酸化炭素が大気圏に集積し、その量は産業化以前の局面に比べて約35パーセントも増えている (Byers 2005)。イギリスの代表的科学者であるデヴィッド・キング卿は、最近の著作のなかで、「気候変動は、われわれが直面している最大の問題であって、テロの脅威にまさるものがある」と指摘している (King 2004 : 177)。この指摘に同意すると否とを問わず、地球温暖化は多様な生物と生態系の、また、社会経済構造の大破壊を呼びかねない。暴風雨が頻発し、水資源が戦場と化している。海水面が上昇するなかで多くの人々が住居地を追われているし、困窮民の大量移動が繰り返されている。世界の最貧地帯では難病の死亡者が急増している（これは、主として、バクテリアが急速に広がり、食料と飲料水の汚染が進んだことによる）。多くの科学者は、地球温暖化が、今のところそれほどではないにしろ、遠からず重大な脅威となると警告している。国際コミュニティが地球温暖化に適切な枠組みを

設定しうるかどうかということ、これが、多国間型体制が直面している最大の課題のひとつとなっている。

　第2に、新世紀（ミレニアム）の目標として、国際的コミュニティにおいて人々の成長を期すべきであると申し合わせておきながら、あるいは、その道徳的良識が自覚されていながら、実現の努力には、はかばかしいものがみられないことである。新世紀の目標として、貧困の撲滅、保健、教育施設、エイズとマラリアなどの病気の克服、環境の保全などについてミニマム・スタンダードが設定されている。だが、その目標の実現に向けて、どのような努力が注がれたかとなると、驚くほど乏しく、無視されているに等しい状況にある。現況に鑑みると、その目標は実現されていないといえる。こうした危機状況のなかで、世界人口の約半数の人々が物質的条件を欠いていて、世界銀行の貧困線である1日2ドル以下で生活している人々が45％に、1日1ドル以下の生活を余儀なくされている人々が18％（約10億8900万人）にも及んでいる。トマス・ポッジは、的確にも次のように指摘している。

　「極貧層は、自然や社会環境が少しでも変わると計り知れない影響を受ける。……約1,800万の人々が、毎年、貧しさのゆえに若死にしている。それは世界の死者数の3分の1にも及び、毎日、5万人が亡くなっている。このなかには、5歳以下の2万9000人の子供も含まれている」と（Pogge 2006 ; cf. UNDP 2005）。また、富裕国と貧困国との格差は拡がり続けていて、世界人口の最下層10％は、1990年代初め以降、さらに貧困化している（Milanović 2002）[*1]

　第3に、核による破局の脅威は減じたかのようにみえて、マーチン・リーズが、近年、指摘しているように、小休止状態にあるに過ぎない（Rees 2003 : 8, 27, 32-33, 43-44）。巨大な核が備蓄されているし、（例えば、インド、パキスタン、恐らくイランも含めて核を保有することで）核拡散状況は続いている。また、（ソ連崩壊後に）核兵器や核物質が、貧困財政のためから密売されているし、戦術核兵器が新しく開発され、「汚い爆弾」（通常爆弾の表面にプルトニュームを付着したもの）によって核テロは重大な脅威と化している。テロリストによる核発電所攻撃の危険に直面していながら、多くの諸国はこれに対応しえない状況にある。さらには、微生物学や遺伝子学（ウィルス工学）に発する危険も挙げて、リーズは

「現在の世界文明が大きく後退することなく22世紀を迎えうるかとなると、その可能性は50％に過ぎない」と述べている (Ibid.：8)。こうみると、説明責任、規制、執行という点で重大な問題が浮上していることは確かである。

　以上のようなグローバルな課題に鑑みると、われわれは3つの重大な問題に直面していることになる。それは、この地球をどのように共有しうるか（地球温暖化、生物の多様性と生態系の破壊、水枯渇）、人々の生存をどのように守るか（貧困、紛争の防止、グローバルな伝染病）、どのように規則を定めるか（核拡散、有毒廃棄物、知的所有権、遺伝子研究のルール、貿易・金融・課税のルール）という問題である (Rischard 2002：66)。人々の結びつきが強まっているだけに、こうしたグローバルな課題は、いずれかの国民国家の行動だけでは解決しえない問題であり、集団的な協力が求められる。諸国民のなかには、これに取り組むには不向きであったり、焦眉の課題に適切に対処するには、より手馴れた諸国の対応が求められる場合もあろうが、そのための妥当なガヴァナンス力が構築されているとはいえない状況にある。

2　なぜグローバルな課題を問題とせざるをえないか

　こうしたグローバルな争点がなぜ重要なものとならざるをえないのであろうか。その答えはきわめて明らかである。ここでは4つの個別の理由を挙げておこう。それは、連帯、社会正義、民主政、政策の実効性であり、それぞれについて明らかにしておくべきであろう。というのも、グローバルなレベルのガヴァナンスの性格と妥当性を問題にしようとすると、留意すべき諸次元の構図が求められることになるからである。連帯という理由を挙げたが、これには他者の窮状に共感するにとどまらず、他者と協力しつつ焦眉の集団的課題を解決しようとする姿勢も含まれる。富者と貧者との、先進国と途上国との連帯を欠いては新世紀の目標の実現は期しえないし、コフィ・アナンが明言しているように、「多くの人々の若年死や事故死を傍観するに過ぎない」ことになる (Annan 2005：139)。こうした人々の死は、その解決手段が存在しているだけに、より痛

ましいものとならざるをえない。地球温暖化や核拡散のような課題に即してみると、連帯の定義には、現存の人々のみならず将来の市民をも視野に収めることを含めるべきである。また、現代のグローバルな課題には、重複型の運命共同体を構成している諸勢力について認識するだけでなく、その参加も求められることになる。

　第2に、グローバルな課題の焦点に据えるべきことは社会正義の問題である。社会正義の基準となると論争を呼ばざるをえないが、この議論をできるだけ受け入れられうるものとするために、ポッジに従って、社会正義とは、しかるべき制度的体系において、実現すべき人権のことであるとする (Pogge 2006)。もちろん、社会正義にはもっと多くのことが求められるとする論者は多かろうが、制度的体系がこの基準を満たしえないのであれば、至当とはいえないであろう。この視点からすると、現行の社会経済編成では新世紀の目標を実現しえないのであれば、また、より広く地球温暖化や核拡散の危険に対応しえないのであれば、不当であると、簡単にいえば、正義の域にはおさまりえないことになる。

　第3の理由は民主政である。民主政とは非強制的政治過程のことであって、この過程において、また、この過程を媒介とすることで相互関係と依存関係について、また、意見の違いについて検討し、交渉しうることになる。民主的思考過程においては、「同意」が集団的合意とガヴァナンスの基礎となる。人々が自由で平等であるためには、しかるべきメカニズムが存在していて、公的生活の統治の決定について、どのような同意が成立したかが記録されねばならない (Held 2006)。だが、幾百万人もの人々が不必要に死亡し、幾10億もの人々が不必要に脅えているという状況からすると、その同意もなく、意思に反して重大な危害に苦しんでいることになる (Barry 1998)。すると、現在のガヴァナンス体制には重大な欠点が含まれていて、正義と民主政の根幹に及んでいることになる。

　焦眉のグローバルな課題に直ちに取り組まないで、後に回すとコストも高くつくということである。事実、行動しないコストは高くつき、行動するコストよりも、はるかに高くつく場合が多い。例えば、アフリカの伝染性疾病に取り組まないコストと集団的に取り組むコストとを比べると、前者は後者の100倍

にも及ぶとされる(Conceição 2003)。これは国際金融の安定、多極型貿易レジーム、平和と安全の諸領域にも妥当することであって、グローバルな公共財を欠いていることから起こるコストは膨大に及び、集団的政策コストをはるかにしのいでいる(Kaul et al. 2003)。ところが、焦眉の集団的課題のなかで立ちつくしていることが多すぎるだけでなく、連帯、正義、民主政のミニマム・スタンダードを満たしえない政治的・社会的編成の再生産に積極的に手を貸している始末である。

3 構造的要因とガヴァナンスの課題

戦後の多国間型秩序は、生存・経済・環境の危機が交差し結合するなかで、動揺している。この危機を深めている諸力も作動している。この状況をグローバルな構造的脆弱性のシステムの浮上と、また、ワシントン政策のパッケージと現在の地政学の配置状況と呼ぶことにする。最初の要因、つまり、グローバルな構造的脆弱性が現代のグローバル時代の特徴であるだけに、まず、この点について指摘しておくべきであろう。他の2要因は、明らかに、政治選択の所産であって、修正しうるものである。また、こうした諸力は、不可避のようにみえる場合が多いにしろ、意思の所産に過ぎない。換言すれば、現在のグローバル化の形態は、ドゥームズデーの時計（原子科学者公報の"ロゴ"）が零時に近づいているとしても、その時針を変えることができるものである。

現代世界は深く結びついている。諸国間の結びつき（あるいは、一般的呼称に従えば、「グローバル化」の過程）の構図を描くことは容易なことであって、わけても、貿易・金融・コミュニケーション・汚染・暴力のフローが国境を越えるものとなっていて、諸国の存在が共通のパターンに括られうる状況にある（Held et al. 1999）。グローバル化のなかで、どのような政治形態が浮上することになろうと、この過程の構造的駆動力は、しばらくは作動し続けることになろう。その駆動力として次を挙げることができる。

- IT革命と結びついて、グローバルなコミュニケーションのインフラが変化していること。
- 情報が新しく世界的規模で配信されるなかで、商品とサービスのグローバルな市場が形成されていること。
- 経済的需要のパターン・人口構造・環境汚染の変動と結びついて、人々の移住と移動に圧力がかかっていること。
- 冷戦が終焉し、民主的価値や消費者価値が世界のリージョンの多くに拡がるとともに、その作用の反動にも著しいものが認められること。
- 新しいタイプや形態のグローバルな市民社会が生成し、グローバル世論の構成要素を包括する拠点となっていること。

　広く亀裂や対立がみられるとはいえ、社会は結びつきを強め、相互関係も深まっている。その結果、経済・政治・社会のいずれを問わず、ローカルなレベルの展開はグローバルな動きと直ちにともいえる姿で結びつくことになるし、その逆の状況にもある（Held 2004：73-116；Giddens 1990：55-78)。この状況と結びついて、科学の進歩は多くの分野に及び、今や、直ちにグローバルなコミュニケーション網に乗りうる場合が多くなっているし、グローバルな舞台も人類の進歩にとって大きな空間を広げうることになったといえる。だが、それだけに、個人と集団や国家は（すべて、原理的には、核エネルギー、遺伝子学、細菌学、コンピュータ網の技術を学びうるので）、この空間を混乱させ、破壊することもできる状況にある（Rees 2003：62, 65）。

　第2の駆動力は2つの局面から整理することができよう。それは「ワシントン経済コンセンサス」と「ワシントン安全保障アジェンダ」である。その詳細については『グローバル・コベナント』（Held 2004）で紹介したことがあるし、『グローバル化論争』（Barnett et al. 2005）も取り上げていることである。このコンセンサスとアジェンダをどのように評価すべきかとなると、何を争点とするかによって異ならざるをえないとしても、両者は、今や、グローバル化の固有の形態の駆動力とも結びついている。両者は一体となって、市場規制から災害対策案に及ぶ社会経済の中心領域に政府は積極的に関与すべきでないと、また、国際的調整策や規制策を続けることは自由を阻害し、成長や発展に歯止めをか

け、利得を規制することになるとしている。これで現在のグローバル化の構造が明らかにされるわけではないが、グローバル化の政治環境の中心に位置している。

ワシントン・コンセンサスのねらいは経済の自由化を高めるとともに、ローカル・ナショナル・グローバルのいずれのレベルを問わず、公的次元を市場中心型の諸制度と諸過程に合わせることにある。したがって、共通の政治的抵抗について、また、市場の失敗の重要な諸領域に対処しようとはしないことについて重い責任を負っていることになる。こうした諸領域には次が含まれる。

- 外在性の問題。例えば、現在の経済成長の諸形態を原因とした環境の悪化。
- 非市場型社会諸要因の展開を十分に期しえないということ。こうした非市場型要因によってのみ「競争」と「協力」との実効的バランスが期され、教育、有効な輸送、保健といった不可欠の「公共財」を十分に供与しうることになる。
- 急を要しながらも充足されていないことに鑑みると、生産力は十分に生かされていないし、失業状況も起こっているということ。

資源の創出と配分を市場の解決にのみ委ねると、多くの経済的・政治的困難の根源を見失うことになる。例えば、国民国家内の、また、国民国家間の生活チャンスに大きな格差が生まれている。農業や繊維部分に即してみると、一部の諸国では経済が破綻しているのに、他の諸国では保護と助成の対象とされている。また、グローバルな金融フローが横行し、国民経済の安定を容易に破壊しうる状況も生まれている。グローバルな共通財にかかわる重大な超国民的問題も浮上している。さらには、国家の活動領域を後退させたり統治能力を弱体化させると、市場諸力の範囲を広げることになるだけでなく、弱い立場の人々を保護してきたサービスを切り詰めることにもなるかぎり、地球のいずれの地域を問わず、極貧層や最弱者層が直面する諸困難は、さらに厳しいものとならざるをえない。

要するに、ワシントン・コンセンサスによって、ローカル・ナショナル・グローバルのいずれのレベルを問わず、統治能力は弱体化し、焦眉の公共財の供給力が低下したことになる。経済的自由が謳歌されることで、社会的正義や環

境の保全が犠牲にされ、長期の打撃を受けることになった。また、経済的自由と経済的効率とが混同されることにもなった。さらには、ワシントン・コンセンサスに内在する政治的弱さは、新しいワシントン安全保障ドクトリンと一体化すらしている。

　2003年にアメリカはイラク戦争に突入した。これは狭い安全保障アジェンダを重視するものであって、単独の先制攻撃という新しい安全保障のドクトリンがその中心に位置している。このアジェンダは1945年以来の国際政治と国際協定の中心教義の多くを破るものである(Ikenberry 2002)。また、諸国家間の開かれた政治交渉の尊重を放擲するものであるだけでなく、列強間の緊張緩和と安定関係の維持という中心教義（権力のバランス）すらをも破るものでもある。単一国が世界史に類例のない軍事的優位を握るに至ったという現実のみならず、この国が脅威であると認識さえすれば（現実的でも差し迫ったものでもない場合もありうる）、その支配力に訴えて、単独で対応しえ、いかなる敵対者の存在も認めないものとなっているという事実を認識しなければならない。

　この新しいドクトリンには多くの重大な意味が含まれている(Hoffmann 2003)。そのなかには国際関係の古い現実主義的理解へと回帰することも含まれていて、結局、国際関係とは「万人の万人に対する戦争」にほかならず、国家は自らの野心に基づいて国益を追求しうるのであって、国際的に承認された範囲を確立しようとする試み（自衛、集団的安全）に拘束されるわけではないとする。だが、こうした「自由」が（危険なことに）アメリカに認められるのであれば、ロシア、中国、インド、パキスタン、北朝鮮、イランなどには認められないというわけにはいかなくなる。ある国だけが無原則に自衛目標を追求しうるなどということは間尺に合わないことである。国際法や多国間主義に欠陥が残されているだけに、これを利用することで国際機関や法的編成をさらに弱める口実ともなりかねない。

　多国間型秩序に与えた現在の脅威を既述の政策パッケージと、とりわけ、ブッシュ政権が導入した政策転換と結びつけることは間違いであろう。というのも、第1に、ワシントン・コンセンサスはブッシュ政権に先行していたことは明らかであるし、第2に、冷戦の終焉とその後の地政学的大変動が主要な地

政学的要因ともなりうるからである。この点で、ジョン・アイケンベリーは次のように指摘している。「1990年代にアメリカは単独の覇権的地位を占めることになったが、これは民主政の同盟国間の古い戦後協力の論理と結びついている。アメリカが権力の地歩を占めているからこそ、他の諸国に"ノー"と言ったり、"単独行動に訴える"と言えるのである」と (Ikenberry 2005)。アメリカが多国間協力の姿勢を崩しえたのも、ヨーロッパの対立が表面化し、そのなかでグローバル・ガヴァナンスの対抗モデルを提示することが説得力に欠けるものとなったからである。だが、現状に鑑みると、多国間秩序の主要な組織や制度の展開が求められてもいる。

4 グローバル・ガヴァナンス――現状の概観

　グローバルとリージョナルなレベルの主要なガヴァナンスの編成 (代表的には、国連、EU、NATO) の現状を踏まえて、アイケンベリーは、すべてが弱体化していると述べている。再び、彼の指摘を引用すれば、「今や、戦後期の構図は破綻に瀕していて、いずれのリーダーと国際機関や国家集団もグローバルな課題について権威的発言力を持ち合わせてはいないし、ビジョンを提示しうる能力も欠いている」と述べている (Ibid.: 30)。この点については私も意見を同じくしている。多くの多国間機関の行動が現に示しているように、国連システムの価値が疑問視され、安全保障理事会の正統性は揺らいでいる。国連は、とりわけ、平和維持、自然災害の緩和、難民の保護といった任務の点では、きわめて重要で実効的役割を果たしているとしても、イラクの戦争は、国連がグローバルな安全保障体制や武力行使について集団的決定権を行使しえないことをさらけ出すことになった。また、国連システムの運営も懸念されているし、イラクの食料と石油の交換プログラムもスキャンダル化している。さらには、アフリカの国連派遣軍が性暴力や児童虐待を犯したのではないかとされている。2006年9月に国連チームが新しいルールと大胆な改革案の設定に乗り出しているが、構成国は新しいグランド・ビジョンには同意しなかったし、サミットも多くの重

要な諸点について同意しなかった（この問題については、後に再論する）。その結果、国連システムに内在している諸困難は未解決状態にあり、国連は最も強力な諸国のアジェンダについて、周辺的位置にとどめおかれているか、これに服している。また、その執行力の弱さ（ないし全くの欠如）、財政組織の脆弱性、（リージョナルとグローバルなレベルの）環境レジームの政策力の弱さなどは未解決のままにとどめおかれている。

　EUの将来もきわめて不透明である。ブリュッセルの今後は深い懸念に包まれている。とりわけ、中国、インド、ブラジルの低コスト経済が持続しうるのか、また、ヨーロッパの社会モデルは今のまま続きうるのかとなると懸念がつきまとっているし、ヨーロッパの統合と拡大についても投票者の疑念が深まっていることは明らかである。フランスの人々はヨーロッパ憲法案に"ノー"の態度を明らかにしたが、これは、部分的であれ、こうした疑念の反映である。この点ではオランダの人々の場合も同様であって、彼らの場合には、オランダ「固有の文化」が膨大な移民の波で脅威にさらされているという認識が重なっている。アメリカの「ハード・パワー」ではなくて「ソフト・パワー」の構想をヨーロッパが提示しうるかとなると、アメリカがグローバルなレベルでより積極的役割を果たしうる状況にあるだけに、見通しのつきにくいものとならざるをえない。冷戦が終焉し対抗力が存在しない状況にあって、超国家間の古い対外政策の対抗関係や意見の違いが再浮上している（Ibid.）。また、今のリーダーたちの世代は、難局を乗り切ろうとしつつも、苦境を深くしているようにも思われる（例えば、トニー・ブレアの権威はジョージ・W.ブッシュとの同盟関係によって揺らいでいるし、フランス大統領のジャック・シラクはヨーロッパ流のナショナリストである。また、ゲルハルト・シュレーダーは締め出され、新首相のアンジェラ・メルケルは連合政権の制約に服し、ジョセ・ルイス・ロドリゲ・ザパロテは若すぎるという問題を抱えている。他にも類例を挙げることができよう）。さらには、「リスボン行程(プロセス)」のインパクトは限定的なものにとどまっているし、成長と安定の協定は、せいぜい、雑然とした効果を呼ぶに過ぎないものである。こうみると、ヨーロッパ・モデルは大きな改革と刷新を謳いつつも、アイデンティティの危機を抱えていることになる（Held 2006 : ch.12）。

経済の多国間体制は、(WTOがドーハ・ラウンドを成功に導きうるかどうかという重大な試練に直面しているとはいえ)それなりに機能しているとしても、アメリカ、EU、その他の主要諸国の活動を調整している多国間主義者の多くは、今や、弱体化しているとみなしている。この点は、とりわけ、NATO、G8、条約基盤型軍事コントロールに妥当する。9.11事件以降、NATOの将来に翳りが見え出している。アメリカが軍隊をグローバルに再配置し、ヨーロッパがNATO軍の派遣条件をめぐって対立するなかで、NATOの役割はさらに不鮮明なものとなった。また、G8は集団行動の機関というより、「おしゃべりの場」となりがちであったが、今や、その会談は、あったとしても、最低の持続的インパクトしかもちえないものに変わっている。トニー・ブレアは直近のG8会談をアフリカに焦点を据える場に変えることができたとはいえ、それがどの程度に期待できるものとなるかとなると、全く疑わしいといわざるをえない。核拡散防止条約のような軍事協定は危機に瀕している。アメリカはNPTの義務条項を無視しているし、新しく戦術「バンカー・バスティグ」ミサイルの開発に乗り出すと公言している。これは核危機の脅威をさらに高めるものとなる。さらには、アメリカは、非通常兵器に関する1980年のジュネーブ会議の火薬性武器の使用に関する議定書第Ⅲ条(1993年の化学兵器会議についてはいうまでもない)を無視し、住民の集中地域であるファルージャに燐爆弾を投下している。

こうして、戦後の多国間システムが破られる状況が続いているが、津波救済キャンペーンには、グローバルに強い支援が寄せられたといえよう。だが、多くの諸国が津波の支援を約束しておきながら、6ヵ月後になっても完全に履行してはいない(例えば、アメリカは43%、カナダは37%、オーストラリアは20%を支払ったに過ぎない)。また、(250万の人々が飢餓状態にある)ニジェールや(500万の人々が飢餓に瀕している)マラウィへの国連の支援要請は無視されるに等しい状況にある(Byers 2005)。

戦後の多国間体制は危殆に瀕している。アメリカの国外政策においてナショナリズムと単独主義が再浮上しているだけでなく、EUが統一を乱し、中国、インド、ブラジルが世界経済の舞台で自信を強くしているなかで、チュートン型政治構造は変動期を迎えているようにも思われる。一連のグローバルな課題に

は実効的で説明責任を果たしうるグローバルな政策設定が求められていることは明らかであるが、こうした問題に対処しうるだけの集団的能力は、なお、深い疑念に包まれている。

5 諸問題とグローバルな問題解決のジレンマ

現代地政学の分野は、無意味とはいえないまでも、当てにならないものとなっている。この分野よりも強く、また、その背後に底流し、規制しているのは戦後体制や多国間秩序の機関ネクサスである。この点で、次の4つの根深い問題を明らかにしておくべきであろう。

第1に、多くの国際的統治機関のあいだで明確な分業体制がしかれているわけではない。機能が重複し、指示が矛盾している場合も多く、目的と対象があまりにも不鮮明な場合も多い。また、多数の機関や組織が競合し、重複しつつ、すべてがグローバルな公共政策の個別部門と深く結びついている。この状況は、例えば、保健や社会政策の分野に妥当し、世界銀行、IMF、世界保健機構（WHO）が個別のプライオリティを握っていたり、競合している場合も多い（Deacon et al. 2003：11-35）。とりわけ、エイズ対策の分野についてみると、WHO、グローバル・ファンド、UNAIDS、G1（アメリカ）、その他の多くの機関が医療保険や性習慣の確立をめぐって対抗している。

マイク・ムーアは、WTOの議長期に機関間の協力体制をとることが困難であったと回顧して、次のように述べている。「納税者から莫大な資金を受けている多数の機関間の統一を強めることが出発の要でありながら、そうした統一性を欠くことで集団としての信頼性を損ね、寄金者や所有者の期待をそいでいるだけでなく、広くシニシズムすらも呼んでいる。……諸機関の編成には当惑せざるをえない。その相互協力体制には目的を共通にしうる機構が求められる」と（Moore 2003：220-223）。

第2の諸困難は、国際機関のシステムに認められる惰性と、つまり、こうした諸機関が対応手段や目標とコストなどで折り合いをつけえず、集団的に問題

を解決しえない状況が続いていることと結びついている。こうしたなかで行動をとりえないでいることから、既述のように、行動に訴える場合のコストをしのぐ状況が起こっている。マイクロソフト社のビル・ゲイツ会長は、先進世界はマラリアを「不名誉なこと」とし、これに対処すべきであると述べている。マラリアで、毎年、5億人が発作を起こし、30秒に1人の割合でアフリカの子供たちが亡くなっている。その逸失利益は年額で120億ドルにのぼり、そのうちの殺虫剤処理済み蚊帳や予防処置費はわずかに過ぎない (Meikel 2005)。焦眉のグローバルな課題に対処することを迫られていながら、先送りすることで長期的コストを増やしているだけでなく、関係機関の実効性や説明責任が問われだしているし、公正を欠いているのではないかという疑念も深まっている。

　第3の問題は内外の区別という問題から浮上している。争点の多くはインターメスティックなものであると、つまり、国際性と国内性がクロスする争点であるといえる (Rosenau 2002)。だが、この問題の理解や把握は不十分で、対応に欠ける場合が多い。というのも、グローバルな問題をグローバルなレベルで解決しようとする構造に欠けているからである。地球温暖化や多生物体系の破壊にみられるように、グローバルな公的争点は国際的機関の責任であるし、特定の機関が取り組んでしかるべき問題でもある。機関が分散し競合するなかで、管掌機関の重複状況が起こっているだけでなく、いずれの機関の職掌かという問題も浮上している。この点はグローバルなレベルとナショナルなレベルとの統治についても妥当する。

　第4の問題は説明責任の欠如とかかわる。これは、相互に結びついた2つの問題からなる。それは、グローバルな公共政策の立案と設定について国家間のバランスを欠いているということであり、また、国家アクターと非国家アクターとのバランスも失しているということである。多国間型機関は関係国家を十分に代表すべきであるが、そうした構造にはないといえる。また、国家アクターと非国家アクターとの対話と協議が成立しうる体制を作らねばならないし、その条件を、部分的であるにせよ、多国間型決定作成機関においても実現すべきである。この問題について検討するなかで、インゲ・コールとUNDPの助手たちは次のように指摘している。「国家間にとどまらず、国家アクターと非国

家アクターとのバランスも欠いていることは明瞭である。というのも、多くの場合、この問題は、全当事者が交渉のテーブルに着きうるかどうかという量的問題にとどまるものではなく」て、質的問題であり、「多様な関係者がどの程度に代表されるか」ということにほかならないからである、と（Kaul et al. 2003: 30）。主要なIGOが交渉のテーブルや主要な会議の席に着きうることになったとしても、実効的代表が成立したことにはならない。というのも、形式的平等が制度化されたとしても、先進諸国は広範な交渉力や専門知識をもった代表団を送り込めうるのにたいし、貧しい途上国は一人の代表者や共通の代表者に頼らざるをえない場合が多いからである。この問題は、例えば、IMFの執行委員会において、産業諸国24カ国が10から11議席を占めているのにたいし、アフリカの42カ国は2議席しかもっていないということにも表れているように、途上諸国は過少代表の状況に置かれている。また、一国一人制の決定設定制をとっているとしても、交渉力と専門技術の点で十分に自らを主張しえないという事態も起こっている（Buira 2003；Chasek & Rajamami 2003；Mendoza 2003）。したがって、人々は、自らにかかわるグローバルな政治問題の関係者でありながら、こうした問題にかかわるための政治制度や戦略から排除されていることになる。

　こうした制度的不備のなかで、決定の設定者とその受け手との対話と照応に欠ける状況が起こっている（Held 1995:141-218）。この点については、近年、コールとその助手たちが、グローバルな公共財について論ずるなかで手際よく指摘し、失われた等価性原理について述べている（Kaul et al. 2003:27-28）。この原則からすると、ある財貨の便益とコストは決められた受給と負担の条件に一致していなければならないことになる。あえて単純化すれば、グローバルな便益や負担の当事者はその供与ないし規制の条件に発言権をもつべきことになる。だが、決定設定者とその受け手との、また、決定設定者と利害関係者との、さらには、決定設定過程の入力と出力との「対応性」を欠いている場合がきわめて多い。いくつかの事例を挙げれば、雨林を「伐採する」（大気圏に二酸化炭素を放出する）という決定は、所与の決定設定者の形式的責任の範囲を超えて生態系に大きなダメージを与える。また、隣接地帯に核施設を建設するという決定は大きな危険を呼びかねないにもかかわらず、近隣地域（ないし諸地域）の住民に諮

ることなく決定されている。
　すると、次の課題に直面していることになる。

- 決定設定者と利害関係者との一対化——自らの生活を左右しかねないグローバル公共財について、当事者には発言の機会が認められるべきこと。
- グローバルな公共財の資金調達の体系化——この種の財貨については優先権を認めるとともに、十分な私的・公的資金を確保すること。
- アクターの領域・分野・集団の範囲設定——機関間の交流を深めるとともに、政策立案や戦略的争点を管理するための空間を創出すること。(Ibid.:5-6)

　グローバルな政治過程における機能不全や妥当性の欠如は、国際分野で形成される決定設定集団間に不ぞろいが起こっていることに、また、特定の公共善ないし公共悪と結びついて権限を超える事態が起こっていることによる場合が多い。「この課題に応えるためには、協議を付託された（ないし決定設定にあずかる）集団と当該の検討事項の範囲との照応を期すべきこと」になる（Ibid.:28）。

6　グローバル・ガヴァナンスの強化

　決定の設定者と決定の受け手との対称性と照応性を回復するためには、また、対等性の原理を強化するためにはグローバル・ガヴァナンスを強化すべきことになる。さらには、既述のような制度上の課題に、また、すでに検討したように(pp.3-5)、グローバル・ガヴァナンスの現状に底流している断層に対処しようとする決意が求められることにもなる。このアジェンダは、わけても、3つの複合的次元からなると想定しうる。それは、共通の問題に取り組むために国家活動の調整を期すとともに、関連国連機関を強化し実効的機能を高めることである。そして、大小を問わず、すべての強国を多国間型の枠組みで規制しうる多国間型のルールと手続きを設定することである（Hirst & Thompson 2002 : 252-253）。では、どうすべきであろうか。現状で十分というわけにはいかない。また、ワシントン・コンセンサスとワシントン安全保障ドクトリンとの一体的政

策では誤りや破壊を呼びかねない。両者を次の政策枠組みに替えるべきである。

- グローバル市場と現代技術に訴えて生産性と富財を大きくし、維持すること。
- 極貧状況に対処するとともに、便益の公平を期すこと。
- リージョンとグローバルな公的次元について「発言権」の道をつけ、その決定設定過程の十分な協議と民主化を期すこと。
- 持続可能な環境の問題をグローバル・ガヴァナンスの中心に据えること。
- 国際的安全保障の体制を作り、テロ・戦争・挫折国家の原因と犯罪について検討すること。

　私はこの課題に取り組むアプローチを、社会民主的グローバル化とヒューマンな安全保障のアジェンダと呼んでいる。

　この点で、ワシントン・コンセンサスは、もっと広い視野の制度と政策のアプローチに替えられるべきである。自由主義的(リベラル)市場哲学は狭い視野に陥りがちであるだけに、これに替わるビジョンの手がかりを古いライバルに、つまり、社会民主政に求めることができる（Ruggie 2003：Held 2004）。伝統的に、社会民主政論者たちは、特定の構想を実現するために個別諸国の諸制度を民主的なものに変えようとしてきた。この点では、市場が経済の繁栄を生み出す中心であるとしつつも、妥当な規制を欠くと、由々しい事態を呼び、市民を思いがけない危険に追い込むだけでなく、その危険を一方的に負担させることになりかねないと考えてきた。

　社会民主政は、国民国家レベルにおいて、自由市場を支持するとともに、共通の価値や共通の制度慣行の枠組みが求められるとする。また、グローバルなレベルにおいては、市場の自由化と貧困緩和プログラムや弱者の保護を斟酌した経済アジェンダを追求している。さらには、このアジェンダの実現を求めるとともに、個別諸国には固有の投資戦略と資源をもって固有の実験を試みる自由を認めなければならないとしても、内政の選択は（人権や環境保全を含めて）普遍的な基本的価値にそくしたものでなければならないとする。すると、自己決定・市場・中心的な普遍的基準は共存しうるのかという疑問が浮上せざるをえないことになる。

まず指摘しておくべきことは、国際経済法と人権法とを、また、商法と環境法とを、さらには、国家主権と超国民法とを架橋することが求められるということである（Chinkin 1998）。必要とされていることは、既存の人権を確定し、環境について合意を取り付けることである。さらには、こうした条件を（現に存在しているか、あるいは、その可能性が認められる場合には）特定の産業の倫理規則に盛り込むとともに、新しい準則を自由市場や貿易システムの基本ルールや基本法に組み入れることである。こうした目標を実現しようとする例は、すでに、マーストリヒト協定の社会憲章に、あるいはNAFTAレジームに労働と環境の条件を挿入しようとする試みに認めることができる。

 究極的には、相互に結びついた３つの修正が求められることになる。第１は、（国連のグローバル・コンパクトが示しているように）諸企業が国連の中心的な普遍的原理を受け入れることである。そうなれば、企業慣行においても人権と環境基準が強化され、意義深いステップが切られることになる。だが、自発的なものであっては軽視されるか無視されることになるだけに、しかるべき手続きを定め、一連の規則や強制的ルールとすべきことになる。第２の修正は、したがって、保健、児童労働、組合活動、環境保全、当事者協議、企業ガヴァナンスに関するコードとルールや手続きを変え、団体の条項として、また経済組織と貿易機関の準則として確立することである。経済領域の主要な集団や団体は、自らの行動様式において、普遍的な社会的要件と両立しうる一連のルール・手続き・慣行を導入しなければならない。そうでないと一般化しえない。そのためには、新しく国際条約を結び、一般的適用条件と執行方法を明示する必要がある（規制構造の構想が貧弱であると、執行レベルで機能しないことは論を俟たないが、とりわけ、スカンジナヴィア諸国のように、社会民主政の強力な伝統をもった諸国は企業に親和的で福祉志向的ともなりうる）。

 この構想については多くの異論が発せられるであろう。だが、その多くは誤解によるものである（Held 2002b：72ff）。人権と環境価値は、自由の平等と人類の発展の可能性を前提としているかぎり、当然の枠組みといえる。だが、これは、第３の基本的変更と結びついていないかぎり実現困難なものとならざるをえない。その中心は経済の苦境と弊害という焦眉の課題である。この問題を欠

落させると、この種の基準を求めても全くの夢想に過ぎないものとなり、実現に必要な社会経済的修正を期しえないことになる。

　これは、少なくとも、開発政策が次を目標としたものでなければならないことを意味している。それは、(1)ナショナルな貿易と（生成期産業の保護を含む）産業のインセンティブに必要な「開 発 空 間」(デベロップメント・スペース)の育成、(2)政治と法の改革を進める確実な公的部門の設置、(3)透明で責任ある政治機関の構築、(4)保健・人的資本・物的インフラへの長期投資策の設定、(5)グローバル市場に対するアクセスの不平等状態の是正、(6)グローバル市場をグローバルな貿易と金融の公正なルールに組み入れる枠組みの設定作業、これである。また、返済困難な負債を棚上げするとともに、南から北への人的資産の流出状況を変え、開発目標の新しい財政基盤を創出することも求められる。こうした施策が、金融市場の収益税（トービン税）や石化燃料税と、あるいは、軍事費優先型の発想を窮乏の緩和に変えることと結びつきうるなら（現在のグローバルな軍事費は年額で9,000億ドルであるのにたいし、貧困に対するグローバルな直接援助費は約500億ドルに過ぎない）、西側と北側の国民国家の開発の方向は生存とミニマムな福祉を求めている諸国民の努力と一体化しだすことになる。

　私はグローバル化のアジェンダを変えるべきであると考えているが、これは、要するに、リベラルなグローバル化から社会民主的グローバル化への移行を求めるものであって、焦眉の課題である安全保障に資金を振り向けるべきであるとするものである。この議論は安全と人権のアジェンダを結合し、両者を統一的な国際的枠組みに組み入れようとする考えに発している。これがグローバル政策の第2の側面であって、ワシントン安全保障アジェンダに替わるものである。先進諸国が、グローバルな法体系を確立することで安全保障を高め、テロの脅威に対抗すべきであり、そのための行動が早急に求められていると判断するのであれば、途上諸国が直面している生命の不安定な状況を変えることに、より広くかかわるべきことになる。途上諸国に限らず、世界では広く、統治やテロといった正義にかかわる争点が重要であるとは、また、それが至当なことであるとはみなされていないのも、こうした争点が、教育と飲料水や公衆衛生といった社会経済的福祉に根ざした人間としての基本的争点と結びつけられて

いないからである。私は新しい「グローバル同盟(コベナント)」を提示したが、これは、こうした問題とかかわってのことである。また、国連改革に関する高等パネルが、近年、新しい「グランド・バーゲン」を提案したが、これも同様の主旨に発している (Held 2004; UN 2004)。

とりわけ、必要とされていることは安全と人権のアジェンダを国際法と結びつけることである。また、武力介入の正当性を変え、その根拠を確かなものとするために、国連安全保障理事会を改編することも必要である。さらには、1945年の地政学的取り決めが安全保障理事会の決定設定の基礎であるとされているが、時代にそぐわないものとなっているだけに、これを修正し、代表権を拡げ、あらゆるリージョンに公平で平等な地歩を保障すべきである。そのためには、安全保障理事会の権限を拡大するか、あるいは、これと並んで社会経済安全保障会議を設置し、自然・社会・生物・環境など人類的危機の全域について検討し、必要な場合には介入しうるものとすべきである。また、世界環境機構を設立し、既存の環境にかかわる協定と条約の遵守を求めるとともに、世界の交易と金融のシステムと世界資源の持続的利用との両立を期すべきである。これは、確かにグランド・バーゲンであるといえよう（次頁の付表は基本的な政策変更を要約している）。

もちろん、こうしたアジェンダの実現を期すための機会を失することも起こりえよう。それは、例えば、2005年9月のUNサミットの限界やヨーロッパ憲法の「棄権」にも認められることである。とはいえ、このサミットでは（人権評議会の創設について原則的合意をみたように）人権について、また、（内部の説明責任のメカニズム強化について合意をみたように）国連の運営について、そして（平和建設委員会の設置にみられるように）平和の構築について、さらには、国のいかんを問わず、重大な危害に直面している人々を「守る責任」の自覚について一定の前進をみている (Feinstein 2005)。そして、国連の制度改革には何が必要とされているかについても、一定の合意をみている。この点は、国連高等パネルの『より安全な世界 (*A More Secure World*)』をニュート・ギングリッチとジョージ・ミッチェルの議会宛報告と比べることで確認しうることであろう (UN 2004; Gingrich and Mitchell 2005)。

付表

〈当初のワシントン・コンセンサス〉	〈社会民主政のアジェンダ〉（ローカル）
・緊縮財政 ・公的消費方向の再設定 ・税制改革 ・金融自由化 ・統一的で競争的な交換率 ・貿易自由化 ・対外直接投資（FDI）の公開性 ・民営化 ・規制緩和 ・財産権の保障	・健全なマクロ経済政策 ・政治と法の改革の促進 ・強固な公的部門の創設 ・国家指導型の経済と投資の戦略、多様な政策的実験をもって十分な展開を期しうる余地の是認 ・グローバルな市場統合の連鎖化 ・人的資本と社会資本への投資の重視 ・インフラ整備への公的資本支出 ・貧困緩和と社会的セーフティネット ・市民社会の強化
〈ワシントン・コンセンサスの拡大版、当初のリストの追補〉	〈社会民主政のアジェンダ〉（グローバル）
・法と政治の改革 ・規制諸機関 ・腐敗防止 ・労働市場の柔軟性 ・WTO協定 ・財政の規則と基準 ・"慎重な"資本勘定の開放 ・非媒介的な交換率レジーム ・社会的セーフティネット ・貧困緩和	・ドーハ・ラウンドの持続 ・能力を超えた負債の棚上げ ・貿易関連知的財産権（Trip）の改善 ・超国民的移民のための公正なレジームの創設 ・国際金融機関（IFL）における途上国の交渉力の強化 ・IFLの運営に関する途上国の参加の強化 ・人的資本投資と国内統合のための新しい金融フローと機関の創設 ・貧困緩和・福祉・環境のプログラムについて説明責任と有効性を高めるための国連システムの改革
〈ワシントン安全保障ドクトリン〉	〈人類の安全保障ドクトリン〉（ヒューマン・セキュリティ）
1．ヘゲモニー 2．覇権による秩序 3．「柔軟な多国間主義」ないし単独行動主義（必要な場合） 4．先制的・予防的武力行使 5．安全保障の焦点：地政学的、二次的には経済地理学的 6．プラグマティックには集団的組織（UN, NATO）に、その他の場合にはアメリカの軍事力と政治力に依存 7．リーダーシップ：アメリカとその同盟国 8．目標：自由と民主政のための世界の安全化、アメリカのルールと正義のグローバル化	1．多国間主義と共通のルール 2．法と社会正義による秩序 3．多国間的・集団的安全保障の強化 4．国際的人道法を維持するために国際的に是認された強制力の最終手段としての発動 5．安全保障の焦点：安全保障アジェンダと人権アジェンダとの再結合――生命の脅威（政治的・社会的・経済的・環境的を問わない）に直面しているすべての人々の保護 6．グローバル・ガヴァナンスの強化：国連安全保障理事会の改革、経済社会安全保障会議の創設、国連の民主化 7．リーダーシップ：新しいグローバル盟約を規定するための世界的対話の展開 8．目標：人類のための世界の安全化、グローバルな正義と公平なルール

だが、たとえ機会を逸したとしても、それが失われてしまったということにはならない。ワシントン・コンセンサスとワシントン安全保障ドクトリンは機能不全をきたしていて、市場原理主義と単独行動主義は自らの墓堀人となっている（Held 2004；Barnett et al. 2005）。世界で最も成功を収めた諸国（とりわけ、中国、インド、ベトナム、ウガンダ）が成功しえたのは、ワシントン・コンセンサスのアジェンダに従わなかったからである（Rodrick 2005）。また、最もうまく対立が解消しえたのは（とりわけ、バルカン諸国、シエラレオネ、リベリア、スリランカ）、多国間型の集中援助や人間の安全保障アジェンダに浴しえたからである（Human Security Center 2005）。すると、どのような展開を期すことでワシントン・コンセンサスとワシントン安全保障ドクトリンに替わりうる方向を描くべきかについて、その糸口はおのずと明らかであろう。

7　グローバル・ガヴァナンスと民主政の問題

　これまで、どのように連帯、民主政、正義を実現すべきかについて、また、現在の政策のしっぺ返しを踏まえて、どのように政策の実効性を期すべきかについて検討してきた。だが、グローバル・ガヴァナンスにかかわる諸課題には、はるかに長期の地平も求められる。民主政と正義は、現行のグローバルな政治編成の構造的限界を、つまり、「現実主義は滅んだ」とどの程度にいえるかを、もっと控えめにいえば、「国家理性」は自らの位置を自覚すべきであるとどの程度に約言しうるかを把握することで制度的に確かなものとなりうる。
　伝統的に、決定の設定者と決定の受け手との緊張関係は、政治コミュニティを想定することで解決されてきた。つまり、一定の空間において領域を定められたコミュニティを想定し、このコミュニティにおいて決定の設定者と決定の受け手が諸過程と諸制度をつくることで、説明責任の問題が解決されると考えられてきた。国民国家の形成期において、地理・政治権力・民主政は強い結合関係にあると想定されていた。また、政治権力・主権・民主政・シチズンシップは一定の領土空間に区切られることで成立しているし、それが妥当なことで

もあるとみなされていた (Held 1995)。しかし、これは今や妥当しない。というのも、グローバル化、グローバル・ガヴァナンス、グローバルな課題が浮上しているし、決定の設定者や決定の受け手と所与の領土とが必ずしも対応しないし、照応もしないという状況が起こっているからであり、そのなかで、民主政の、また、民主政による支配の妥当な範囲にかかわる問題が浮上している。

　全体包括性という原理は、民主政理論において、特定の決定設定の諸次元に関与すべき人々のみならず、所与の人々に説明責任を負うべき人々を中心に妥当な領域を設定するための基本的基準を明示しうる概念的方策であるとみなされる場合が多い。なぜ、そうでなければならないかとなると、きわめて単純なことであって、公的な決定と争点や諸過程に左右される人々は、議員ないし代表者をもって間接的ないし直接的に影響力を行使することで、その形成に与りうる平等な機会をもつべきであるからにほかならない。つまり、公的決定の影響を受ける人々は、その形成にも発言権をもつべきであるということである。だが、今や、次の問題が浮上している。つまり、決定の設定者と決定の受け手との関係がより空間的に複雑化するにおよんで、また、農業助成、幹細胞研究のルール、二酸化炭素放出の場合のように、決定が一定の民主政の枠内に入らない人々にも影響を与えるに至って、「大きな影響を受ける」とはどのようなことを指すかという問題である。相互関係がグローバルに広がった時代に至って、鍵的な決定設定者はだれに説明責任を負うべきであり、その影響を受ける人々とはだれのことなのかが問われている。この答えはそれほど簡単ではない。この点で、ロバート・コヘーンは「影響を受けているからといって、すべてを妥当な請求権者とするわけにはいかない。そうすると、請求権者がやたらと増えることになるし、拒否権の拠点ともなりうるわけであるから、実質的には何もできないことになる」と指摘している (Keohane 2003 : 141)。これは確かに難題ではあるが、全当事者原理とは人々の必要ないし利害にインパクトを与えることであるとする考えと直接的に結びついているとすると、その対応はやや容易になる。

　強い力が人々の生活にどのようなインパクトを与えているかを想定してみると、強・中・弱の3つのカテゴリーに分けることができよう。強いインパクト

とは、(保健から住居に及ぶ)必需品や基本的関心にかかわるものであり、その影響は人生を左右しかねない位置にある。中程度のインパクトとは、自らのコミュニティ(経済・文化・政治の活動)にどのように参加しうるかという問題とかかわることであって、その様態が必要を左右することになり、生活チャンスの質と結びついている。そして、弱いインパクトとは、個別の生活スタイルや(衣服から音楽に及ぶ)消費生活に対する影響のことである。だが、このカテゴリーは厳密なものではなくて、目安に過ぎず、次の状況がひとつの指針となりえよう。

- 人々の基本的必要が充足されないと、その生活は危機に瀕し、生存の危機に見舞われることになる。
- 人々の二次的必要が充足されないと、自らのコミュニティに十分に参加しえないことになり、公私の生活に参加する可能性が閉ざされることになるし、彼らの選択が規制されているか欠落していることになり、その生活機会に重大な影響を与えることになる。
- 人々の生活スタイルの要求が充足されないと、自らの人生像を描いたり、多様な手段で表現することができなくなり、満たされない要求は不安や不満に転化することになる。

以上に鑑みると、全体包括性という原理は再考すべきことになる。この原理は、人々の人生設計や生活チャンスが社会の諸力と諸過程に左右されるだけに、直接的ないし政治的代表者を介して、こうした諸力と諸過程の条件と規制を決定することに関与すべきことを意味している。民主政が最も妥当な位置を占めうるのは、人生の方向や生活チャンスが強力な存在によって決定されるだけに、人々と緊密に結びつき、また、人々が関与しうるものとすることで、利害関係者と決定設定者とが一体化している場合である。すると、こうした領域を生活スタイルの要求に影響する諸決定や諸過程にまで広げるべきであるとしても、それほど無理を強いることにはなるまい。というのも、コミュニティが自ら解決すべきことは、価値とアイデンティティの問題にほかならないからである。例えば、マクドナルドが広く中国に行き渡ることを、あるいは、アメリカのメ

ディア商品がカナダを闊歩することを認めるかどうかは、価値の衝突や消費傾向の問題ではあるが、国境を越えるものであるだけに、リージョナルとグローバルな貿易ルールや規制という問題が浮上する。だが、これは、基本的には当該国が決定すべき問題である。

　全体包括性の原理は政治権力の分権および集権の必要性と結びついている。決定設定をできるだけ分権型のものにすると、自らの生活にかかわる社会条件に影響を与えうる機会を最大にしうることになる。だが、当該の決定がトランスローカル・トランスナショナル・トランスリージョナルなものである場合、政治の仕組みはローカルな基盤に立ったものであるだけでなく、より広い範囲で機能しうる枠組みを備えていなければならないことになる。この脈絡からすると、民主的フォーラムの多様な舞台や次元が求められることになる。これが不可避とならざるをえないのは、逆説的ながら、分権が必要とされる場合と同様の理由による。つまり、こうした政治の仕組みによって、公的な（この場合はトランスコミュニティ型の公的な）領域で浮上する政治的争点の影響を受ける人々を包括すべきことになるからである。

　決定の設定者と決定の受け手との対称性と照応性を回復し、全体包括性の原理を強化するためには、グローバル・ガヴァナンスの方向を再構築するとともに、国境横断型の諸過程や諸力のなかで浮上した諸課題に対処することが求められる。この構想の出発点として、まず、人々は重複型運命共同体の世界にいるという認識が求められることになる。世界が相互関係を深くし、諸過程が複雑化しているという認識からすると、例えば、産業と商業の戦略や住居と教育のように、一定の争点には空間を限定した政治領域（都市、リージョン、国家）が妥当であるといえるが、環境、流行病、グローバルな金融規制のような領域については、もっと広い制度を設けることで対処すべきことになる。ナショナルな領土を超えて協議型の決定設定センターが設立されてしかるべきものとなるのは、全体包括性の原理の基盤をトランスナショナルな脈絡に求めてしかるべき場合であり、また、人生の方向や生活チャンスが公的問題によって大きく左右されている人々を中心にトランスナショナルな集団が形成されている場合である。さらには、決定設定の「低レベル」ではトランスナショナルな、ある

いは、グローバルな政策問題が十分に解決されえない場合である。もちろん、ガヴァナンスの多様なレベルをどのように分け、領域を設定すべきかとなると、例えば、多くのローカルな、サブナショナルな、ナショナルな政体の場合のように、常に議論の分かれることである。特定の公的争点を処理するためには、どの機関が適切かとなると、その職掌をめぐる論争は複雑で激しいものとならざるをえまいし、明確な公的枠組みを設定しようとなると、強力な地政学的関係者（支配的諸国家）や組織基盤型市場だけに委ねる場合よりも、はるかに複雑で激しいものとならざるをえまい。要するに、長期の制度改革の可能性は、国家と諸機関を法の支配と民主的原則や人権に服せしめうる広範な枠組みと結びつかざるをえないことになる。では、制度的視点からすると、どのように理解すべきであろうか。

8　多元型シチズンシップと多層型民主政

　長期的にグローバル・ガヴァナンスと連帯・民主政・社会正義とを結合し、再編しようとすると、リージョナルとグローバルなレベルにおいて、自立的な政治機関と行政機構の展開が求められることになる。だからといって、国家権力一般の縮小や地球規模の対応力の縮減が求められるわけではない。こうした再編には国家レベルの政治制度を補完するために、リージョナルとグローバルなレベルで政治制度を強化し、展開することが求められる。こうした政治の概念は、国民国家の存続が重要であるとしつつも、より広い規模の、また、グローバルな問題に対処するための多層型のガヴァナンスが必要であるとする考えに発している。これは、ローカルとナショナルなレベルで説明責任に耐えうる応答型の政治を育てるだけでなく、より広くグローバルな体制においても代表型の協議機関を設立することを目指すものである。つまり、社会正義という包括的な枠組みにおいて、透明で民主的な都市と国民の、また、リージョンとグローバルなネットワークの政治秩序を求めるものであり、その長期の制度的要件には次が含まれる。

- 多層型ガヴァナンスと権威の分散化。
- ローカルからグローバルなレベルに及ぶ民主的フォーラムのネットワーク。
- 人権会議（Human Right Conventions）を強化するとともに、リージョナルとグローバルなレベルで人権裁判所を創設すること。
- 主要な職能型IGOの透明性と説明責任や実効性を高めるとともに、より広い公的協力と行政力の必要が明らかな場合には、この種の機関を創設すること。
- 非国家アクターの透明性と説明責任および発言力を強化すること。
- 公衆の選好を調査し、その統一性の程度を検討するとともに、公的意思の形成に与りうる多様なメカニズムを活用すること。
- 国際的に人道的な、あるいは、コスモポリタンな法秩序を守るという視点から、最終手段として強制力を発動するための実効的で責任あるリージョナルな、およびグローバルな軍事警察機構を設置すること。

こうしたアジェンダを、また、そのなかで浮上する諸制度をコスモポリタン民主政と呼んでいる（Held 1995, 2004, 2006；Archibugi & Held 1995）。この点については他の著述で明らかにしているの、ここでは、コスモポリタン民主政がシチズンシップにどのような意味変化を呼ばざるをえないかについて指摘するにとどめる。

シチズンシップのコスモポリタン的概念は、シチズンシップとは領域型コミュニティの成員であるとみなすことは最善とはいえず、一般的ルールと原則を定めることで多様な舞台に足を据えうることになるし、多様化も期しうるとする考えに発している。この理解は、民主政と人権の原則が明解であるし、適用可能なものでもあるという考えに依拠している。この原則によって、万人は原則的に、平等な道徳的地位や平等な自由と参加機会を享受しうる枠組みが導かれることになる。すると、シチズンシップの意味は、あるコミュニティの成員であることで特定の権利と義務が認められる状況から別の世界体系の原則へと移行し、自らの重大な必要や利害にかかわる横断的な決定設定の諸領域についても同様の権利と義務をもちうることになる。これはグローバルな政治秩序の理念であって、この体系において、人々は自らの生活方向や生活チャンスにかかわる基本的諸過程や諸制度について平等な地位を享受しうることになる。

以上の脈絡からすると、コスモポリタンな、あるいは、グローバルなシチズンシップという厄介な意味は、それなりに、より明確なものになると思われる。万人の基本的権利と義務を基礎とすることで、コスモポリタン・シチズンシップは万人に、それぞれの自律性を保障するとともに、社会問題のあらゆるレベルで自治を実現しうる能力を認めることになる。この概念の詳細な説明は必要であるとしても、その主要な特徴は理解しえたであろう。人々は自らの生活にかかわる条件の決定について自由で平等な存在であるべきものとすると、今や、都市からグローバルな団体に及ぶ一連のフォーラムを創設し、決定設定者が責任を持ちうるような体制を構築することが求められている。今日の多くの権力形態が説明責任を負いうるものとなり、また、ローカル・ナショナル・リージョナル・グローバルのいずれのレベルを問わず、われわれのすべてに影響する多くの複雑な争点が民主的に規制されるべきものとすると、人々は多様な政治的コミュニティにアクセスしうるだけでなく、その成員でもなければならないことになる。この点で、ユルゲン・ハバーマスは次のように指摘している。「個別主義のなかで孤立してはいない民主的市民のみが世界市民となりうるのであり、その道は拓きうるし、……国家市民であり、世界市民でもあるということは同一の地平に位置するものあって、その輪郭は、少なくとも、すでに見えだしている」と（Habermas 1996：514-515）。シチズンシップとナショナルなコミュニティの基礎をなしている諸原則とは歴史的に偶発的な結びつきに過ぎないものであって、この原則は重複型の運命共同体の世界のなかで揺らぎだしているだけに、シチズンシップの諸原則の結びつきを変えることで、再強化しなければならない。こうした展開に鑑みると、愛国主義とナショナリズムとの結合形態も問題とならざるをえず、国民や国土にとらわれるのではなくて、愛国心を市民(シビック)と政治の中心原則の弁護論と結びつけるべきことにもなる（Heater 2002）。ナショナルなアイデンティティは、多様な連帯の原理に開かれていて、一般的ルールと原則を尊重するものとなることで、グローバル時代の挑戦に応えうるものとなる。結局、多様性と差異が結実しうるのは「グローバルな依法型(リーガル)コミュニティ」においてのことに過ぎない（Brukhorst 2005；Held 2002b）。

　ヨーロッパの古い諸国家は一連の経済と金融および政治の制度を共有しうる

と考えられていたが、これは、控えめにみても、今やありえないことになったといえよう。また、冷戦が平和革命をもって終焉したともいえまい。ネルソン・マンデラが生きて出獄しうるとは、あるいは、アパルトヘイトが多大の暴力もなく停止されることになるとは、多くの人が予想しえなかったことである。中国とインドが世界中で最も急速な経済成長を遂げるとは、かつて、想像されなかったことである。すると、グローバル・ガヴァナンスを再構築するという課題も、遠い先のことのようにみえて、不可能なことであるとは思われない。すでに、「終末の局面」にあると思っている人々も多かろうが、それは、現在のガヴァナンスの体制を再編することで連帯・正義・民主政・実効性に応えないかぎりのことであって、そうでないと「やがて終末を迎える」ことも起こりうることである。

〈参考文献〉

Annan, K. (2005) 'Three Crises and the Need for American Leadership', in A. Barnett, D. Held & C. Henderson (eds.) *Debating Globalization*, Cambridge, Polity Press, 134-40.

Archibugi, D. and Held, D. (eds.) *Cosmopolitan Democracy: An Agenda for a New World Order*, Cambridge, Polity Press.

Barnett, A., Held, D. and Henderson, C. (eds.) (2005) *Debating Globalization*, Cambridge, Polity Press.

Barry, B. (1998) 'International Society From a Cosmopolitan Perspective', in D. Mapel & T. Nardin (eds.) *International Society: Diverse Ethical Perspectives*, Princeton, NJ, Princeton University Press, 144-163.

Brunkhorst, H. (2005) *Solidarity: From Civic Friendship to Global Legal Community*, M.I.T. Press.

Byers, M. (2005) 'Are you a global citizen?', *Views*, October 5, available at: http://thetyee.ca/Views/2005/10/05/globalcitizen/, 4 (accessed February 10, 2006).

Buira, A. (2003) *The Governance of the International Monetary Fund*, in I. Kaul, P. Conceição, K. Le Goulven, and R. V. Mendoza (eds.) *Providing Global Public Goods*, Oxford University Press, 225-244（高橋一生監訳・編『地球公共財の政治学』国際書院、2005年）.

Chasek, P. and Rajamani, I. (2003) 'Steps Towards Enhanced Parity: Negotiating Capacity and Strategies of Developing Countries', in *Providing Global Public Goods*, 245-262.

Chinkin, C. (1998) 'International Law and Human Rights', in T. Evans (ed.) *Human Rights Fifty Years On: A Reappraisal*, Manchester University Press, 105-128.

Conceição, P. (2003) 'Assessing the Provision Status of Global Public Goods', in *Providing Global Public Goods*, 152-184.

Deacon, B. et al., (2003) 'Global Social Governance Reform: From Institutions and Policies to Networks, Projects and Partnerships', in B. Deacon E. Ollida, M. Koivusalo and P. Stubbs (eds.) *Global Social Governance*, Hakapaino Oy.

Feinstein, L. (2005) 'An Insider's Guide to UN Reform', available at: http://www.americanbroad.tpmcafe.com/story/2005/9/14/142349/085 (accessed February 11, 2006).

Giddens, A. (1990) *The Consequences of Modernity*, Cambridge, Polity Press.

Gingrich, N. and Mitchell, G. (2005) *American Interests and UN Reform: Report of the Task Force on the United Nations*, June, available at: http://www.usip.org/un/report/usip_un_report.pdf (accessed February 11, 2006).

Habermas, J. (1996) (translated by W. Rehg), *Between Facts and Norms: Contributions to a Discourse Theory of Law and Democracy*, Cambridge, Polity Press.

Heater, D. (2002) *World Citizenship*, Continuum.

Held, D. (2006) *Models of Democracy*, Third Edition, Cambridge: Polity Press, forthcoming（中谷義和訳『民主政の諸類型（第2版）』御茶の水書房、1998年）.

—— (2004) *Global Covenant*, Cambridge, Polity Press（中谷義和・柳原克行訳『グローバル社会民主政の展望：経済・政治・法のフロンティア』日本経済評論社、2005年）.

—— (2002a) 'Globalization, Corporate Practice and Cosmopolitan Social Standards', *Contemporary Political Theory*, vol. 1, no. 1, 59-78.

—— (2002b) 'Law of States, Law of Peoples: Three Models of Sovereignty', *Legal Theory*, 8 (1), 1-44.

—— (1995) *Democracy and the Global Order: From the Modern State to Cosmopolitan Governance*, Cambridge, Polity Press（佐々木寛ほか訳『デモクラシーと世界秩序——地球市民の政治学』NTT出版、2002年）.

Held, D., McGrew, A. G., Goldblatt, D. and Perraton, D. J. (1999) *Global Transformations: Politics, Economics and Culture*, Cambridge, Polity Press（古城利明ほか訳『グローバル・トランスフォーメーションズ：政治・経済・文化』中央大学出版部、2006年）.

Hirst, P. and Thompson, G. (2002) 'The Future of Globalization', *Cooperation and Conflict*, vol. 37, no. 3, 252-253.

Hoffmann, S. (2003) 'America Goes Backward', *New York Reviews of Books*, vol. 50, no. 10 (12 June), 74-80.

Human Security Centre (2005) *Human Security Report 2005: War and Peace in the 21st Century*, http://www.humansecurityreport.info (accessed February 11, 2006).

Ikenberry, J. (2002) 'America's Imperial Ambition', *Foreign Affairs*, vol. 81, no. 5 (September-October), 44-60.

—— (2005) 'A Weaker World', *Prospect, Issue 116* (October), 32.

Kaul, I., Conceição, P., Le Goulven, K. and Mendoza, R.V. (2003) 'Why Do Global Public

Goods Matter Today', in *Providing Global Public Goods*, 1-58.

Keohane, R. O. (2003) 'Global Governance and Democratic Accountability', in D. Held and M. Koenig-Archibugi (eds.) *Taming Globalization*, Cambridge: Polity Press, pp. 130-59 (中谷義和監訳『グローバル化をどうとらえるか――ガヴァナンスの新地平』法律文化社、2004年).

King, Sir David A. (2004) 'Climate Change Science: Adapt, Mitigate, or Ignore?', *Science*, vol. 303 (January), 176-177.

Meikle, J. (2005) 'Bill Gates Gives $258m to World Battle Against Malaria', *The Guardian*, 31 October, 22.

Mendoza, R. V. (2003) 'The Multilateral Trade Regime', in *Providing Global Public Goods*, 455-483.

Milanović, B. (2002) 'True World Income Distribution, 1988 and 1993: First Calculation Based on Household Surveys Alone', *The Economic Journal*, vol. 112 (January), 51-92.

―― (2005) *Worlds Apart: Measuring International and Global Inequality*, Princeton, NJ: Princeton University Press.

Moore, M. (2003) *A World Without Walls*, Cambridge, Cambridge University Press.

Pogge, T. (2006) 'Reframing Economic Security and Justice', in D. Held & A. G. McGrew (eds.) *Understanding Globalization*, Cambridge, Polity Press (forthcoming).

Rees, M. (2003) *Our Final Century*, Arrow Books.

Rischard, J.F. (2002) *High Noon: Twenty Global Prolems, Twenty Years to Solve Them*, New York, Basic Books (吉田利子訳『問題はグローバル化ではないのだよ、愚か者――人類が直面する20の問題』草思社、2003年).

Rodrick, D. (2005) 'Making Globalization Work for Development', Ralph Miliband Public Lecture, London School of Economics, 18 November.

Rosenau, J. N. (2002) 'Governance in a New Global Order', in D. Held and A.G. McGrew (eds.), *Governing Globalization*, Cambridge, Polity Press, 70-86.

Ruggie, J. (2003) 'Taking Embedded Liberalism Global: The Corporate Connection' in D. Held and M. Koenig-Archibugi (eds.) *Taming Globalization*, Cambridge, Polity Press, 93-129.

UN (2000) 'Millennium Development Goals', available at: http://www.un.org/millenniumgoals/ (accessed February 14, 2006).

UN (2004) 'A More Secure World: Our Shared Responsibility', Report of the High-Level Panel on Threats, Challenges and Change, available at: http://www.un.org/secureworld/ (accessed February 11, 2006).

UNDP (2005) *Human Development Report 2005*, Oxford and New York, Oxford University Press. Also available at: http://hdr.undp.org/reports/global/2005/.

(1) より近年の状況については次を参照のこと。Milanović 2005；Pogge 2006.
(2) 8項目の新世紀の発展目標が国連で提示され、2000年の国連総会で合意をみている。それは、①貧困と飢餓の克服、②義務教育の実現、③ジェンダーの平等と女性の権限強化、④児童死亡率の低下、⑤保健の改善、⑥エイズとマラリアなどの病気の撲滅、⑦環境の保全、⑧開発のためのグローバルなパートナーシップの展開であり、2015年までの実現目標とされている。次を参照のこと。UN 2000.
(3) リスボン行程の目標は、2003年3月にヨーロッパの指導層の合意をみているように、EUを2010年までに「最もダイナミックで競争力ある知識基盤型経済」にするというものである。この目標には、この方向にヨーロッパ経済を導くための一連の政策勧告も含まれている。リスボン行程のインパクトは限定的であるといったが、これは、この方向に即してみると、その動きは小幅なものでしかないことを指摘したまでのことである。

第 5 章
討議民主政とグローバル・ガヴァナンス
—— コスモポリタニズムと組織暴力のグローバル化

アントニー・マッグルー

1 はじめに

　グローバル化の研究者のなかで、一部の例外はあるにしろ、組織暴力の問題に注目しない研究者は、まず、いまい[*1] (Modelski 1972; Held, McGrew et al. 1999; Hirst 2001)。経済主義や「文化の新展開(カルチュラル・ターン)」が注目されるなかで、強制力に、あるいは、一部の論者の呼称に従えば、グローバリティの「闇の部分」に焦点が据えられることが少なくなっている。だが、キーンが指摘しているように、9.11事件を契機に「暴力の問題が、再び大きく、しかも、強力に浮上し、なお、徘徊している」という事実を無視するわけにはいかない (Keane 2004)。この事態を踏まえて、近年のグローバル化研究は、国際関係の理論家たちが非国家型暴力のグローバル化の問題に注目してきたように、集団的暴力の理論化の模索にむかっている。こうした展開は、互いに手出しを控えていた領域を埋めようとするものである。というのも、前者は、世界がグローバル化するにあたって暴力がその中心に位置していたことを看過し、後者は、グローバル化を国家の安全や存続といった「高次(ハイ)の政治」に対置される「低次(ロー)の政治」と結びつけがちであったからである。この点で、チャールズ・ティリーは、グローバル化と暴力の両者をまともに捉えようとすると、「暴力がどのようにグローバル化を、また、グローバル化がどのように暴力を呼ぶことになった」かの理解が求められると指摘している (Tilly 1990)。この問題に限るわけではないが、本論では、

この問題を主要な対象とする。

　ジョージ・モデルスキーは、独創的で、今や古典的位置にあるグローバル化論のなかで、「グローバル化の過程で注目すべき特徴のひとつは、グローバル化に油を注いだ傲慢さや暴力の質の問題である」と述べている (Modelski 1972:49)。13世紀の中国艦隊や中世の十字軍から19世紀後期の新帝国主義に至るまで、軍事制圧と武力行使が遠隔地や別の文明を不断に統合し、糾合するための基本的手段であった。交易と資本がこの過程の駆動力であったといえるが、多くのリベラルな理解とは違って、集団的暴力がこの過程につきものであった。17世紀ヨーロッパの朝食のメニューを検討したうえで、歴史家のクリストファー・ベーリィは、当時の社会慣行が、すでに、大西洋の交易路によって「カリブ海諸国における蛮行や制圧」のシステムと深く結びついていたと指摘している (Bayly 2004:84)。本論の第1節では、組織暴力・国家・非国家が近代世界の統一と分裂にどのような役割を果たしたかという問題について論ずることにするが、その際、世界史の既定のジャンルに依拠して、近代世界が形成されるにあたって、武力と戦争や征服がどのような役割を果たしたかについて説明する。これを受けて、第2節では、今日の暴力のグローバル化の固有の特徴を批判的に検討するために、その歴史的脈絡を辿ることにする。また、第3節では、以上の検討を理論的論争と結びつけることにする。というのも、安全保障・国家・世界秩序にとってグローバル化がどのような因果的意味や構造的連関を含んでいるかをめぐって、国際関係論においても理論的論争が起こっているからである。そして、暴力のグローバル化という現状がどのような規範的問題を提起しているかについて検討することで結ぶことにする。とりわけ、結びでは、組織暴力のグローバル化に対してコスモポリタン派の理論家たちのあいだで討議型（デリバラティブ）の制度構想に関心が深まっているだけに、その内実についても検討することになる。要するに、本論では、組織暴力が、理論的には必要な要件とは、あるいは、唯一の規定的要因とはいえないとしても、歴史的にはグローバル化の構成要素となったことを、また、暴力のグローバル化のなかで、安全保障、国家、グローバル・ガヴァナンスをめぐるオーソドックスな仮説の再考が迫られていることを明らかにする。「戦争とは他の手段による政治の継続である」と

いうクラウゼヴィッツの言葉は人口に膾炙しているが、この言葉は、今や「グローバル化とは新しい手段による暴力の継続である」と言い換えたほうがよさそうな局面を迎えている。

2　組織暴力のグローバル化——世界文明から運命共同体へ[*2]

　世界の主要文明がひとつのグローバルなシステムにどのように組み込まれるようになったかとなると、伝統的歴史学は、主として、「西洋の台頭」という説話(ナラティブ)に訴えてきた。この説話は、文化と経済の、また軍事のいずれのレベルを問わず、主としてヨーロッパが生得的に優位にあったという論理に立っている(McNeill 1963)。例えば、ケネディは、「ヨーロッパ社会は、総じて、変化の障害に出あうこともなく、順調に経済成長を遂げるとともに、軍事力を高めることで、いずれのリージョンの先頭にも立ち続けてきた」わけであるから、ヨーロッパがグローバルな支配の地位にのぼりえたという物語は内発的要因に求めることができるとする (Kennedy 1988 : xviii)。また、軍事力を強化し、戦争の組織と技術を変えることで、ヨーロッパの膨張に弾みがつき、可能なこととなったとする。軍事史を踏まえて、ゲオフレイ・パーカーは次のように指摘している。「西洋の台頭は武力の行使に、つまり、ヨーロッパ諸国と海外の敵対国との軍事バランスが着実に前者の優位に傾き続けたという事実に負うものである。……1500年から1750年にヨーロッパ諸国が実質的にグローバルな帝国を建設しえたのも、軍事革命と呼ばれているように、戦闘力の改良に負うものである」と (Parker 1988 : 4)。ヨーロッパの帝国型企図は、調整されえない状況にあっただけに多様なものとならざるをえなかったが、通商の必要に依拠していただけでなく、大陸規模の軍事競争の力学と変動に発している。1884年のベルリン会議において「アフリカ争奪戦(スクランブル)」が是認され、その後の数十年間にヨーロッパのグローバルな支配は世界領土の84パーセントに達している。これは、それ以前の2世紀の35パーセントと対照的である (Parker 1988:121)。論者の多くは、こうした生成期のグローバルな帝国が支配権を確立しえたのは、主として、

ヨーロッパと他の諸国との「戦力ギャップ」が広がったことによるものであり、そのことで、西洋は、強制力に訴えて征服力を大きく変えることができたと判断している（Modelski 1972；Headrick 1981；Parker 1988）。

　マイケル・ハワードは、ヨーロッパの膨張に関する古典的エッセーのなかで、「ヨーロッパ文化がどのように支配的なものとなったかとなると、それは、由々しきことながら、軍事対決と征服によるものであった」としている（Howard 1984：34）。彼は、こうしたヨーロッパの膨張を3つの局面に分けている。それは(i)海洋帝国の時代（15世紀から17世紀）、(ii)火薬帝国の登場（1700-1850年）、(iii)産業時代のグローバルな帝国（1850年代から1918年）である。いずれの局面も組織暴力を特徴としていて、それが決定的役割を果たした場合が多い。アステカ内部の対立に負うところもあったとはいえ、「旧世界」の疫病がコルテスと315人の征服者によって持ち込まれることで、アステカ文明は崩壊しているが、その際に果たした組織暴力の決定的役割は軽視されるべきではない（Fernandez-Armesto 1995：195；McNeill and McNeill 2003：172）。コルテス自身が認めているように、征服者たちは1回だけのテロ攻撃で3千人以上のインディアンを虐殺している（Fernandez-Armesto 1995:195）。新世界からアジアにかけて、ヨーロッパの主要列強は海軍力を強化し、軍事要塞を建設することで初期の植民地を守り、強固なものとしている。こうした武力構想には、技術と兵站上の制約がつきまとっていたし、海外の植民地の安全と強化は海軍力に依存せざるをえなかっただけに、植民地の拡大過程は制約に服さざるをえなかった。だが、ヨーロッパ海軍の支配力が高まるとともに、貿易ルートをコントロールすることが不可欠となるに及んで、武力が世界貿易を拡大するための鍵的要素となった。ブラックは、この早い局面で組織暴力をどのように「行使することで、領土の獲得というより、貿易条件に影響を与え、規定することになった」かについて論じている（Black 1998：32）。海陸におけるヨーロッパの戦闘力が変わることで、17世紀後期に軍事革命が起こったとされているが、これは「ヨーロッパの海外膨張に決定的弾みつけることになった」（Parker 1988: 8）。鉄砲技術の改良が常備軍の編成と、また、戦争遂行のための社会資源を調達しうる絶対主義国家とも結びつくことで、武力のグローバルなバランスはヨーロッパの優勢に劇

的に傾くことになった。また、1718年にオーストリアがトルコを破ることでパッサロヴィツ条約が結ばれているが、この和平条約によって「西側と東側の軍事バランスは逆転した」(Black 1994：14)。

　こうした軍事革命と並んで、ヨーロッパ帝国の企図はインド亜大陸、アフリカやアメリカに、さらにはニュージーランドとオーストラリアに絞られるようになった。イギリス、フランス、オランダ、スペインの軍隊は、優秀な戦力と組織力を後ろ盾に、海岸線の入植地から奥地へと踏み込むことになった(Howard 1984)。18世紀末までにヨーロッパ列強が世界の領土をどの程度に占めるに及んでいたかとなると、名目的というより実質的支配の点で意見は割れるにしろ、約35％にも達している (Headrick 1981)。これは流血の過程を呼ばざるをえなかった。というのも、戦闘力の差は広がっていたし、帝国の暴力を政治的・道徳的に抑える条件も弱くなっていたからである。例えば、1780年に起こったペルーの「民衆蜂起(インディファーダー)」で１万の人々が生命を落としているにもかかわらず、スペイン本国で公衆の抗議は起こっていない。また、1761年にイギリスはチュロキー族に「焦土作戦」を展開しているが、当然の成り行きに過ぎないとみなされている (Black 2002：92)。ベーリィが辛辣に指摘しているように、この局面で「野蛮なことに、ヨーロッパ人は殺人集団と化した」と述べている。この点では、ティリーも、1750年から1800年の50年間の戦死者は10倍に増えたと判断している (Tilly 1990：165；Bayly 2004：62)。

　ヨーロッパの殺人装置は国家のビジネスにとどまるものではなかった。帝国の初期の膨張期において、ヨーロッパの諸国家は、常に、私的傭兵の暴力に依拠していて、それが重大な役割を帯びる場合も多かった。実際、当時の戦争は、20世紀に至って浮上するように、ヨーロッパの最大の産業のひとつであった。17世紀アムステルダムの商人のルイ・ド・ギールは、水兵から副官に及ぶ完全武装の海軍を編成し、スウェーデンの君主の要請に応えることで、かなりの利益を得ている (Ferguson and Mansbach 2004：259)。中世の傭兵システムは１万人の部隊からなる大企業まがいの私的軍事企業であって、これを支配者に預ける見返りとして資本と特権や贈物を受け取っている。こうした傭兵システムは常備軍が整備されることで衰退しつつあったとはいえ、国家は、なお、専門的

な私的傭兵に頼っていた（Singer 2003：23-34）。例えば、アメリカ独立戦争に際し、イギリスは3万人の傭兵をハッセカッセルから雇い入れ、革命軍と戦かわせている。実際、ヨーロッパの常備軍の20〜65％は海外からの傭兵であった（Singer 2003）。さらには、植民地において、例えば、イギリスとオランダの東インド会社のような私的組織は独自の軍隊を編成し、戦闘と領土の治安にあたっている。また、1782年までにイギリス領東インド会社は10万人の強力な部隊を保有するに及んでいる。これは、当時のイギリス軍をしのぐ部隊であって、イギリス本国をはるかに超える植民地領土を制圧していた（Singer 2003：35）。この時代は、ヨーロッパの国家が、なお、組織的暴力手段の独占を、あるいは、自らの軍事力の国民化を主張しなければならない局面であった。実際、公私両機関が組織暴力を実質的にコントロールしていただけでなく、そのグローバル化にも関与していた。また、注目すべきことに、グローバルなレベルで武器輸出が始まった局面にもあたる。この点は、オランダの植民地経営者たちがアフリカの奴隷用に（1人につき12の割合で）武器を売っている。また、商人たちはヨーロッパの武器を徳川政府やアメリカの革命派に販売している（Headrick 1981：121, 144）。こうして武器輸出が開始されたとはいえ、「西洋」と「それ以外」との武力ギャップはほとんど縮まってはいなかった。だが、世界の軍事体系は、逆説的ながら、ヨーロッパの軍事技術の多くを中国やイスラムの文化から借用するという方向にもあったし、軍事組織が世界基準を設定し、他の諸大陸の国家と将軍たちが攻防目的からこれを採用する方向を強くしていた。ハワードがコメントしているように、この局面でヨーロッパの「火薬帝国」の拡大はゆっくりとしていたとはいえ、19世紀初期までに、「ヨーロッパ人を打倒するには彼らを模倣するしかない」と受け止められるようになっていた（Howard 1984：36）。ベーリィの指摘に従えば、この局面は、ヨーロッパの列強がくつわを並べるという最初の世界的規模の戦争の時代に、また、イギリスがフランスを破った時点で、ナポレオンが「ワーテルローの戦いはインドで決着をみていた」と述べているように、遠隔の植民地戦争の時代に突入していた（Bayly 2004：86）。

　ワトソンの指摘に従えば、18世紀末の世界は、ヨーロッパが野心をたくまし

くしていたにしろ、「単一のグローバルなシステム」のなかにあったわけではない（Watson 1992：227）。とりわけ、日本と中国を含めてアジアの多くは、ヨーロッパのコントロール外にあったし、フランスとアメリカの革命の結果、ヨーロッパの主要都市は動揺していて、ヨーロッパ列強の手の届かない状況にあった。アジアとアフリカで膨張の躓きを繰り返したこともあって、ヨーロッパのヘゲモニーは不安定なものとなっていた。この状況は、ヨーロッパの権力政治が産業革命の急激な展開と結びつくことで大きく変わった。これは、要するに、戦争の産業化である。1815年のウィーン会議において、ヨーロッパの諸列強は大陸規模の対立状況を管理しようとしたが、グローバルな制覇をめぐる闘争へと舞台を変えることになったに過ぎない。資本主義的産業化がこれに弾みをつけることになったのは、新しい原料と新しい市場の安定的確保が求められたからであり、その必要のなかで武器と軍事組織や技術は格段に進歩した。戦争の産業化のなかで「西洋」と「その他の地域」との戦闘力ギャップは拡大し、「ヨーロッパの諸列強は、驚くほどの低コストでアジアとアフリカの大部分を征服しうるようになり、その規模はナポレオン並みの帝国となった」（Headrick 1981：83）。1878年までに、ヨーロッパの帝国列強は直接支配下の領土を2倍にし、アフリカの奥地に入り込んでいるし、その国際的入植地は中国にも及んでいる。伝達と輸送の技術の大きな変化は蒸気船と鉄道から電信に及び、グローバルな規模の帝国を建設するための兵站技術と統治のインフラ力を加速的に高めている。戦闘力ギャップの加速化という点では、砲艦と機関銃が象徴的位置にある。1842年に砲艦ネメシス号の攻撃を受け、中国皇帝はイギリス遠征艦隊に降伏している。また、マキシム銃と連発銃が発明されることで、ロイヤル・ニガー会社の539名の部隊はソコトのヌーペイ首長国の3万1千の強力部隊を打ち破っている（Headrick 1981：53, 117）。

　こうした「新帝国主義」は甚大な破壊行為や「民族浄化」と一体化していたし、ヨーロッパの入植民が圧倒的軍事力に助けられて、その支配を各地に広げるなかで、土着民は大移動を繰り返さざるをえなかった。第一次世界大戦が勃発するまでに、ヨーロッパの資本は世界の84%を、また、世界の諸国民の多くを支配するに至っていた（Headrick 1981：3）。パーカーによれば、これは、わ

けても「ヨーロッパの軍事的優位」に負うものであるとされる（Parker 1988：154）。この過程で、「新領土への入植が徐々に攻撃的なものとなり、原住民を虐殺することになった」（Bayly 2004：434）。チャールズ・ティリーは、18世紀から19世紀までに、年度ごとの戦争犠牲者はほぼ2倍化し、100万人に90人の割合から150人を超える規模にまで及んだと判断している（Tilly 2003：55）。また、バーカウィは、1850年から1864年の太平天国の乱のあいだに、残虐行為は増え続け、仏領と独領に等しい地域を荒廃させ、その死者は2千万人に及んだと指摘している（Barkawi 2006：23）。すると、ハワードは、圧倒的軍事力を配置するというより、軍事力を蓄え、その脅威を示すだけで帝国の企図を展開しえたと述べているが、これは誇張とはいえないことになる（Howard 1984）。1840年代に、今日のドミニカ共和国は自ら西洋の支配下に入っている。だが、1874年にドイツは、ドイツ帝国の構成国になりたいというトーゴの申し出を断っている（Doyle 1986：254）。地政学的社会のイメージからすると、世界政治は領土獲得を背景としたグローバルなヘゲモニー闘争であるということになるが、こうしたイメージにとらわれるなかで、ヨーロッパに限らず、諸国のエリートたちは、19世紀末までに膨張の余地が急速に失いつつあると判断するに至っていた。「地球が狭くなっている」という切迫感のなかで、入植者にとどまらず、原住民すらもが「領土と勢力の競争に遅れをとらない」ようにしなければならないと考えたので、「新帝国主義」は加速し、激化することになった（Bartlett 1984：20）。血なまぐさい19世紀の転換期までに、世界の主要なリージョンと諸文明は、西洋の軍事保護化で「単一の経済と戦略の諸関係」に組み込まれる状況を迎えていた（Watson 1992：294）。

　以上のように、単一のグローバルなシステムが形成されるにあたって組織暴力がその中心に位置していたとすると、同様に20世紀初期までに組織暴力の社会関係も展開期の世界的軍事体系に組み込まれるという様相を深くしていた。武器貿易が栄え、クルップ社やヴィカーズにみられるような巨大軍事企業が登場し、生成期の「グローバルな産業型軍事ビジネス」が形成されだしていた（McNeill 1982：241）。また、軍事技術と軍事組織が世界中に広がるとともに、ナショナルな軍事機構のあいだの交流も深まり、技術も導入されるようになって

いた。これは軍事機構間契約がルール化し、直接的なものとなっていたことを示すものである。この点でマクネイルは、この時代を「軍事と産業の相互化が急速に進んだ」局面にあたるとしている（McNeill 1982：274）。技術が進むと、地理的空間と時間的障害が小さくなるし、「距離の克服がより容易になると、想定すべき将来敵や対抗勢力の次元も広くなる」ので、潜在的敵対者はより身近なものとなる（Osterhamnel and Peterson 2003：84）。臨戦態勢が、また、その基盤である超国民的兵站術と工業生産が現代社会や世界の軍事体系の一般的特徴となる。同時に、国家は組織暴力の手段と要員のコントロール権を独占し、国民化しようとする方向を強くした。戦争の殺傷力は高まり、コストは上昇し、破壊力も強まる。イギリスが外国人傭兵で補充したのはクリミア戦争が最後であったが、イギリス領東インド会社やロイヤル・ニジェール社にみられるように、私的ないし企業型の軍事力のいずれであれ、非国家型の組織暴力は脱法と隠然化を強めることになった（Black 1998：203-205）。実際、こうして、世界の軍事体系が構造化するなかで、近代国家は、主として、組織暴力の手段とその正統的行使の独占を主張しうる存在であると定義され、制度化されることにもなった（Thompson 1994）。

　20世紀までに、世界は、戦略的にも経済的にも統合されるに至っていたとはいえ、政治的には分裂し、帝国主義の対抗状況を迎えていた。ヨーロッパは相対的平和と繁栄の時代にあったが、これは遠隔地の諸国民の征服と征圧に、時には、その絶滅に負うものであった。だが、トーマン・エンジェルの場合のように、当時の多くのリベラルな論者においては、この新しい「よき時代」は相互関係と繁栄の深化を、また、戦争の非合理性の認識の深まりを示すものであると受け止められていた（Angell 1933.1908年初版）。1914年8月に戦争が勃発し、超国民的動員体制がしかれるなかで、本国と植民地とを問わず、生存の保障とコミュニティの命運とが一体化するに及んで、産業戦のグローバル化の勢いはやがて明確になりだした。組織暴力が、主として、ヨーロッパの諸国家による単一のグローバルなシステムを生み出す手段や方策であったとすると、この全体戦の遂行を契機として、諸国の人民はそれぞれに運命を共有していると、したがって、その運命を賭けていると自覚することになった。この点で、フェル

ナンデス・アルメストは、西洋の説話(ナラティブ)の生成に歴史的ゆがみがあるにせよ、「諸影響が作動することで……世界の主要文明は邂逅することになったが、なかでも征服欲ほど大きく作用したものはないし、戦争ほど広範に及んだものもない」という点では、かなり広い合意がみられると述べている(Fernandez-Armesto 1995 : 214)。

　現代の歴史学の多くは、どのようなグローバル状況のなかで西洋の説話が浮上することになったかという点で、その解釈枠組みや仮説を修正している(Said 1979 ; Fernandez-Armesto 1995 ; Ferro 1997 ; Frank 1998 ; Cowen 2001 ; Pagden 2001 ; Black 2002 ; Robertson 2003 ; Bayly 2004 ; Hobson 2004)。彼らが疑問視しているのはヨーロッパ中心型世界観である。というのも、この歴史観は、大陸的規模で交易ネットワークが形成され、発見の大航海時代を迎えることで近代世界と西洋型グローバル化のインフラが生成することになったとしても、そこに占める東洋の中心的役割を無視しているからである。西洋は「日の出の勢い」であったとする説話(ナラティブ)は、ヨーロッパの膨張には断絶があっただけに、重大な疑問を発してしかるべきことである。長期的視点からすると、ヨーロッパのグローバルなヘゲモニーは長い領土膨張の過程であったようにみえて、ブラックとフェルナンデス・アルメストが主張しているように、動揺もあれば大きな後退期もあったとするほうが現実的である。また、その征服も、一時的とはいえないまでも、偶発的な場合もあった(Fernandez-Armesto 1995 ; Black 2002)。フェルナンデス・アルメストが指摘しているように、近年の歴史学研究からすると「この千年の4分の3に及ぶヨーロッパの成功や"西側"世界のヘゲモニーは、所与のこととされてきたにしろ、……結局、確定的なものとはいえない」ことになる(Fernandez-Armesto 1995 : 192-193)。この点は西洋の技術的・軍事的優位についても妥当することであって、中国やイスラムの文明から多大の技術を「借用している」し、産業化の時代に至るまで、西洋の経済と軍事や技術が他の文明よりも優れていたという考えにはきわめて疑わしいものがある(Hobson 2004)。コロンブスが船出するはるか以前に、中国のチェンホー(鄭和)大将は300艘と2万8千人の兵員からなる艦隊を率いて東アフリカとメッカに向かっている(Rozamo 2005 : 150)。この点では、ベーリィも、1780年代の中国帝国と

オットマン帝国は世界クラスの強国であったと位置づけている（Bayly 2004: 2）。1830年に至っても東洋は経済力と生産力で西洋をしのぎ、1750年には中国だけで世界の生産額の33％を占めていたのにたいし、ヨーロッパは23％に過ぎなかった（Frank 1988；Hobson 2004: 76）。さらには、世界の各地でヨーロッパによる征服が起こったとはいえ、その多くは軍事征圧によるというより、地方の協力を得てのことであった。ヨーロッパの軍事力が盛期を迎えたのは「19世紀の最後の4半期のことであり、この局面で、ヨーロッパ帝国主義の拡大は最大規模に及んだとはいえ、ほとんどの地域で買弁に依存せざるをえなかった」（Fernandez-Armesto 1995: 418）。また、兵士と入植者が「旧世界」の病原を持ち込むことで従属住民数は激減し、スペイン系アメリカ人だけでも、その死者は数百万人に及んだ（Crosby 2003, chap.2）。西洋の説話の生成に限界を付すことで、修正派歴史家たちは、単一のグローバルな体系が出現していたわけではなく、その構造はオーソドックスな論述よりも多中心的で複雑であったし、偶発的歴史過程に服していたと述べている。とはいえ、ギデンズが指摘しているように、「19世紀と20世紀の初期に、西洋と他の地域とには"軍事ギャップ"が存在していたわけであるから、そのグローバルな歴史の意味を重視しないわけにはいかない」とする点では広い合意が認められる（Giddens 1985: 226）。したがって、西洋の軍事的優位が成立しえたのは産業化時代に至ってのことであるとしても、組織的暴力がこの物語の中心に位置していたことに変わりはない。

　恐らく、もっと論争の余地のある問題は、ヨーロッパの征服と膨張の主要な駆動力を何に求めるかということであろう。帝国と帝国主義の論理と膨張について、また、暗示的ではあれ、歴史的グローバル化について多くのことが語られてきた。この点で、ドイルは、有益なことに、本国中心的・準中心的・体系的論述に分けている（Doyle 1986: 22-25）。本国中心論においては、経済と政治のいずれであれ、本国社会の社会経済組織に根ざした強い膨張主義の背景が強調されることになる。また、準中心論においては、世界経済に占める構造的位置に発する周辺性の抜きがたい不安定性が、つまり、帝国化への求心的衝動が強調されることになる。そして、体系論において、帝国主義はグローバルな権力関係の競争的構造に求められることになる。したがって、産業時代の「新帝

国主義」は（独占）資本主義の不可避の結果であると（Hobson and Lenin）、先祖返り的な軍事中心主義の所産であると（Schumpeter）、あるいは、周辺性の危機であると（Fieldhouse）、さらには、ヘゲモニー型権力政治の要請に発すると（Kennedy）、さまざまに解釈されている（Doyle 1986）。だから、組織暴力のグローバル化は随伴現象（主として、資本主義の膨張の必要に発する手段）に過ぎないのか、相対的に自律的な軍国主義の衝動なのか、それとも、とりわけ、モダニティのグローバル化の構成要素なのかとなると議論は百出せざるをえない。国際関係論の歴史社会学においては、史的唯物論や現実主義的権力政治の粗野な理解は払拭されて、モダニティとのかかわりが強調されがちである。とりわけ、マン、ギデンズ、ホブソンの著作においては、組織暴力と軍事力は（ベーリィが指摘しているように、Bayly 2004）経済・政治・イデオロギーといった社会諸力の複合的平行四辺形における一群の制度ないし権力力学であって、これが世界史の展開形態を規定したとする（Giddens 1985；Mann 1986；Hobson 2002）。ギデンズは、この権力の力学を資本主義・産業主義・軍国主義・国家主義の複合的力学であって、これがモダニティのグローバル化を呼んだとしている。他方、マンは、グローバリティとは、個別の論理をもった社会諸力（イデオロギー・経済・軍事・政治）の複合的形状の所産であるとしている（Mann 1986；Giddens 1990）。これは、ほぼネオ・ウェーバー主義的認識に発するものであって、グローバル化の理解においても、複合的力学ないし複合的因果連鎖のみならず、経済・政治・軍事などの多様な形態が強調されることになる。したがって、組織暴力とは随伴現象ないし道具的視点から捉えうるものではないし、資本主義的グローバル化の手段に過ぎないものでもないとされ、固有の構成要素であると、つまり、グローバル化の固有の力学であるとされることになる。これは、野蛮な20世紀の史的脈絡からすると、容易に了解しうることである。

　組織暴力の歴史について論ずるなかで、ティリーは、20世紀とは「集団的暴力が世界に広がった時代であり、こんな時代は太古よりなかったことである」と述べている（Tilly 2003：55）。また、ホブズボームは、1914年以降、「鉄砲が火を噴かず、爆弾が炸裂しない局面はあったにしろ、世界戦争の恐怖のなかで生活している」と指摘している（Hobsbawm 1994：12）。産業戦と地政学戦は先

例のないほどに組織暴力のグローバル化を呼び、世界中で1億8,700万人を超える犠牲者を出したとされる（Hobsbawm 1994：12）。近代戦は臨戦体制や全帝国と社会の動員体制を日常化した。その後、核時代が出現し、大国が対峙するなかで、地球の破滅が起こりうる状況が続くに至って、人類はひとつのグローバルな運命共同体を形成しているとする認識を深くすることになった。対立のグローバル化の、あるいは、その脅威が不断に浮上する時代を迎えることになったのである。

　第一次世界大戦は、産業時代における列強間の戦争が戦場の兵士だけに限られるものではないことを明らかにした。クラインが指摘しているように、「限定的であるにせよ戦端が開かれると、戦争はすべての大陸に及ぶだけに、全体戦争の時代に至っては銃後の市民をも巻き込むことになる」(Klein 1994：55)。それだけに、全体戦争は、第二次世界大戦の場合よりもはるかに「全人類の破滅」を呼びかねないものである（Hobsbawn 1994：52）。第二次世界大戦において、戦場はほとんどすべての陸と海に及び、枢軸国（ドイツ・イタリア・日本）と連合国（アメリカ・イギリス・フランス）のいずれを問わず、補給線が世界的規模に広がっただけに、いずれの国家も中立を維持することはほとんど不可能なことであった。この点で、マクネイルは、「それまでの戦争に比べて、第二次世界大戦は、超国民的組織化という点で、はるかに全面的で実効的なものとなった」と指摘している（McNeill 1982：356）。戦争の結果、ヨーロッパのグローバルなヘゲモニーが衰退し、アメリカとソ連がグローバルな超大国の地位を得ることになった。

　第二次世界大戦後の約50年間の国際政治は米ソ両超大国の対峙する状況にあった。世界政治は両ブロックに分かれ、それぞれが軍事同盟や地域的安全保障条約を結ぶことにしのぎを削った。核軍拡競争のなかで、両超大国間の戦争は、（起こりえないわけではないにしろ）理性的には想定しえないものであったが、東西対立となって表面化し、アフリカ・アジア・ラテンアメリカ地域が代理地帯となった。それだけに、脱植民地化の過程と民族解放闘争が冷戦の軍事力学に影響することにもなった。直接介入を回避しえた場合でも、代理戦争が頻発した。また、ヨーロッパ軍の海外駐留が縮小されたとはいえ、両超大国の駐留

軍は広がった（Harkavy 1989）。宇宙と深海すらも、軍事目標から領有の対象となった。

　軍事・兵站・通信システムの技術改良が繰り返されることで、大量の破壊力が急速に世界的に広がりうることにもなった。また、大陸間弾道ミサイルが出現することで、開戦の決定に数週間や数カ月を要することなく、数時間で下さなければならなくなった。冷戦のなかで特有のグローバルな権力関係が成立し、逆説的であれ、地球を敵対陣営に分けることになっただけでなく、単一の世界的軍事体系に統一することにもなった。また、リージョンとグローバルなレベルで軍事監視のネットワークがはられ、強化されることにもなった。さらには、少なくとも超大国は軍事インフラを地理的に拡げ、類例のない破壊力を地球規模で体系化することになった。冷戦盛期の1980年代中期に、世界の年額軍事費は、(1987年のアメリカドルで) 1兆ドルに達している（世界の人々がそれぞれ毎年、約190ドル払うことになる）。また、兵器費は2億9000万ドルを超え、武器貿易は480億ドルにのぼっている（Krause 1992：93；Sivard 1991：499）。約120カ国がグローバルな「武器の輸出と生産システム」に組み込まれ、武器と軍事技術の生産と売買にかかわっている（Krause 1992：1）。技術と戦争の包括的研究において、クリーベルドは、この時代の特徴を挙げて「単一の、かなり同質的な軍事技術がいたるところではりめぐらされているという点では、それ以前の多くの局面と異なるものがある」と指摘している（Creveld 1989：290）。西と東のいずれを問わず、軍事技術が進歩するなかで「グローバルな軍事力学」が形成され、国際システムのなかに急速に広がった。広島への原爆投下ののち、約50年の間に核爆弾保有国は少なくとも6カ国に及んでいる。また、ミサイル技術や大量破壊技術が拡散するなかで、さらに多くの諸国家が未曾有の殺傷力を保持することになった。軍事技術が革命的に進化し拡散するなかで、国民の安全と国際的安全の区別がつかなくなっているだけでなく、国家の安全と人類の安全との区別もつかなくなっている。20世紀の特徴が公式帝国の終焉に求められるとしても、戦略的グローバリティの終焉を、つまり、組織暴力の世界的企図やその組織化と社会関係の終焉を意味しているわけではない。むしろ、カラシニコフ銃の貿易から核絶滅の脅威へと移るなかで、世界はひとつの運命共同体を形成

しているように思われだした。

　だが、20世紀において組織暴力が結びついていたのはグローバルな統合過程に過ぎなかったとすると、これは、重大な誤解を呼びかねない。この点で、とりわけ、アイアン・クラークは、世界戦争と冷戦型地政学的対抗がグローバル化にどのようなインパクトを与えたかについて説得的に論じている（Clark 1997）。組織暴力のグローバル化は、きわめて不均等で分化した姿で国家と社会を世界システムに統合することになっただけでなく、2つの大戦は、（破壊ではなかったとしても）グローバルなネットワークを混乱させ、さらには、（一時的であったにせよ）急激な脱グローバル化を呼ぶことにもなった（Clark 1997；James 2001）。ジェームズが論じているように、第1期のグローバル化の「黄金時代」とよき時代の崩壊は、部分的にせよ、第一次世界大戦によるところが大きかった（James 2001）。こうした帝国型グローバル化を支えていたリベラルな体制は、その後、これに対抗していた社会・政治勢力に屈することで1930年代に自給経済に突入し、脱グローバル化は加速することになった（James 2001）。その後、冷戦は世界を戦略的に結合させるとともに、政治・経済的には分断し、経済的形態も含めてグローバル化の歩みと範囲を封じ込め、制約することになった。マンデルバウムが指摘しているように、ベルリンの壁が崩壊することで資本が再び、真にグローバルに及ぶに至ったわけではない（Mandelbaum 2004）。これは、組織暴力が、特定の史的状況において、グローバリズムを煽ったり、切り崩すこともありうるという点で、両者の関係は、もっと複雑で偶発的なものであることを示している。すると、9.11事件以降、多くの論者が、こうした世界的テロ行為だけでもグローバリズムの終焉の引き金となりうると、あるいは、少なくとも、その最も近年の姿にほかならないとしていることも、あながち驚くべきことでもない。

3　新しい暗黒時代か —— 組織暴力とグローバル化の終焉

　9.11事件を踏まえて、ジョン・グレイは「グローバル化の時代は終わった」

と述べている(Naim 2002)。以来、グローバリズムの終焉について論じた著作が着実に増えている（Rosenberg 2005：Saul 2005）。この種の著作の多くで強調されていることは、超国民的テロが登場し、これへの対応策がとられるなかで、国境の閉鎖は政治から文化にまで及び、商品と資本や人々の移動に障害が立ちはだかることになったということである。グローバルなインフラによって生産の外注化が進み、暴力の超国民的組織化も可能となったわけであるから、物理的にもバーチャルにも、国境に障害を設けることで、国家が市民を守ろうとすることになったのも驚くにはあたるまい。こうして社会の安全管理の強化が起こったが、これは、明らかに、領域型権力を再び主張するものであって、脱グローバル化の過程をさらに広げることに、つまり、グローバル化の終焉論に結びつくことになる。だが、この結論は、グローバル化とは多次元的なものではなくて、単線的過程であり、主として、経済を駆動力としているという前提に立っているだけに、組織暴力とグローバリティとの関連を無視するものにほかならない。この点で、コヘーンは、9.11事件とこれに対する戦略的対応を、とりわけ、テロに対するグローバルな戦争にのみ注目すると、「グローバリズムの1次元を、つまり、暴力手段の媒介ネットワーク」のみを強調せざるをえないことになると述べている（Keohane 2002：273）。さらには、貿易・金融・生産・移民の、あるいは、コミュニケーション・フローの点からみても、経済のグローバル化には、多くの論者が予測し、あるいは期待するよりも回復の早いものがあることは経験的にも明らかである。グローバル化を墓碑銘とすることは、やや尚早といえるのも、9.11事件は、重要な諸点で、オーソドックスな組織暴力論や領土保全論が疑問の多いものであることを明らかにしているからである（Keohane 2002：273；Rasmussen 2002）。この点で、コヘーンは「地理空間という障壁概念は、熱核戦争に鑑みると、すでに、時代遅れの感を深くし、……9.11事件からすると、使いものにならない概念であることが明らかになった」と指摘している（Keohane 2002：276）。

　冷戦が崩壊するなかで、「ミレナリアニズム」も登場している。当時、冷戦の終焉をもって戦略的グローバリティは終結したと広く想定されていた。これは、ナイとドナヒューが「超大国型2極体制の脈絡からすると、冷戦の終焉は

軍事の脱グローバル化を意味している」と述べていることにもうかがうことができる(Nye and Donahue 2001)。だが、リージョナルな敵対関係が再浮上していたし、世界は民主的平和圏と前ホッブス的国家破綻や根深い暴力圏に2分される方向を強くしていた (Goldeier and McFaul 1992 ; Kaplan 1994 ; Keohane 1995)。ミューラーが論じているように、少なくとも、西側の中心地においては、戦争は実質的に時代遅れのものになったかにみえたが、国境地帯において、あるいは、バーネットが排除と貧困のギャップと呼んだ地域においては(Barnett 2004)、集団的暴力は自然状態ともいえる状況にあるように思われた (Mueller 1989 ; Keohane 1995)。とりわけ、ケープランやヴァン・クリーベルドにとって、伝統的な国家間戦争の危険は薄らいだにしろ、超国家と国家内レベルの紛争や小競り合い状況に即してみると、組織暴力の展開には歴史的レベルのものがあるだけに、世界は新しい暗黒の淵に立っているように思われた (Creveld 1991 ; Kaplan 1994)。ヴァン・クリーベルドは、1990年代の初めに次のように予見している。「国家間戦争は、歴史の回転ドアを開けて外に出ているにしろ、多様な組織間の小競り合いが別のドアから入り込んでいる。小競り合いは、今のところ、いわゆる途上世界に限られているとしても、いつもその程度のものであろうと、あるいは、今後もそうであろうと予測することは大きな幻想といわざるをえない」と (Creveld 1991 : 224)。人々と商品に限らず、武器と文化がリージョンを越えて移動する状況が強まっていることに鑑みると、局地的紛争や国家内武力対立を地理的レベルで封じ込めうるとする考えは、9.11事件や7.7事件の悲劇例が示しているように、幻想であったことになる。戦略的に2極化した世界が、あるいは、リージョナル化した世界が出現したというより、冷戦後の世界においては新しい戦略的グローバリティの説話(ナラティブ)が再び語りだされているのである。それは、グローバルな脆弱性の認識やテロに対するグローバル戦争という姿で語られている。

　重要なことに、9.11事件を契機にアメリカは単独的権力を主張しだした。これは、冷戦が終焉したとはいえ、世界は地政学的に単位化しつつあるという認識を深める重要な契機となった。この点で、コーエンは「テロに対する脅威が深まるなかで、20世紀後半の特徴であった世界の地政学的システムの区分が解

消しだした」と述べている (Cohen 2003:403)。興味深いことに、20世紀初期の地政学に類する状況が生成し、近年に至って激化している。というのも、この局面では、世界の列強は資源と市場や拠点にアクセスし、あるいは、コントロールしうる地歩を求めて競争していたからである。とりわけ、イラク侵攻や1990年代の多様な人道的介入に即してみると、新しい帝国主義やグローバル化の軍国化が起こっているとする論者もいる。だが、歴史的に類似のものが認められるからといっても、限定を付すべきである。というのも、現状では超軍事国はひとつに過ぎず、他の主要列強がこれに便乗し、バランス役を務めているに過ぎないし、対抗関係も（今のところ）リベラルな世界秩序に正面から挑戦したり、公式の帝国を建設しようとするものではないからである。9.11事件とその対応をもって、地政学が根本的に変化したとはいえない。というのも、一部の論者が想定しているように、現状は、文明の衝突というより、なお、列強間の地歩と支配をめぐる闘争の状態にあるからである。すると、「総じて、9.11事件によって世界政治が根本的に変わったとは思われない」ことになる (Kennedy-Pipe and Rengger 2006)。とはいえ、この指摘は、現代の地政学は、19世紀後期の状況とも似て、世界が戦略的競争の唯一のアリーナであるとする現状認識を強くしていることも明らかである。この認識は軍事組織とコミュニケーション技術が大きく変化することで、さらに強まっている。

　産業化が新しい戦争様式を呼んだように、コミュニケーション革命は軍事状況（RMA）の革命と結びついた。西側の戦略的思考は20世紀の全体的・限定的戦争の概念から第4世代へと、つまり、ネットワーク型戦争へと移り、機動性、スピード、精確性、柔軟性、破壊力が重視されるようになった (Freedman 2006)。距離の問題は、なお、戦力立案の重要な障害ではあるが、「情報伝達と軍事司令システムの革命によって、大きく軽減されている」(Ferguson and Mansbach 2004:252)。1999年のコソボ爆撃の際、B52のパイロットはミズーリ州から出撃し、無事に帰還している (Ferguson and Mansbach 2004:252)。情報時代に至って、戦略的グローバリティは、西側の新しい戦争様式と結びつくことで新しい意味を帯びだしている。カルドアが物質的生産の基盤である社会関係と制度から、また軍事力の組織と配置から戦争様式を分析したことに触発されて、マーティ

ン・ショーは、この体制を「グローバルな監視戦争」と呼んでいる (Shaw 2005: 62)。20世紀の産業型全体戦には、社会の完全な動員と破壊が求められ、その脅威も存在していたが、グローバルな監視戦争は、西側の周辺部において一定の対象と精度を備えた脱軍事型の社会によって遂行されている (Shaw 2005)。コソボとアフガニスタン爆撃からも明らかなように、戦争の様式は指令、コントロール、コミュニケーション、兵站、軍事組織のグローバルなインフラに依存するものとなっている。また、外注化、柔軟性、ジャスト・イン・タイム方法、分権化という点では、新しいグローバルなポスト・フォード主義的生産様式にも依存している。この様式は、多くの点で、軍事－技術的変化にのみならず、グローバルな世界における戦略的脅威の性格の変化にも対応している。

　こうしたグローバルなインフラによって、生産を世界的に組織しうることになったが、逆説的ながら、そのことで殺傷力も飛躍的に高まった。こうした複雑なシステムによって、輸送から金融に至るまで近代社会の機能は効率化した。それだけに、この社会は破壊に脆弱である。常にそうであったとはいえ、今や複合状況にある。というのも、(食料から石油に及ぶ) 主要一次産品を海外に依存する状況が強まっているだけでなく、生産が超国民化し、コミュニケーションと輸送インフラが決定的位置にあるからにほかならない。全体戦とは敵の殲滅のことであったし、冷戦期には戦略的抑止の維持に依拠していたが、現代の社会環境にあっては、社会を破壊するというより、わずかの制圧力で威嚇し、あるいは、撹乱状況をつくるだけで社会は機能不全化することになる。ボックス・カッターから自製爆弾に及ぶ「弱者」の武器で、非国家型集団が社会を混乱させ、犯罪やテロに走りうる状況にあるだけに、市民と国際秩序は重大な脅威を覚えている。さらには、こうした「非対称型交戦状況」の可能性は次の2つの理由から増幅することになる。第1に、今や国境が障壁とはなりえないから、例えば、サイバー攻撃やテロ攻撃を立ち上げ、遠隔地の基幹インフラを対象としうる状況にある (Lukasik, Goodman et al, 2003)。したがって、ロンドンのテロ行為であろうとシカゴのギャング戦であろうと、集団的暴力は現場型のものである必要にはない場合が多くなっている。第2に、大量破壊技術についてはいうまでもなく、殺傷性の高い武器システムが拡散するなかで、潜在的脅威の

範囲は大きく変わっている。グローバル化状況のなかで、非対称的交戦状況は、国家が直面している潜在的脅威の環境を大きく変え、戦略的拠点と非戦略的地帯との区別がつかなくなっているし、伝統的な地域安全保障という概念も根拠に欠けるものとなっている。というのも、潜在的脅威の組織化が可能であるとすると、補給と指令は全地球規模に及ばざるをえないことになるから、これに対抗するには国内の安全保障策だけでは不十分で、グローバルな監視インフラが求められることになるからである。超国民型組織暴力にとって、国境が歯止めであるだけでなく、隠れ蓑ともなるので、国家の安全保障は国境線ではなくて、海外に拡げざるをえない傾向が強まっている。換言すれば、安全保障と国家の領域性との一体的構造が機能しえなくなったことになる。これは、カルドアが規定した「新しい戦争」と、つまり、地球の南側における複合型の不規則な戦争と結びついて浮上したことである。

　組織暴力は、なお、現代のグローバル状況の特徴であるといえるが、以前の局面と、とりわけ20世紀初期と比べてみると、形態と規模の点では、その特徴を大きく異にしている（Ferguson and Mansbach 2004）。国家間戦争に替わって、今や、南側ないし西側の周辺部において国家間型と超国家型の紛争が繰り返されている。ミューラーが指摘しているように、国家間戦争が時代遅れのものとなったとしても、組織暴力は、なお、貧困や低開発を主な背景のひとつとしているし、アフリカ、アジア、ラテンアメリカの諸地域においては広く民間人の犠牲者を出さざるをえなくなっている（Mueller 2004）。いわゆる「新しい戦争」は、主として、挫折国家で起こっていて、アイデンティティ政治や局地紛争と敵対状況に発している。これには、正規軍や補助部隊の、また、犯罪集団や私兵の複雑な不規則戦も含まれていて、国境の内外の交戦状況となるだけに、民間人と戦闘員との区別がつかなくなる（Duffield 2001 ; Kaldor 1999）。例えば、国連は、非正規の武力対立で、毎時間、世界中で35人が亡くなっていると判断している（Keane 2004：8）。これが戦争の実態であって、全体戦の訓練を積んだ兵士よりも、中世の軍人や将軍に理解しうる姿であろう。ボスニアやダルフールの、あるいはヴェネズエラの例にもみられるように、「新しい戦争」が妙に近代的にみえるのも、この戦争要員がグローバル・ネットワークを資金と

武器の調達や移動に利用しうるからである。また、武器と網張りの代償としてダイヤモンドを売っているように、利得を手にし、脅迫や闇の経済を利用しうる状況にもあるからにほかならない（Duffield 2001；Tilly 2003；Kaldor 1999）。

　局地的性格のものであるとはいえ、「新しい戦争」は、確かに、組織暴力のグローバル化の顕現形態であるし、ダフィールドに従えば、「北側の政治と経済アクターがグローバル化の圧力のなかで、また、その機会を捉えて採用した方法に比肩する戦争様式である」（Duffield 2001：14）。こうした対立の力学は人々の生存の危機と複合化することが多く、国際機関や外部機関の緊急援助を必要とすることになり、1990年代のコソボやソマリアのように、人道的介入の要請に連なることになる。ダフィールドが指摘しているように、重要なことに「グローバル・システムの相互関係が深まるなかで、南側の不安定状況が国際化する脅威も高まっている」（Duffield 2001：37）。こうした相互連関化のなかで、いくつかの影響も生まれている。それは、（援助が安全と、安全が開発と結びついているように）グローバルな安全保障と開発目標との収斂現象が起こっているだけでなく、グローバルな安全保障複合体が南北に拡大するなかで、西側は、選択的に組み入れることで厄介な国境地帯を平定しようとしていることに認めることができる。その結果、「世界の一部の無秩序がITと結びつくことで、安全保障の問題は急速に広域化し、国境防備は複雑化している」（Avant 2005：33）。

　グローバルな戦略複合体は、南北の区分を越えて社会の安全と一体化している。さらには、グローバルな規模の不法な武器輸出、私的安全保障会社の活動、組織犯罪、超国民的テロリストのネットワークも急速に広がっている。この50年間に、超国民的ネットワークが急速に広がり、国家間の公式の軍事ネットワークと並んで、あるいは、これを媒介とすることで、さらには、これを超えるかたちで生成し、世界の軍事体制が構築されている。カーンのネットワークが核技術をリビアとイランに売っていたように、小火器や武器技術の不法輸出から、1990年代にシエラレオネの中央政府が治安の維持に雇ったエグゼクティブ・アウトカム社のような私兵会社に至るまで、国家と並んで超国民的ネットワークが浮上しているが、これは武力と暴力手段のグローバル市場が生成していることを示すものである。フレデリック大王であれば、彼の軍隊の半数が外

国人傭兵であっただけに、この事態にそれほどの奇異を覚えないであろう。歴史的には、この種の市場は常に存在していたとはいえ、とりわけシンガーやアバントが強調しているように、冷戦の終焉とともにグローバル化が進むことで、その機会も増えている。また、北側では軍需生産と軍事サービスの民営化と商業化が起こっているし、これに世界の各地で根強い無秩序が複合化することで、武力のグローバル市場は一挙に拡大することになった（Singer 2003 ; Avant 2005）。さらには、生産が外注化し、グローバル化しているように、組織暴力にも同様の事態が起こっている。かくして、シンガーは次のように述べている。「新しくグローバル産業が生成している。これは21世紀の多様な活動を外注化し、民営化しているだけでなく、国際政治と戦争の多くの古いルールを変えているだけに、平和維持の役割も果たしている」と（Singer 2003 : 9）。

　グローバル化・商業化・犯罪の広域化が一体化するなかで、公式の軍事力の配置と現実の実効的強制の配置との乖離が大きくなっている。この点はアルカイダ、三角地帯、麻薬テロ、不法武器輸出に明らかであって、コヘーンが非公式の組織暴力機関と、あるいはファーガソンとマンスバッハが脱国際的暴力と呼んだもの（つまり非国家型の民営化され、外注化され、グローバル化した暴力）を構成している（Keohane 2002 ; Ferguson and Mansbach 2004）。超国民的テロリストと犯罪組織は、闇のグローバル経済でうごめいている超国民的社会諸勢力とともに、不法で破壊的な目的のためにグローバルなインフラを利用しうる状況にある。だから、「この種の危険な貿易が超国民的規模に及び、それがグローバル化の本質的要素となっている」とする論者もいる（Bhattcharya 2005: 32）。また、国内治安は超国民的次元を帯びる方向を強くしている。世界の主要都市の路上殺人が、超国家規模で組織された犯罪組織やギャングのネットワークの活動と結びついている場合も多い。ウェーバーは、国家とは「所与の領土において暴力を正統的に行使しうることを独占している人々の共同体」であると規定しているが、この古典的理解になじんできた現実主義派やリベラル派のあいだにも深い疑念が広まっている（次に引用。Ferguson 2004 : 336, 232）。この問題について、コヘーンは、鋭くも、「国家は、もはや、大量破壊手段を独占しているとはいえない。1941年の日本の真珠湾攻撃よりも多くの人々が世界貿易セン

ター・ビルとペンタゴン攻撃で亡くなっている」と指摘している（Keohane 2002：284）。

　近代国家と組織暴力史の研究のなかで、ジャニス・トムソンは、20世紀初期まで、国家が武力をどのように独占するようになったか、また、それがどのように国際的通り相場となったかについて検討している（Thompson 1994）。これが一般的歴史過程であったにしろ、重大な例外はあったし、最も先進的な国家といえども暴力手段の生産を私的部門に委ねざるをえなかったわけであるから、一般的状況であったとはいえない。実際、ビクトリア・ヒューイが近著で明らかにしているように、近代の西洋国家は、歴史的に、古代中国の特徴であったような組織暴力を集中的にコントロールしていたわけではない（Hui 2005）。したがって、国家による組織暴力の独占状況は、歴史的に、一般的であったというより、例外的であったわけであるから、現代的展開のなかでそれが広く崩壊ないし解体せざるをえないとするには注意深くあってしかるべきことになる（Singer 2003）。

　アメリカ軍には約3万人の非市民が軍務に服しているということ、あるいは、民間軍事会社が42カ国で軍人を訓練しているということ、さらには、2004年に60カ国の国際企業から派遣された2万人の軍事要員がイラクで活動していたということ、これは重大な事実である。だが、アバントが指摘しているように、組織暴力の商業化とグローバル化のなかで、国家による組織暴力の独占状況が解体しているとはいえないまでも縮小しているにせよ、強い国家と弱い国家では、その様相は多様である（Avant 2005）。ある脈絡からすると組織暴力のコントロール権が再配分されていることになるが、他の脈絡からすると国家は実質的コントロール力を縮小することなく、安全保障能力を高めることができる（Avant 2005）。この点で、デュードニーは違いを鮮明にし、「国家だけが暴力を正統化しうる能力をもっているとしても、独占しうる能力をもっているわけではない」としている（次に引用。Clark 1999:119）。だが、リーンダーは事態をより明確にし、国家による暴力の正統化能力は、部分的であれ、制約されていることは、国際法の規制やNGOなどの超国民的社会運動の主張が高まるなかで、2003年のイラク介入が共同決議によらざるをえなかったことに認められるとす

る（Leander 2002)。国家の実効的武力独占が自動崩壊過程にあるというより、グローバルな武器市場が現実のコントロール・ビジネスを複雑なものにし、破壊手段の私的所有の現実形態をノーマルなものとしていると、つまり、組織暴力が公的に独占されているわけではないと、あるいは、もはや、そうありえないと判断したほうが妥当のように思われる。すると、ひとつの逆説が浮上することになる。それは、近代国家のアイデンティティにとって不可欠であるし、また、テロに対するグローバルな戦争において日々に提示されているように、正当な組織暴力と不当な組織暴力との区別がつかなくなっているという問題である。

　近代国家の組織暴力の正統な独占が疑問視されるなかで、いくつかの例外はあるにせよ、国家が破壊手段を生産しうる自律的能力をもっているとする考えも、この数十年間に崩れだしている。工業生産がグローバル化されているように、国家安全保障の点からコントロールと規制が強化されているにしろ、暴力手段の生産もグローバル化されている。自律的な国防産業の基盤を維持し、育成することは近代国家の存続の中心課題であるとしても、それが一般的というより、例外的状況となる傾向が強まっているのではあるまいか。1960年代以降、軍事生産技術はグローバルに拡散し、アメリカとヨーロッパに限らず、多くの国々がミサイルや高性能戦闘機を生産し、生物化学兵器システムを開発しうる力をつけている。さらには、急速な産業化のなかで、多くの国家は一連の殺傷兵器を開発しうる力も強めている。国家と非国家組織とを問わず、大量破壊兵器（核兵器と生物化学兵器）の技術が拡散することは、知識と運用の不法なグローバル・ネットワークを広げることになるだけに、グローバルなレベルの重大な安全保障の問題となる。だが、1990年代以降、冷戦の終焉に対応して防衛産業部門の合理化と集中が進み、この部門の超国民化も起こったといえるが、第1級の武器生産国（アメリカ、フランス、イギリス）は別として、自律的な防衛産業の基盤を維持しようとする諸国が少なくなっている（Skons 1994）。この点で、ビツィンガーは、「この部門の産業は、ナショナルとグローバルな規模で類をみない再編過程に入っている」と指摘している（Bitzinger 2003）。スウェーデンの最近の防衛研究誌は、スウェーデンは「これまでのように国民的規模で防衛産

業を支えることができなくなっている」と述べているし、日本すらも国産化（自律化）は非現実的であることを認めている（Bitzinger 2003：53）。第1級のハイテク軍事産業国に限らず、多くの諸国においても国防産業基盤は、より広く武器生産のグローバルな分業体制に組み込まれるようになっている（Bitzinger 2003）。より限定的ではあるが、この点は、防衛技術の改革能力を独自に保有しているとはいえ、第1級の生産国にも妥当する。だが、ビツィンガーは「武器生産の多くは、さらに、グローバル化と体系化を強め、位階化している」と判断している（Bitzinger 2003：81）。

　グローバル化の現状は、「新中世主義」や「暗黒の時代」にたとえられることが多くなっている。主としてヘドリー・ブルの世界秩序の将来像に関する古典的分析に依拠して、「新中世主義」を「暗黒郷（デストピア）」であるとする論者もいる。つまり、生活様式をめぐって世界は分裂し、政治的権威の分断状況が起こるなかで、組織暴力のコントロールの分権化も進み、周辺地の根強い紛争が平和の中心地を襲うことになるとする（Bull 1977）。これがモダニティのグローバル化とこれに対する抵抗の世界であり、暴力手段のコントロールは拡散し続け、恒常的平和を求める戦争が不断に起こるだけでなく、国家は自らと競合し、あるいは、下位や両側に位置する公私の諸機関と政治的権威を共有することになるとする。現代の説明というより、ひとつの規定であるとしても、その姿は現状を捉えているといえようが、いくつかの誇張も認めることができる。それは、「アナーキーの到来」であるとしているだけに、暴力や戦争に訴えることなく世界の安全地域がどのように集団的に管理され、規制されているかという点を見落としていることである。こうした視点を欠くことから、保守的で単純な世界秩序観が導かれ、必要な場合には、武力の威嚇ないし行使をもって秩序を維持しうる単一のグローバルなリバイアサンが、つまり、ヘゲモンが、あるいは、何らかの帝国型形態が求められることになる。さらには、暴力と無秩序は、グローバル化の歴史的構成要素であるというより、グローバル化の全く新しい現象であると解釈されている。新しい戦争とテロ型暴力は組織暴力のグローバル化の特有の現象であるといえようが、武力と強制力は、歴史的には、ジンギス・カーンや征服者たちのはるか以前からグローバリズムにつきものであった。

かつては、グローバルな権力の城砦にいる人々は、暴力的手段をもって抵抗ないし対抗しようとする人々から守られていたとしても、今や、距離がその役割を果たしえなくなっている。恐怖の文化史のなかで、ジョアナ・バークは闘争根本主義の台頭について述べ、「長いあいだ、中東、アフリカ、旧ソヴィエト共和国を跋扈していた"新しい戦争"は、今や、アメリカとイギリスに飛び火し、避けがたい恐怖心を煽っている」と述べている（Bourke 2005:358）。世界はグローバル化の終焉を迎えているわけではない。また、歴史的には、グローバリズムは組織暴力によって形成され、これを媒介ともしてきたわけであるから、新しい「暗黒の時代」に軍国主義が再浮上することはないとはいえないことになる。

4 組織暴力とグローバル化理論の限界

　帝国の大時代のなかで、カール・マルクスは「現実の歴史的征服と隷属化や強盗と殺人が、要するに、暴力が大きな役割を果たしている」と指摘している（次に引用。Keane 2004:80, 10）。リベラル派と現実主義派とを、あるいは史的唯物論者とを問わず、国家拡大主義や帝国主義の古典的理論は、近代のグローバルな秩序の形成に果たした組織暴力の中心的位置について多くの指摘を残している。これにたいし、現代のグローバル化論の多くは、グローバル化を民主的平和の生成と普及に結びつけがちである。方法は多様であれ、いずれも、今日の暴力のグローバル化に特有の歴史的形状や特殊な形態の説明を欠いている。資本主義国家が平和の中心であるとする考えは、古典と現代の理論を問わず、資本主義的グローバル化を帝国主義間対立や資本主義間紛争の不可避性と結びつける理論とは対立する位置にある。資本主義的グローバル化の有益な性格というリベラルな概念と周辺地域への軍事介入とは調和しえないし、非国家型暴力のグローバルな台頭や列強間戦争の衰退は現実主義に難問を提起している。バーカウィが指摘しているように、求められていることは暴力のグローバル化の歴史社会学である。つまり、組織暴力がどのようにグローバル化の構成要素

となり、逆に、グローバル化のなかで組織暴力がどのように形成されているかを説明しうる組織暴力の理論である（Barkawi 2004）。要するに、永続的平和と永続的戦争の力学の体系的連関を説明しうるだけの分析が求められていることになる。

　古典的帝国主義論は組織暴力のグローバルな社会的関係の説明を試みてきた。ボブソン、レーニン、ブハーリンは独占資本主義が帝国主義の主要な原因であるとし、列強間の対立と戦争が不可避であることを強調している（Brewer 1980）。また、カウツキー、ヒルファーディング、エンジェル、シュンペーターのような論者たちは、資本主義とはもっと平和的であって、資本主義的平和の地帯を、あるいは超(ウルトラ)帝国主義の形態を生み出しうるとみなしている（Brewer 1980 ; Doyle 1997）。程度の差はあれ、こうした古典的論述に共通することは、ある種の経済主義であって、この視点から、戦争と平和は、それぞれ、軍事型独占資本主義であると、あるいは、生成期の経済的相互関係の自然な所産であると説明している。この種の経済主義は現代のグローバル化論にも影を落とし、リベラルな分析は暴力のグローバル化を軽視し、史的唯物論は経済のグローバル化を帝国主義の形態に過ぎないと解釈している。いずれも不十分なものとならざるをえないのは、既述のように、組織暴力がグローバル化の大きな構成要素となっているだけでなく、わけても、ピーターゼやダフィールドが指摘しているように、グローバル化と帝国主義が固有の超国民的な社会的形状を呈しているからである（Duffield 2001 ; Pieterse 2004）。ピーターゼが指摘しているように、「19世紀後期の新帝国主義、冷戦、新自由主義的グローバル化が、さらには現代が、すべて帝国で括られてしまうと、こうした局面の違いをどこに求めるべきか」という疑問が浮上せざるをえないことになる（Pieterse 2004 : 37）。グローバル化が支配の形態であることは明らかであるにせよ、ブハーリンですら、支配の形態がすべて帝国主義で括られうるわけではないと指摘している（Bukharin 1917. reprinted 1976: 114）。

　今日のグローバル化論の多くは、こうした経済主義を踏襲している。民主政の平和論からリベラルな制度主義に至るまで、オーソドックスなリベラル派の思考においては、経済のグローバル化は、主として、平和の推進力であって、

民主的資本主義国家間の体系的な相互依存関係を生み出しうるものであるから、民主的な安全保障のコミュニティが形成され、組織暴力は時代遅れのものとなりうるとする（McGrew 2002）。だが、組織暴力のグローバル化が、また、(とりわけ)経済のグローバル化が、世界の多くの地域で頻発し激化している紛争や暴力的対立に、どのようなインパクトを与えているかという問題が分析されているわけではない（Barkawi and Laffey 1999）。他方、史的唯物論者たちの多くは、この問題に取り組んでいるとしても、現実主義派や新保守主義者と同様に、それほど説得的な理論を提示しているわけではないし、グローバル化と平和的資本主義との関係が、つまり、列強型戦争がなぜ勃発しないのかという問題は手つかずの状況にある（Brewer 1980；Donnelly 2000；Ikenberry 2001）。こうした限界があるからこそ、世界政治に別の、もっと歴史的・社会学的アプローチによって組織暴力をグローバルな脈絡に設定しようとする方向が、つまり、現代の暴力のグローバル化と戦争の妥当な歴史社会学が求められているのである（Mann 2001；Hobson 2002；Shaw 2005；Barkawi 2006）。

　国際関係論の歴史社会学分野において、多領域的・多次元的な構造主義的グローバル・モダニティ論ないし世界史発展論が生成している（Hobson 2002；Hobson and Hobden 2002）。とりわけ、マン、ギデンズ、ティリーの著作に依拠し、また、ネオ・ウェーバー的視点からグローバル・モダニティが説明されている。これは、生産力と破壊力のいずれであれ、単一の決定的因果力を拒否し、グローバル・モダニティの歴史的偶発性や経済・政治・技術・社会・軍事などの因果的諸力が複合するなかで、時空を超えて固有の制度的脈絡に結実し、個別の国民的ないし文化的形態が生産されることになるとする（Mann 1986；Giddens 1990；Tilly 1990）。この種のネオ・ウェーバー的存在論が現代のグローバル化論に影響を与えているのは、現代のグローバル化が多中心的・多次元的な弁証法的過程であって、社会諸力の複合的平行四辺形の所産であるとみなされているからである（Mann 1997；Held, McGrew et al. 1999；Kohane and Nye 2003；Bayly 2004；Holton 2005；Scholte 2005）。こうした著作が主張しているように、わけても経済・社会・政治・生態の次元がグローバル化の重要な位置にあるといえるが、これと並んで、新旧のグローバル化の歴史と力学の説明においては、物理

的ないし強制的次元も重視されてしかるべきである。国家主義と非国家主義のいずれの形状を帯びるにしろ、組織暴力がグローバル化を組成していたし、その状況が変わったわけではない。さらには、組織暴力のグローバル化は、他のグローバル化の諸次元と結びつけて理解すべきであるし、次元相互の因果関係も軽視すべきではない。また、歴史の脈絡が異なれば、ある次元が他の次元を強化したり、あるいは規制することも起こりうる。例えば、組織暴力がよき時代の形成に不可欠であったとしても、グローバルな戦争のなかで、その時代は崩壊している。事態は変わったのではないかといわれてはいても、(今のところ)テロに対するグローバルな戦争のなかで、貿易と資本のフローは実質的インパクトをほとんど受けていない(Scholte 2005)。バーカウィはこうした組織暴力のグローバル化に関する歴史的-社会学的アプローチを次のように約言している。「戦争はグローバル化の一例に過ぎないものではなくて、グローバル化の主要メカニズムのひとつであり、グローバル化の駆動力である」と (Barkawi 2006:92)。

　組織暴力が現代のグローバル化の構成要素であるとすると、グローバル化の経済と政治などの次元も根深い無秩序と紛争の、また世界の多くの地域を襲っている暴力の重要な要因であることになる。リベラル派の多くの議論にみられがちなことであるが、経済のグローバル化は豊かな諸国において民主的平和の条件を生み出すとされる。だが、こうした因果的理解は、恐らく、当てにならないだけでなく、直接的であれ間接的であれ、グローバル資本主義の周辺地域において、集団的暴力とどのように結びついているかを無視することにもなる。とくに、経済のグローバル化が、多くの途上諸国において社会的・倫理的・政治的緊張関係を強め、集団的暴力や「新しい戦争」と結びついていることは指摘しておくべきであろう (Duffield 2001;Black 2004;Kaldor 1999)。この点で、ブラックは、周辺地域における集団的暴力について述べるなかで、「グローバリズムは、紛争の可能性を高めていることにもみられるように、その主要な原因のひとつである」と指摘している (Black 2004:4)。同様に、ザイールやコロンビアにみられるように、多くの紛争は、地域に特有の原因だけによるというより、グローバルなインフラが重なっていることは明らかである。グローバル

化した世界において、この種の紛争を封じ込め、経済のグローバル化の諸矛盾のひとつによって豊かな諸国の民主的平和を支えている諸条件が切り崩されないようにしようとしても、これは困難であるといわざるをえない。というのも、ダフィールが指摘しているように、「低開発が紛争と犯罪活動や国際的不安定の原因となる恐れが強まっている」からである (Duffield 2001: 7, 37)。さらには、文化のグローバル化や西洋化に対する抵抗は強い暴力を呼び、南北のいずれを問わず、国家と社会において、また、両者をまたぐかたちで広がっていることにも注目すべきである。南北が人々と商品やイメージのみならず、武器や細菌と不法活動などのフローによっても結びつきを深めているかぎり、民主的平和が偶発的なものであるだけでなく、脆いものであることも明らかになっている。だからこそ、第二次イラク戦争以前において、とりわけ、近年に至って人道的・軍事的介入の問題がグローバルな政治的アジェンダとして浮上したのである (Wheeler 2000)。

9.11事件が起こるまえに、ショルトは適切にも、「グローバル化とは平和のことであるとみなすことは、危険な自己満足に過ぎない」と指摘している (Scholte 2000:211)。また、カルドア、ダフィールド、バーネットが論じているように、リベラルな平和を長期的なものとしうるかどうかは、南北を越えて安全保障とはどのようなことかについて合意が成立しうるかどうかに、つまり、グローバルなレベルで政治・経済・安全保障の複合体をつくり、多様な人々からなる運命共同体に結束しうるかどうかにかかっている (Duffield 2001; Barnett 2004; Kardor 1999)。とりわけ、9.11事件以降、社会ないし社会編成がグローバル化の形式的インフラに選択的に包括され、あるいは、排除される状況が強まっているだけに、今や、開発の安全保障化が求められるようになっている。だが、こうした公式的ネットワークから排除しうるとしても、社会諸勢力を非公式の不法なネットワークから排除することはほとんど不可能である。この点で、ダフィールドは「戦争用のネットワークと平和のネットワークとを分離し、あるネットワークが不法であるとはいえない状況にある」と指摘している (Duffield 2001:190)。恒常的平和と恒常的戦争の地帯を地理学的に区分しうるとしても、グローバル化のなかで物質的・社会的・存在論的に両者は基本的に

一体化している（Barkawi and Laffey 1999)。すると、「(リベラルな民主的)中心とそれ以外の地域とは不可分の関係にあるという認識と結びつかざるをえないことになり、(グローバルな)システムを(リベラルな)平和と戦争の地域に区分するのではなく、構造的に一対のものとして分析すべきことになる」(Barkawi and Laffey 1999:412)。というのも、こうした構造的総体のなかで、国家と非国家のいずれによるものであれ、「内外でリベラルな空間を拡大し、あるいは、これを守るために」、さらには、こうした目的に抵抗し対抗するためや他の生活様式を展開するために、組織暴力に訴えうるからである（Barkawi and Laffey 1999:422)。組織暴力のグローバル化とグローバル化の内在的暴力は、これまでと同様に、有機的に結合している。

5 戦争の新ルールか――グローバルな暴力のグローバルな規範

　組織暴力がグローバル化するなかで、世界政治に占める武力の生産・脅威・手段あるいは行使について重大な規範的問題が再浮上している。とりわけ、国民間の関係を超える暴力が出現するに及んで、組織暴力を規制している既定の国際規範の有効性が問われ、その実質的な手続きや制度が疑問視されだしている。というのも、戦争から武器規制に及ぶ既存の規範と法は、主として、国際社会の成員によって、つまり、国家とその主要機関によって設定され、自らを対象としたものにほかならないからである。もちろん、重要な例外も認めることができる。例えば、ニュールンベルク戦争法廷は、個人が戦争犯罪や人道に反する罪に問われた場合でも、国家理性をもって救済されるとする伝統的理解に歯どめをかけることになった。コスモポリタンな法と規範の構造が組織暴力に関する既存の国際司法と規範のレジームにも導入されているとしても、その体制は、なお、圧倒的に国家中心型構造にある。グローバル化は、とりわけ、組織暴力の機関や正統性について、また、そのコントロールについて、こうした国家中心主義に重大な挑戦を突きつけることになったし、武力の正統的行使についても新しい倫理的ジレンマを提示することにもなった。この点で、

ファーガソンとマンスバッハは、グローバル化のなかで法的・倫理的逆説が浮上することになったのも、市民は国際的な法と規範のレジームによって、より強く保護されてきたわけではないにしても、公式の戦争が終焉してもなお、これほど危険な状況にさらされることはなかったからであると述べている (Ferguson and Mansbach 2004 : 263)。

　最も重要な規範的変化のひとつを人々の安全の言説(ディスコース)の制度化に、つまり、個人とコミュニティの安寧とその具体的展開を守り、増進するという言説に認めることができる (Thomas 2000 ; Newman 2001)。人々の安全はナショナルとインターナショナルな秩序の規制原則とかかわるものであるだけに、伝統的国家観や国際的安全保障観を制約するものとならざるをえない。個人と社会が何よりも重視されることになるから、国民的ないし国家の安全の原則と必ずしも一致するわけではないし、両者と対立する場合も起こりうる。人類の安全をめぐる規範的論争には、国連の人間の安全保障委員会や一連のグローバルな開発と安全に関する機関にもみられるように、コスモポリタンな哲学が底流しているのであって、この哲学は普遍的人権レジームの場合のように、世界的秩序のルールとなったウェストファリア型国家中心主義的原則とは緊張関係にある。コスモポリタニズムは個人や人類の安寧に不可欠の諸条件を何よりも重視し、相互に深く結びついた世界においては、人々の倫理的義務と責任が領土に拘束されるわけではなくて、運命の共有の視点から、国境を越えるものであることを強調することになる。これは平凡なことのようにみえて、この義務には人道的見地から軍事介入が求められ、それが正統化されるかとなると、換言すれば、グローバル化とは見知らぬ人々をも救うべき義務があることを意味しているかとなると、きわめて困難で論争的な疑問が浮上せざるをえない (Wheeler 2000)。

　人道的介入とウェストファリア型世界秩序とがおさまりの悪い状態になったのも、後者が国家主権や領土の安全を何よりも重視するからである。だが、世界が連関化を深めている状況において、国内の安全、低開発、暴力的対立が国境やリージョンを越えるものとなると、コソボやソマリアなどの例にもみられるように、国際的コミュニティは介入か非介入かという現実的問題に直面せざるをえなくなる。また、グローバル化のなかで、国際社会は、どのような場合

に政府が人道に反する罪を犯し、自らの市民を虐待しているかについて、重大な道徳的選択を迫られることにもなる。国境を越える倫理的義務という問題は今日のグローバル化の局面以前にも問われていたことではあるが、今や、これは喫緊の課題となっている。というのも、メディアがグローバル化するなかで、多くの急を要する事件が可視的なものとなっているだけでなく、不正に対して国際的に介入し、あるいは匡正しうるだけの力は、総じて、確かなものともなっているからである。グローバル化が起こったから見知らぬ人々を救うべきことになったわけではないといえるのも、こうした義務は、世界的相互関係の深まりのいかんを問わず、当然のことに過ぎないからである。とはいえ、人道的介入やグローバルな配分の正義（貧困を歴史にする）とかかわるかどうかを問わず、グローバル化のなかで、国境を越える義務をめぐる倫理的討論が浮上しているし、政治的にも注目すべきものになったといえる（Caney 2005）。

　見知らぬ人々を助けるべきかという問題のほかに、組織暴力がグローバル化するなかで、武力の規制と結びついて別の規範やレジームが不安定化しているという問題がある。それは、アルカイダの跳梁にもみられるように、複雑なゲリラ型戦争が登場するに及んで先制攻撃や予防攻撃論の合理性や正統性の倫理的・法的不安定状況が生まれたということである。また、非公式の暴力がグローバル化するなかで、より根本的問題も浮上している。それは、国家が正統的暴力を規範的・法的に独占しうるとする考えは限定的なものであって制約に付すべきかどうか、非公式の、あるいは非国家型の暴力は正統でありうるか、また、どのような場合に正統なものとなりうるかという問題である。さらには、組織暴力の商業化と民営化が起こっている状況に至って、こうした武力にどのような規範や法のルールを適用し、どのように制御すべきかという重大な問題も浮上している（Singer 2004；Avant 2005）。公式の（ナショナルな、ないしインターナショナルな）公的規制を欠いている状況において、商業型武力のガヴァナンスが、複合型の（公私の）グローバルなレジームにおいて、すでに独自に展開している（Avant 2005；Tripathi 2005）。こうしたレジームのひとつが安全と人権の自発的原理であり、このレジームによって、グローバルな抽出産業部門における公私の安全保障活動を規制するための規範的枠組みが設定、実施されている

(「ビジネスの社会責任」、Council 2005)。超国民的組織犯罪についてはいうまでもなく、突発的で複雑な戦争の勃発と結びついて組織暴力のグローバル化と商業化が進むなかで、一部の論者が注目しているように、武力行使のコントロールが大きく分散しているだけでなく、集団的暴力を法的・規範的に規制しえないという状況も生まれている（Leander 2002；Ferguson and Mansbach 2004：245；Leander 2004)。そのなかで、重要なことに、戦闘員と非戦闘員とを実質的に区別しないままに暴力が無差別に行使されるという状況も起こっている。この点で、ファーガソンとマンスバッハは「今日のように、国民間を超える暴力には、総じて、国家理性とは別のために戦う非主権型の戦闘員が含まれている」だけに、武力行使に対する規範的・法的規制を実質的に超える場合が多くなっていると判断している(Ferguson and Mansbach 2004：272)。すると、組織暴力のグローバル化は、集団的暴力と軍事力をグローバルに規制するという点で、その実効的規範や制度的構想と法原則について公的に検討しなければならないという問題を提起していることになる。

6 コスモポリタニズムと暴力のグローバル化
──討議型超国民主義とグローバルな安全保障のガヴァナンス

ボーマンによれば、討議理論が、近年、「成熟期」を迎えたとされる(Bohman 1998)。現代の民主政理論において、討議型制度は代議制民主政に替わるものであると、あるいは、これを補完する位置にあるとみなされている。討議制のメカニズムは、リベラルな代表民主政には包括性、正統性、問題解決能力に欠けるところがあるとし、この欠点を克服しうるものとして登場している。ボーマンは、討議制によって「不利な状況においても、民主政の問題解決力を高めることができる」とする（Bohman 1998)。この種の状況として、彼は、社会紛争、文化多元主義、格差の拡大、テクノクラシーの登場を、また、公共政策の多くが複雑さをきわめ、分化していることを挙げている。討議制が制度化されることで、社会の対立や意見の不一致状況においても社会的協力を高めうるだけでなく、そうした状況そのものが討議制の「存在理由」となりうると

する（Bohman 1998）。この種の制度によって、不和や意見の齟齬が討議の対象とされ、その状況が公開されることで、どの範囲で同意が成立しうるかについて、また、その根拠についても明らかとなり、社会的協力の基盤が確立されうるとする。さらには、討議には理由の開陳や社会的学習と論争が含まれることになるので、重要なことに、近代社会が抱えている「不利な環境」においても、より実効的で説明責任に耐えうる正統なガヴァナンスが成立しうるとする（Bohman 2000; Dryzek 2000）。討議民主政の提唱者たちは、この原理によって市民が積極的に関与し、実質的民主政の実現に近づきうることになるから、実効的で正統な問題解決のメカニズムを媒介として手続き民主政を高めうるという点では、単なる機能的論理にとどまるものではないと主張している。

　政治学において「討議型転回（デリバラティブ・ターン）」が起こっているだけに、国際関係（IR）論においても討議型分析に取り組むことが求められることになった。国内次元において討議制の理論化と制度化が求められることになった「不利な状況」は、IRの研究者がグローバルな脈絡を問題としているだけに、おそらく、より明確なものになろう。この種の状況とは、文化的・社会的多元主義、紛争と不和、テクノクラート型と官僚型のガヴァナンス形態の優位、排除、政治的・社会的対立を挙げうるが、これはグローバル政治の実態でもある。それだけに、グローバルな規制について、より実効的で正統な形態を案出しようとすると、より困難なものとならざるをえまい。さらには、グローバルな民主的文化やグローバルなデモスは存在しないわけであるから、グローバル・ガヴァナンスの民主化を望むことは絶望的なことのようにも思われる。しかし、討議制を制度化すべきであるという議論は、同質のデモスが存在せず、また、社会協力の条件と目的が一致していないことを前提としているわけであるから、討議理論は、グローバル・ガヴァナンスの包括的で正統な民主的形態の構図について検討し、どのような機能様式によって、より平和な世界をつくることができるかを分析するための妥当な方法ともなりうる。だからといって、あらゆる形態の討議理論が本質的に有益なはずであるといっているわけではない。この点で、コーエンやサベルは、「実践的問題に対処しうる最善の方法について論じていると受け止めると、討議制とは、必ずしも民主的なものとはいえず、閉じられた機関

がきわめて重大な決定を迫られた場合において機能しうるものであって、当事者の多数の意見や利害を考慮するものではない」と指摘している（Nanz and Steffek 2003）。重要なことは、討議一般と民主的討議とを区別することである。

両者を分けるにあたっては、討議制の不可欠の要件と目的が重要な問題となる。この点で、ボーマンの理論を挙げることができる。彼は、討議が民主的なものとなりうるには次の条件が求められるとする。それは、(i)全当事者の(あるいは、これに類する原則のいずれによって規定されるものであるにしろ) 包括性、(ii)討議過程の公開性ないし公表性、(iii)手続きの公平性、(iv)全関係者に対する説明責任、(v)集合的利益ではなく公共善を実現しようとする意欲、これが求められるとする（Bohman 2000）。民主的討議は、実行可能性という点では現在も制約に服しているとしても、討議の過程をできるだけ包括的で開かれ、公的なものとすることで、「不利な状況」においても公的意思を形成するという目的と結びつきうることになるし、「討議型説明責任」の概念を意味することにもなる。つまり、公共政策が、単に、事後的な権威的宣言として現れるのではなくて、その形成過程においては政治的対等者間の対話が(事前と事後とを問わず)常に繰り返されなければならないことになる（Hunold 2001）。

国際関係論においても「討議の転回(デリバラティブ・ターン)」に弾みがついている。こうした状況が起こったのは、グローバル・ガヴァナンスの複合体が広がるなかで、その正統性や民主政の欠如も浮上することになったが、討議の理論はその有効な規範的原理を提示しているようにみえるからである。また、グローバル政治に占める超国民的市民社会の力の高まりを、さらには、ソフトな力、ないしコミュニケーションの力の重要性の高まりを視野に収めうるものであるともみなされているからである（Bohman 1999；Risse 2000；King 2003）。もちろん、すでに検討したグローバルな暴力の問題の場合と同様に、グローバルな舞台で討議型分析がどの程度の有効性を発揮しうるかとなると、疑問視されてしかるべき理由も存在している。この問題を脇にとどめおけば、「討議型スプラナショナリズム」、「討議型マルチラテラリズム」、「討議型トランスナショナリズム」に関する研究が高まっていることに鑑みても、「討議」は慎重な検討に付されてしかるべきであろう（Bichsel 1996；Bohman 1999；Dryzek 1999；Joerges 2002；King 2003；Nantz and Steffek 2003；Verwuij and Josling 2003；Slaughter 2004；Mason 2005）。だが、こうした研究の多くはグローバル・ガヴァナンスの社会経済的次元に討議制を導入すべきかどうかをめぐるものとなっていて、組織暴力の規制という点から討議型メカニズムが検討されているわけではない。平和主義からリベラルな理念論に至る長い歴史に鑑みると、また、紛争予防が「会話の対象」とされるべきであるだけに、これは、やや奇異なことである。だが、これは理解できないわけではない。というのも、組織暴力のグローバル化が最も厄介な紛争の種となり、その対応には強制力の威嚇ないし行使が求められることにならざるをえないだけに、組織暴力のグローバル化が討議という理念の最大の試金石となって、討議型グローバル・ガヴァナンスの原理そのものが頓挫しかねないという問題を含んでいるからである。

　討議制は、ミニマルな展望として、全当事者の共存と寛容を、また、紛争の種や原因が公開されうる制度的空間を想定している。この点で、理論家たちは、主として、次の3つの機能を討議型の実践に求めている（Bohman 2000；King 2003; Smith 2003；Richardson 2002；Fischer 2003）。それは、第1に、討議によって参加者が利用しうる情報の質が改善され、意見の違いや対立の原因が明らかにされるとともに、参加者に政策の選択肢が開かれたものとなりうることである（「討議の認識論的機能」）。第2に、討議によって利害と参加者の理解が鋳直されるわけであるから、代議制のコンセンサス形成型ガヴァナンス様式の場合よりも、いくつかの点で社会的共存と協力の度合いが深まり、形態の変容を期しうることである（「討議の変容機能」）。換言すれば、討議によって、ガヴァナンス体制の実効性と正統性が改善されうることになる。そして、第3に、討議によって集団の安全や人々の安全策に関する決定のメカニズムが形成され、権力行使の任にある人々の責任が正統化されうることである（「討議の理性賦与機能」）。

　コスモポリタニズムとは平和主義を内在した教義ではなく、極端な場合には、組織暴力に訴えることで、コスモポリタンな価値を保守すべきであるとするものであるから、武力については一定の曖昧さをとどめている。ヘルドやカルドアを含めて、コスモポリタン派民主政論者は、集団的な安全保障制度や多極型の武力については、これを国連ないしリージョンの政治機関に委ねるべきであ

るとしている。また、コヘーンやエッカーズレイたちはコスモポリタンな原理に人道的ないし生態保全の原則を求めている（Buchanan and Keohane 2004；Eckersley 2005）。だが、こうした構想の多くは、既存のグローバルな、また、リージョナルな安全組織の転換を求めるというより、改革案にとどまるものであって、制度構想について踏み込んだ考察が展開されているわけではない。これまでの検討でも明らかなように、戦争状態の性格が変わりつつあり、また、組織暴力がグローバル化している状況に鑑みると、コスモポリタニズムには、今や、既存のグローバルな安全保障機構の漸次的改革にとどまらないものが求められていることになる。

　討議理論からすると、安全保障会議のようなグローバルな、また、リージョナルな安全保障機関は代表機関に過ぎないものではなくて、もっと討議型の包括的な機関とすべきことになる。決定の影響を受ける人々は決定に与るべきであるとする原則からすると、国連改革案はもっとラディカルなものとならざるをえない。討議理論の直接的関心は社会紛争を対象としているだけに、討議型メカニズムは不満について発言するための、また、不正が暴力に転化することを防ぐためのチャンネルである。討議理論は、この点についても重要な指摘を提示していることになる。人道的介入の妥当な倫理的基盤の規則化に腐心するあまり、権力の論理を反映しがちとなるので、コスモポリタニズムは、紛争の予防と解決という点から、グローバル、リージョナル、トランスナショナルなレベルの機構の設定について声を大にすべきである。こうした改革と結びつくことで、討議型民主政の理論はコスモポリタン型のグローバルな安全保障複合体構想に重要な一石を投じうることになる。

〈参考文献〉

Angell, N. (1933 (orig.pubn.1908)) *The Great Illusion*. London, William Heineman.

Avant, D. (2004) "The Privatization of Security and Change in the Control of Force." *International Studies Perspectives* 5, 153-157.

―― (2005) *The Market for Force: The Consequences for Privatizing Security*, Cambridge, Cambridge University Press.

Barkawi, T. (2004) "Connection and Constitution : Locating War and Culture in Globalization Studies.", *Globalizations* 1(2), 155-170.
—— (2006) *Globalization and War,* Oxford, Rowmann and Littlefield.
Barkawi, T. and Laffey, M. (1999) "The Imperial Peace : Democracy, Force and Globalization", *European Journal of International Relations* 5(4), 403-434.
Barnett, T. P. (2004) *The Pentagon's New Map: War and Peace in the Twenty -First Century,* New York, Putnam（新崎京助『戦争はなぜ必要か』講談社インターナショナル、2004年）.
Bartlett, C. J. (1984) *The Global Conflict 1880-1970,* London, Longman.
Bayly, C. A. (2004) *The Birth of the Modern World,* Cambridge, Cambridge University Press.
Bhattcharya, G. (2005) *Traffick-the Illegal Movement of People and Things,* London, Pluto Press.
Bichsel, A. (1996) NGO's as Agents of Public Accountability and Democratization in Intergovernmental Forums, *Democracy and the Environment,* W. M. Lafferty and J. Meadowcroft, Brookfield, VT, Edward Elgar.
Bitzinger, R. A. (2003) Towards a Brave New Arms Industry ? *Adelphi Paper 356,* London, IISS-Oxford University Press, 102.
Black, J. (1994) *European Warfare 1660-1815,* London, University College London Press.
—— (1998) *War and the World 1450-2000 : Military Power and the Fate of Continents,* New Haven, Yale University Press.
—— (2002) *Europe and the World 1650-1830,* London, Routledge.
—— (2004) *War and the New Disorder in the Twenty First Century,* London, Continuum.
Bohman, J. (1998) "The Coming of Age of Deliberative Democracy." *Journal of Political Philosophy* 4(4), 418-443.
—— (1999) "International Regimes and Democratic Governance: Political Equality and Influence in Global Institutions", *International Affairs* 75(3), 499-.
—— (2000) *Public Deliberation - Pluralism,Complexity and Democracy,* Cambridge MA, MIT Press.
Bourke, J. (2005) *Fear-A Cultural History,* London, Virago.
Brewer, A. (1980) *Marxist Theories of Imperialism- A Critical Survey,* London, RKP（渋谷将・一井昭訳『世界経済とマルクス経済』中央大学出版部、1991年）.
Buchanan, A. and Keohane, R. O. (2004) "The Preventive Use of Force : A Cosmopolitan Institutional Proposal", *Ethics and International Affairs* 18(1), 1-22.
Bukharin, N. (1917 (reprinted 1976)) *Imperialism and the World Economy,* London, Merlin Press （野村武一訳『世界経済と帝国主義』希望閣、1930年）.
Bull, H. (1977) *The Anarchical Society,* London, MacMillan（臼杵英一『国際社会論――アナーキカル・ソサイアティ』岩波書店、2000年）.
Caney, S. (2005) *Justice Beyond Borders,* Oxford, Oxford University Press.
Clark, I. (1997) *Globalization and Fragmentation,* Oxford, Oxford University Press.
Cohen, S. (2003) *Geopolitics of the World System,* New York, Rowman and Littlefield.

Council, B. S. R. (2005) "Voluntary Princples on Security and Human Rights", Retrieved January 15th, 2006, from www.bsr.org/voluntprincip.
Cowen, N. (2001) *Global History.* Cambridge, Polity Press.
Creveld, M. v. (1991) *The Transformation of War,* New York, The Free Press.
Crosby, A. W. (2003) *The Columbian Exchange:Biological and Cultural Consequences of 1492,* Westport, Praeger.
Donnelly, J. (2000) *Realism and International Relations,* Cambridge, Cambridge University Press.
Doyle, M. (1986) *Empires.* New York, Cornell University Press.
―― (1997) *Ways of War and Peace,* New York, Norton.
Dryzek, J. S. (1999) "Transnational democracy", *The Journal of Political Philosophy* 7(1), 30-51.
―― (2000) *Deliberative Democracy and Beyond,* Oxford, Oxford University Press.
Duffield, M. (2001) *Global Governance and the New Wars,* London, Zed Press.
Eckersley, R. (2005) *The Green State,* Cambridge MA, MIT Press.
Ferguson, Y. H. and Mansbach, R. W. (2004) *Remapping Global Politics,* Cambridge, Cambridge University Press.
Fernandez-Armesto, F. (1995) *Millenium,* London, Bantam（別宮貞徳訳『ミレニアム：文明の興亡この1000年の世界』日本放送出版協会、1996年）.
Ferro, M. (1997) *Colonization - A Global History,* London, Routledge.
Fischer, F. (2003) *Reframing Public Policy,* Oxford, Oxford University Press.
Frank, A. G. (1998) *Re-Orient : Global Economy in the Asian Age,* New York, University of California Press.
Freedman, L. (2006) "The Transformation of Strategic Affairs", *Adelphi Papers* 45(April 379).
Giddens, A. (1985) *The Nation-State and Violence,* Cambridge, Polity Press.
―― (1990) *The Consequences of Modernity.* Cambridge, Polity Press（松尾精文・小幡正敏訳『近代とはいかなる時代か？モダニティの帰結』而立書房、1993年）.
Goldeier, J. M. and McFaul, M. (1992) "A tale of two worlds : core and periphery in the post-cold war era", *International Organization* 46(2), 467-491.
Headrick, D. R. (1981) *The Tools of Empire-Technology and European Imperialism in the Nineteenth Century,* Oxford, Oxford University Press（原田勝正ほか訳『帝国の手先――ヨーロッパ膨張と技術』日本経済評論社、1989年）.
Held, D., McGrew, a. A., et al. (1999) *Global Transformations : Politics, Economics and Culture.* Cambridge, Polity Press（古城利明ほか訳『グローバル・トランスフォーメーションズ――政治・経済・文化』中央大学出版部、2006年）.
Hirst, P. (2001) *War and Power in the 21st Century.* Cambridge, Polity Press.
Hobsbawm, E. (1994) *Age of Extremes - The Short Twentieth Century 1914-1991,* London, Michael Joseph（河合秀和『20世紀の歴史――極端な時代』三省堂、1996年）.
Hobson, J. M. (2002) The Two Waves of Weberian Historical Sociology in International

Relations, *Historical Sociology of International Relations,* S. Hobden and J. M. Hobson. Cambridge, Cambridge University Press, pp63-82.

Hobson, J. M. (2004) *The Eastern Origins of Western Civilization,* Cambridge, Cambridge University Press.

Hobson, J. M. and Hobden, S. (2002) On the road towards an historicized world sociology, *Historical Sociology of International Relations,* S. Hobden and J. M. Hobson, Cambridge, Cambridge University Press, pp265-286.

Holton, R. (2005) *Making Globalization,* Basingstoke, Palgrave.

Howard, M. (1984) The Military Factor in European Expansion, *The Expansion of International Society,* H. B. a. A. Watson, Oxford, Oxford University Press.

Hui, V. T.-b. (2005) *War and State Formation in Ancient China and Early Modern Europe,* Cambridge, Cambridge University Press.

Hunold, C. (2001) "Corporatism, Pluralism and Democracy : Toward a Deliberative Theory of Bureacratic Accountability", *Governance* 14(2), 151-167.

Ikenberry, G. J. (2001) After Victory, Princeton NJ, Princeton University Press (鈴木康雄訳『アフター・ヴィクトリー ── 戦後構築の論理と行動』NTT出版、2004年).

James, H. (2001) *The End of Globalization.* Princeton, Princeton University Press (高遠裕子訳『グローバリゼーションの終焉 ── 大恐慌からの教訓』日本経済新聞社、2002年).

Joerges, C. (2002) "Deliberative Suprnationalism:Two defences." *European Law Journal* 8(1), 133-151.

Kaldor, M. (1999) *New and Old Wars : Organized Violence in a Global Era.* Cambridge, Polity Press (山本武彦・渡部正樹訳『新戦争論：グローバル時代の組織的暴力』岩波書店、2003年).

Kaplan, R. (1994) "The coming anarchy", *Atlantic Monthly* 277, pp44-76.

Keane, J. (2004) *Violence and Democracy,* Cambridge, Cambridge University Press.

Kennedy-Pipe, C. and Rengger, N. (2006) "Apocalypse Now ? Continuities or disjunctions in world politics after 9/11", *International Affairs* 82(3), 539-552.

Kennedy, P. (1988) *The Rise and Fall of the Great Powers,* London, Unwin Hyman.

Keohane, R. (1995) Hobbes dilemma and Institutional Change in World Politics : Sovereignty in International Society, *Whose World Order* ? H.-H. Holm and G. Sørensen. Boulder Col., Westview Press, 165-186.

Keohane, R. and Nye, J. (2003) Globalization: Waht's New? What's not?(And so what?), *The Global Transformations Reader,* D. Held and A. McGrew. Cambridge, Polity Press, 75-84.

Keohane, R. O. (2002) The globalization of informal violence, theories of world politics, and the 'liberalism of fear'. *Power and Governance in a Partially Globalized World,* R. O. Keohane, London, Routledge, 272-287.

King, L. A. (2003) "Deliberation, Legitimacy, and Multilateral Democracy", *Governance : An International Journal of Policy, Administration and Institutions* 16(1), 23-50.

Klein, B. S. (1994) *Strategic Studies and World Order,* Cambridge, Cambridge University Press.
Leander, A. (2002) *Conditional Legitimacy, Reinterpreted Monopolies: globalisation and the Evolving State Monopoly on Legitimate Violence,* Annual Convention of the ISA - Pand on Legitimacy and Violence: Globalisation and the Displacement of the State.
―― (2004) *Eroding State Authority? Private military companies and the Legitimate Use of Force,* Rome, Centro Militare di Studi Strategici.
Lukasik, S. J., Goodman, S. E., et al. (2003) *Protecting Critical Infrastructures against Cyber-attack,* London, Oxford University Press.
Mandelbaum, M. (2004) *The Ideas That Conquered the World: Peace, Democracy, and Free Markets in the Twenty-first Century,* New York, Public Affairs.
Mann, M. (1986) *The Sources of Social Power vol. 1.* Cambridge, Cambridge University Press (森本・君塚訳『ソーシャルパワー ―― 社会的な「力」の世界歴史』NTT出版、2002年).
―― (1997) "Has globalization ended the rise and rise of the nation-state ?", *Review of International Political Economy* 4(3), 472-496.
―― (2001) "Globalization after September 11th", *New Left Review* 12(Nov/Dec), 51-72.
Mason, M. (2005) *The New Accountability,* London, Sage.
McGrew, A. (2002) Liberal Internationalism: Between Realism and Cosmopolitanism, *Governing Globalization,* D. Held and A. McGrew. Cambridge, Polity Press, Chap 10.
McNeill, J. R. and McNeill, W. H. (2003) *The Human Web-A Bird's-Eye View of World History,* New York, W. H. Norton.
McNeill, W. (1982) *The Pursuit of Power,* Oxford, Blackwells.
McNeill, W. H. (1963) *The Rise of the West: A History of the Human Community,* Chicago, Chicago University Press.
Modelski, G. (1972) *Principles of World Politics,* New York, Free Press.
Mueller, J. (1989) *Retreat from Doomsday- The Obsolescence of Major War,* New York, Basic Books.
―― (2004) *The Remnants of War,* Ithica New York, Cornell University Press.
Naim, M. (2002) "Post-terror suprises", *Foreign Policy* 132, p95-96.
Nanz, P. and Steffek, J. (2003) Global governance, participation and the public sphere. *ECPR Workshop.* Edinburgh, ECPR Workshop April.
Newman, E. (2001) "Human Security and Constructivism." *International Studies Perspectives* (2), pp239-251.
Nye, J. S. and Donahue, J. D. (2001) "A World Interconnected by 'Thick Globalism.", *Working Knowledge* Retrieved 18/05/06, 2006, from www.hbswk.hbs.edu/item.jhtml?id=2571&t=globalization.
Osterhamnel, J. and Peterson, N. P. (2003) *Globalization:A Short History,* Princeton NJ, Princeton University Press.
Pagden, A. (2001) *Peoples and Empires,* London, Weidenfeld and Nicolson (猪原えり子訳『民族と帝国』ランダムハウス講談社、2006年).

Parker, G. (1988) *The Military Revolution*, Cambridge, Cambridge University Press.
Pieterse, J. N. (2004) *Globalization or Empire ?*, London, Routledge.
Rasmussen, M. V. (2002) "A Parellel Globalization of Terror:9-11, Security and Globalization." *Cooperation and Conflict* 37(3), 323-349.
Richardson, H. S. (2002) *Democratic Autonomy-Public Reasoning about the Ends of Policy*, Oxford, OUP.
Risse, T. (2000) "Lets Argue: Communicative Action in world politics." *International Organization* 54(1), 1-40.
Robertson, R. (2003) *The Three Waves of Globalization-A History of Developing Global Consciousness*, London, Zed Press.
Rosenberg, J. (2005) "Globalization Theory : A Post Mortem", *International Politics* 42(2), 2-74.
Rozamo, P. (2005) *Zheng-He and the Treasure Fleet 1405-1433*, Singapore, SNP.
Said, E. (1979) *Orientalism*. London, Allen Lane (今沢紀子訳『オリエンタリズム』平凡社、1993年).
Saul, J. R. (2005) *The Collapse of Globalism*, London, Atlantic Books.
Scholte, J. A. (2000) *Globalization - a critical introduction*, London, MacMillan.
—— (2005) *Globalization- a critical introduction*, Houndmills Basingstoke, Palgrave.
Shaw, M. (2005) *The New Western Way of War*, Cambridge, Polity Press.
Singer, P. (2003) *Corporate Warriors-The Rise of the Privatized Military Industry*, New York, Cornell University Press (山崎淳訳『戦争請負会社』日本放送出版協会).
Singer, P. W. (2004) "War, Profits, and the Vaccum of Law: Privatized Military Firms and International Law." *Columbia Journal of Transnational Law* 42(2), 521-544.
Skons, H. W. a. E. (1994) "The Internationalization of the Arms Industry", *American Annals of Political and Social Scienc* 535(Sept.), 43-57.
Slaughter, A.-M. (2004) *A New World Order*, Princeton, Princeton University Press.
Thomas, C. (2000) *Global Governance, Development and Human Security*, London, Pluto Press.
Thompson, J. (1994) *Mercenaries, Pirates and Sovereigns : State-building and Extraterritorial violence in Early Modern Europe*, Princeton NJ, Princeton University Press.
Tilly, C. (1990) *Coercion,Capital and European States AD990-1992*, Oxford, Blackwells.
—— (2003) *The Politics of Collective Violence*, Cambridge, Cambridge University Press.
Tripathi, S. (2005) "International Regulation of Multinational Corporations", *Oxford Development Studies* 33(1), 117-131.
Verwuij, M. and Josling, T. E. (2003) "Special Issue: Deliberately Democratizing Multilateral Organization", *Governance* 16(1), 1-21.
Watson, A. (1992) *The Evolution of International Society*, London, Routledge.
Wheeler, N. J. (2000) *Saving Strangers*, Oxford, Oxford University Press.

(1) ここで、「組織暴力（organized violence）」と呼んでいるのは、国家と非国家の、あるいは、軍事組織と市民組織のいずれを問わず、組織的破壊力ないし武力を配備し、あるいは、行使することである（「人々や対象に物理的ダメージを与える行為」、Tilly 2003：3）。また、「組織暴力のグローバル化」とは超大陸的ないし多大陸的規模で、制圧力を生産し、企図すること、あるいは、その手段の拡散と組織化や行使と威嚇のことである。
(2) これは、オスターハムネルとピーターソンが核絶滅の脅威にさらされたグローバルな運命共同体という意味で使った言葉を援用したものである。次を参照のこと。Osterhamnel, J. and Peterson, N.P. 2003.

第6章
コスモポリタニズムとナショナリズム

フィリップ・レズニック

> ひとりの人間ではなくて、多くの人々が地球を住処とし、世界で生活しているのである。
> ハンナ・アレント『人間の条件（*The Human Condition*）』(p.7)

　ランダムハウス大辞典は「コスモポリタン」を規定して、「地方的・地域的 ^(ローカル　プロヴィンシャル) な、あるいはナショナルなバイアスや愛着心から自由な人々、世界の市民」のことであると、また、オックスフォード英語辞典はコスモポリタンという言葉を説明し、「世界中を住処としていること、多くの領域に関心をもっていること」であるとしている。やや理論的理念に傾むいた疑問ではあるが、コスモポリタニズムはどの程度に21世紀の重要な選択肢となりうるのであろうか。また、より始原的には、国民ないし国民国家と結びついた忠誠の類型をどの程度に克服しうるのであろうか。これが問われなければならない。

　この章では、コスモポリタンの理念は遠い過去に、少なくとも、ギリシア時代に発しているとする。近年に至ってコスモポリタンな理念が復活しているが、これは、部分的であれ、過度のナショナリズムに対する反動に負うところがある。だが、国民国家は、また、これと結びついたナショナリズムは、グローバルなレベルにおける経済と政治の統合という具体的経験と、つまり、一般にグローバル化と呼ばれている事象と結びついた時代に至っても、消滅しつつあるわけではない。すると、コスモポリタニズムが現実主義的なものであれば、より深くナショナルな愛着心に根ざすべきことになろう。

1 コスモポリタンな理念の起源

　コスモポリタンな理念の起源は、古代都市国家崩壊後のギリシア世界に発している。ギリシア時代の支配的哲学はストア主義である。「私は世界の市民である」とはディオゲネスの言葉である[*1]。また、ゼノンは世界都市を規定して、全市民が人定法ではなくて同胞愛で結びついた世界のことであるとしている。つまり、「ゼノンの『共和国 (Republic)』は高く評価されているが、その主旨は、都市ないしデーメ (つまり住民区(パリッシュ)) を中心とし、個別の公正の体系によって日常生活が組織されているのではなくて、すべての人々が等しくデーメの人々であり、同胞の市民なのであって、生活様式と秩序を共通にすべきことに求められる」[*2]。

　皮肉なことは、こうして初めて花を開いたコスモポリタニズムの理念が、従属的住民の自発的同意ではなくて、征服と略奪から生まれた帝国の時代と結びついていたということである。だが、この新しい哲学の精神は、世界中の市民が同胞であるという主張と結合して、それまでの古代世界の特徴であった人種と民族を、あるいは宗教を基盤としたアイデンティティから離脱する重要な一歩となった。

　別のコスモポリタンな理念をもっと普遍的な諸宗教に認めることができる。たとえば、キリスト教は、すべての人々はキリストのもとで同胞であるとする考えに立ち、普遍主義的エトスに立っていた。コンスタンティヌスのローマ帝国の時代にキリスト教が公式の国家宗教となるや、ヨーロッパと地中海世界を統一するための新しい基礎になりうると思われた。だが、周知のように、教義上の深い分裂が起こっている。それは、まず、西 (カトリック) と東 (正統派) の教会で、次いで、カトリックとプロテスタントの対立となって浮上し、キリスト教は統一をあっさりと失うことになった。

　イスラム教も自らの世界を信者の普遍的コミュニティであるとみなしている場合が多いが、例えば、スンニ派とシーア派とのあいだには、あるいは、アラ

ブと非アラブとのあいだには、深い亀裂が認められる。したがって、キリスト教徒と同様に、イスラムの宗教体系も、個別の信条体系の外部の人々にも世界的友愛の精神をもって開かれているわけではないといえる。

　近代に至って、主権の主な容器は国民国家となった。確かに、16・17世紀のイギリスにみられるように、国民であるという固有の意識は宗教と言語に根ざしていたといえよう。*3 また、帝国が成立することで、イギリス人であるという共通の運命感が高まることになった。*4 そして、フランスにおいては、大革命によって、それまで支配的であった君主政的・宗教的観念に替わって国民主権の人民的基盤が成立している。*5 また、ドイツに即してみると、国民の観念が統一的なドイツ国家の成立に先行し、ナショナリズムが台頭するなかで、市民としてのアイデンティティよりも血統や国民としての存在が強く指摘されることになった。かくして、「フランスの人々にあって、1789年以降、国民の概念は共通の政治意思と結びついている。また、ドイツの人々にあって、国民としての帰属感は言語・文化・伝統に依拠している」とされる。*6 他方、ロシアにおいては、汎スラブ主義が西側との対抗感を高めることで、ロシアの固有性の観念が強化されることになった。また、アメリカは革命のなかで生まれ、自らの歴史を明白な運命から捉えることになったし、日本は、明治維新以後、固有の雑種型の伝統と近代化(モダニティ)や帝国的膨張のなかで国民国家の形成を急ぐことになった。

　すると、コスモポリタンな理念が入りうる余地があるといえるのであろうか。みたところ、ないように思われる。だが、すでに18世紀に、アベ・デュ・セント・ピエールは、永遠の平和条約を結ぶことでヨーロッパ諸国の恒常的議会を設置すべきであると述べている。*7 また、カントは、『永久平和 (*Eternal Peace*)』論において、ヨーロッパ列強間の平和と共和政の政府論とを、さらには、自由な諸国の連合とを結びつけ、次のように指摘している。「平和連合 (*foedus pacificum*) と呼んでよかろうが、この種の連合は存在すべきである。……この連合は、国家の権力をさらに強くすることではなくて、各国が個別に、また相互に結束することで、自らと他国の自由を維持し、確保することを目的とするものである」*8 と。これは、固有の強制力ないし法的拘束力をもった単一の世界国家を目指すものではない。というのも、カントは、これは専制に転化すると判

第6章　コスモポリタニズムとナショナリズム　159

断していたからであり、ヨーロッパ規模で、当時の政治的結合体を広範に志向するものであった。

　次の世紀に、マルクスとエンゲルスは、労働者階級の国際連帯が広まると、国民間の敵対関係は共産主義において消滅するとみなした。また、少数であったとはいえ、エミル・デュルケームのような洞察力に溢れた社会学者はナショナリズムに支配された世界とは別の世界を展望し、次のように述べている。「社会が進み、人々の理念がローカルで人種的な考えにとらわれなくなると、ナショナルな目的が人々の生存にとってもっとも重視すべきことではないとする考えが強くなる」と。

　だが、より有力な意見も浮上している。その代表例としてはヨハン・コットフリード・ヘルダーの著作に認めることができる。彼は、言語と文化がドイツのような国民意識にとって重要であるとし、「国民的言語は精神の紐帯であり、教育を伝達し、人々の理念や気風と行為を伝えるだけでなく、前の財産を後の世代に伝える手段でもある」と述べている。また、フランスの歴史家で古典研究者のアーネスト・レナンはナショナリズムのもっとも有力な研究者のひとりであるが、19世紀末に次のように述べている。「ひとつの国民とは、現に自ら払い、いつか、また払う用意にある犠牲感に包まれた偉大な連帯のことである。国民は永遠ではなく、生成と衰退のなかにあり、ヨーロッパ連合がそれに替わりうることもありえよう。だが、これが今世紀の法則とはいえない。今のところ、国民の存在は善であるし、必要なことでもある。その存在によって自由が保障されるのであって、世界がひとつの法律やひとりの支配者によって統治されることになれば、自由も失われることになる」と。植民地型帝国が広がる局面においても、ヨーロッパの国民国家は、何かを作ろうとすると固有の有効性感覚がきわめて重要であることを、あるいは、階級的差異を超えて統一性を作り上げようとすると根強い伝統が重要であることを看過していたわけではない。そして、中欧や東欧の小国家の知識人層や政治指導者といえども、ナショナルな感情を免れようとしていたわけではない。

　20世紀は、多くの目的からナショナリズムが突出した時代となった。ナショナリズムはファシズムや軍事的権威主義の体制を含めて、きわめて破壊的な形

態となって現れ、民族解放戦争と植民地抑圧、ジェノサイドや人種間の虐殺をも呼んだ。ナショナリズムの中心原理のひとつは、「国民(ネーション)がすべての政治的・社会的権力の源泉であり、国民への忠節心が他の一切の忠誠心を凌駕する」とするものである。*14 この意味で、ナショナリズムの精神は、インド亜大陸、コーカサス、中東といった地域では強力で、3つの熱い地帯となっている。また、国連加盟国は200カ国とならんとしているし、言語や文化の点で民族性(ナショナリティ)や民族を構成しているとするコミュニティは5千から1万に及んでいる。そして、失地回復感や民族間対抗には根強いものがみられる。

　他方、第二次世界大戦以降、重要なことに、国民国家のレベルを超えるガヴァナンスの実験も繰り返されている。EUは代表例にあたる。これは、両大戦の流血の体験と、また、独仏などのリーダーたちの戦争廃止意欲と直接的に結びついている。そして、ローマ条約とマーストリヒト条約、ヨーロッパ委員会のような機関、ヨーロッパ議会とヨーロッパ司法裁判所、ユーロなどはすべて、ヨーロッパ統合が進んだことを示している。さらには、今や、別の地域統合も成立している。その例としては、EUほどに遠大とはいえないまでも、自由貿易を中心として北米自由貿易協定（NAFTA）、南米南部共同市場（MERCOSUR）、東南アジア諸国連合（ASEAN）を挙げることができよう。

　国連の存在は重要である。国連は、国際連盟が戦間期に実現しえなかったことであるが、ほとんど世界中の諸国が加盟していて、一定の正統性も保持している。世界保健機構、食料農業機構、ユネスコといった国連機関には重要な国際的権限が授権されている。また、この10年間に環境・女性・人口といった問題を中心として重要な国際会議も繰り返し開催されるなかで、世論はグローバルに喚起され、こうした諸課題を政府の議題とさせることにもなった。さらには、今や、約4万の国際的非政府組織が存在していることを想起すると、状況は一変していることになる。わけても、アムネスティ・インターナショナル、グリーンピース、国境なき医師団といった団体は、それぞれの課題に即して、国際的世論を大きく喚起している。

2　コスモポリタニズムの再生とその限界

　現代世界において重視すべきことは、多国籍企業や世界貿易が重要性を高めていることである。驚くべきことでもないが、冷戦後の数年間にグローバル化をめぐる議論が広まるなかで、グローバル・ガヴァナンスやコスモポリタニズムにかかわる著作も増えている。1995年に、イングヴァ・カールソンとシリダス・ランパールを共著とするグローバル・ガヴァナンス委員会の報告が公刊されているが、これは次のように述べている。「現代世界が直面している課題は……共同の営為をもって現況に適したグローバル・ガヴァナンスのシステムをどのように構築するかということに求められる。……また、環境、人権、平和、女性の役割など、多くの共通の関心と課題を基礎に、より多くの人々が国境を越えて結びつき、相互の関係を深くしている」[15]と。この点で、リチャード・フォークは「コスモポリタン民主政の展望をもちうるには、地球的規模の民主的ガヴァナンスが正当なものとされる必要がある」[16]と、また、デヴィッド・ヘルドはコスモポリタン民主政モデルの長期と短期の目標を提示している。これには、国連と国際裁判所の改革、経済の機関調整の新設、グローバル議会の設立、グローバル法体系の整備が、また、国民国家型強制力をリージョンとグローバルな機関に不断に、漸次的に移すことが含まれている[17]。

　こうした構想について、どのように応えるべきであろうか。かなりの留保をとどめつつも、基本的には支持すべきであると思われる。経済的・文化的・技術的諸力は広く統一化されつつあるが、そのバランス化が、また、過度の同質化を避けつつ、言語・文化・政治の多様性の諸力間のバランス化が求められている。強大な金融や資本のグローバル化と労働・空間・ローカルなレベルのアイデンティティとのバランスが期されるべきである。この点で、クロード・レヴィ・シュトラウスは次のように指摘している。「人々は、常に、2つの矛盾に向き合っている。それは、統一化の方向と多様性の維持ないし再確立の方向である」[18]と。これは古くからの綱引きであって、創世記のバベルの塔にまで辿り

うる物語であり、そう簡単に片づく話ではない。

　EUはこうした2方向を内包した具体例にあたる。第二次世界大戦後のヨーロッパは、1951年の石炭・鉄鋼共同体と1957年のEC共同体を経て、1993年にEUが成立するという長い道のりを辿っている。ロベト・シューマンないしジャン・モネの機能的ヴィジョンは、今や、より十分な展開をみ、ヨーロッパ型の構造へと結実したように思われる。

　なかには、ヨーロッパ連邦国家の先触れとして、民主的な統合ヨーロッパへと発展することを期待する論者もいよう。この点で、ユルゲン・ハバーマスは「共通の政治文化、利益諸団体からなる市民社会、非政府組織、市民運動などと並んで、当然ながら、ヨーロッパ地域に自然な政党システム」が必要であるとしている[19]。また、ヨーロッパのレベルで政治意思が形成されていることについても述べ、「今のところ、国民的国家に限られているにしろ、市民の連帯がEUの全市民に広まることで、例えば、スウェーデンやポルトガルの人々も責任を共有する状況をつくるべきである」と指摘している[20]。また、ジャン・マルク・フェリーは、ヨーロッパが脱国民型の道徳コミュニティとなり、ヨーロッパの諸国民が自らの過去について再考し、個別のナショナルなナルシズムを超えるべきことを学びだしていると述べている[21]。

　ドイツ外務大臣のヨシカ・フィッシャーはゲアハルト・シュレーダー大統領に呼応して、次のように述べている。「諸国家の連合はヨーロッパ連邦として完全に議会化すべきである。これは、50年前に、ロベルト・シューマンが提示したことであって、ヨーロッパ議会とヨーロッパ政府が存在し、立法権と執行権を行使するということであって、この連邦は基本法型の条約に依拠するものでなければならない」[22]と。

　だが、ゴールの『諸祖国のヨーロッパ (*l'Europe des patries*)』は、とりわけイギリスやスカンジナヴィアを中心とするものであって、ヨーロッパの大義よりも個別「社会のプロジェクト」に傾斜するものとなっている[23]。言語と文化の多様性は単一のヨーロッパというアイデンティティを切り崩すことになるし、イラク紛争が示したように、政治的・経済的アプローチの違いが残存し、いわゆる「古いヨーロッパ」と「新しいヨーロッパ」とに分裂させることにもなる。

実際、2つの潮流を認めることができる。それは、国民国家を基礎に緩やかな連合を構想する方向と、統一的な連邦を構想する方向である。連合派が、総じて、この綱引きで勝利している。この点で、イギリスのトニー・ブレア前首相は次のように述べている。「ドイツなどの世論分析からすると、人々は、すべての諸国がもっと緊密に協力し合えるヨーロッパを望みつつも、個別のナショナルなアイデンティティを保持したいとも考えている。ユーロ懐疑派が指摘するとしても、両者が矛盾しているわけではない。イギリスと同様に、フランスとドイツも自らの国民的利益をより十分に守るためにEUに加入しているのである」と。[*24] 2003年春にヨーロッパ憲法会議が起草した新生ヨーロッパの憲法案はこの点を十分に踏まえ、ヨーロッパ評議会のような機関によって、また、外交・防衛・課税の問題については全員一致を原則とすることによって構成国の権限を注意深く守ろうとしている。[*25]

　リージョナルな、ないしグローバルなガヴァナンスを構想する場合にも、以上を踏まえるべきものと思われる。アメリカ合衆国は巨人のごとく西半球を抑え、いずれの国家もEUを支配しないようにしつつ、南北アメリカの自由貿易圏を抑えようとしている。アメリカの状況からすると、アメリカ議会は主権を断じて放棄しないと思われるし、ブラジル、メキシコ、カナダなどの諸国民は、西半球における個別の経済的・政治的・文化的自律性を守ることについてはアメリカの展開に幻想をもってはいない。

　中国、インド、日本はアジアにおいて重視すべき諸国である。少なくとも、こうした諸国が、常に理解を深め合おうとしているわけではないし、より小さな周辺諸国がリージョン規模の統治形態に関心を深くし、議題とすることも起こりうる。また、強力な民族主義的・人種主義的敵対関係が他の諸リージョンにみられるし、ほとんどの諸国において、健全とはいえないにしろ、ありふれたナショナリズムが駆け引きに使われている。ナショナリスティックな熱情に火がつき、大火になるという可能性は小さいとはいえ、愛国主義感も高まっている。例えば、2001年4月のスパイ機事件ではアメリカと中国が、また、1982年のフォークランド島（マルヴィナス）戦争ではイギリスとアルゼンチンが対立しているし、南からの移民の波のなかで、多くのヨーロッパ諸国では右翼ナ

ショナリズムが台頭している。

　こうみると、コスモポリタニズムがナショナリズムに勝利するなどということはありえないように思われる。この点で、マーサー・ナスバウムは次のような疑問を発している。「中国移民が自国の他の地域ではなくて、別の国に、例えばアメリカに住むことになったとして、彼らを直ちに同胞とみなすべき理由などないのではあるまいか。興味も関心も持てない人々を尊敬すべき相手に魔法のごとく変えうるとすると、この国民という区分はどのようなものとなるのであろうか。……愛国心と盲目的愛国主義(ジンゴイズム)とは紙一重である」[*26]と。だから、ユルゲン・ハーバーマスはもっと現実主義的にならざるをえなかったのである。というのも、既述の引用文において、彼は、スウェーデンの人々が、現に、互いに共有している感情と同様の連帯感をポルトガルの人々にもたなければならないのであろうかと疑問を発しているからである。

3　国民国家の生命力とグローバル化に対する抵抗

　責任の範囲や国連システムを、あるいは、もっとコスモ民主的な存在を前提として、グローバル・ガヴァナンスのモデルを多様に描くことはできよう。だが、現在のように多様な国民国家に権力が構造的に配分されている状況を変えようとすると、容易なことではない。また、グローバルな市民感覚をもって国民国家と結びついた市民権を乗り越えようとすると、これも至難の業となる。内外の難局に際して、また、身体の安全と社会保障や基本権の行使という問題について、市民が一般的に頼りとするのは、結局、国民国家である。この点で、チャールズ・テイラーは次のように述べている。「コスモポリタニズムだけでなく愛国心(パトリオティズム)をも必要としているのは、近代の民主的国家は自治という共通の緊要な課題に取り組んでいるからである。これには多数の成員の参加が求められることになるし、人類一般というよりも、愛国者との強い連帯が必要とされる」[*27]と。この指摘は、今や、移民のパターンが変わり、西側の社会が多文化主義化の傾向を強めているとしても、なお、妥当することである。国家がもっと

大きなリージョナルな総体に属することになったとしても、国民的市民権の優位性が崩れるとは思われない。

　モンテスキューは、自分はまず人間であり、次いでヨーロッパ人であり、そしてフランス人であると答えたと思われる。これは啓蒙期の精神を反映する高尚な気概であったにしろ、今日のコスモポリタン派の一部には、とりわけ、国際的共和主義の文献になじんでいる人々には同調しえない考えであるといえよう。だが、市民の同胞がこの種の共和国に住んでいるわけではないということ、この事実に注意深くあってしかるべきである。マーガレット・カノヴァンが指摘しているように、ハバーマスがドイツに提示している立憲的愛国主義はかなり薄い処方箋であって、人種と言語や愛国心という古い忠誠を完全に廃棄することを求めているわけではない。この点でカノヴァンは次のように述べている。「多くの現存国家が弱々しく忠誠に値しないとしても、強力で、ハバーマスのモデルに類する国家とは圧倒的に国民国家であり、特定の歴史的人民の所産でもある。……公正な国家であれば、民族的・人種的アイデンティティの対立を超え、愛国的忠誠心を糾合しうる健全な雨傘の役割を果たしうるとする主張は、決定的に重大な政治問題を、つまり、この国家の権力は何に由来し、誰が雨傘をさすのかという問題を無視している」*28と。文化と歴史のアイデンティティは、なお、国民国家の存在と強く結びついている。国民史の教育が、多くの諸国において活発な論争の対象とされるのは、こうした背景があってのことである。

　グローバル化とは、一般に、グローバルなレベルで資本の諸力が集中することであるとみなされている。こうした局面のなかで、例えば、シアトル、プラハ、ケベック、ジェノヴァにみられるように、トップ・ダウン型のグローバル化に対する対抗が、トップ・ダウン型のコスモポリタニズム観に対する抵抗とも結びつきうることになる。この点で、ピエール・ブルデューは次のように述べている。「グローバル化とはパスワードのようなものであって、政治的・経済的に支配的な列強の、とりわけ、アメリカに固有の利害や伝統を一般化しようとすることで政治を正当化し、自らに最も有利な経済的・文化的モデルを全世界に広げるためのマスクに過ぎない」*29と。また、ペトロス・コンスタンティーノはギリシアの活動家であるが、2001年7月のG8サミット（於ジェノ

ヴァ）でデモをうつにあたり、次のように述べている。「これはグローバル資本主義の薄汚い顔である。彼らの民主政に過ぎず、我々の民主政とは別ものである」と。こうした感覚は、2003年春のイラク戦争に至る局面において、反アメリカ主義と、少なくともブッシュ政権に対する反対運動と結びつき、2003年2月15日の運動にみられるように、グローバルな平和の抗議運動を呼ぶことになった。アメリカの単独支配型世界において富者と貧者との、また、富裕国と貧困国との格差が縮まるとは思われないだけに、こうした認識が今後も衰えるとは思われない。

　国際主義、世界市民（*Weltbürgertum*）、地球化（*mondialisation*）といった言葉は、グローバル化（*globalization*）と結びついて消極的意味を帯びているが、必ずしも否定的意味だけで使われているわけではない。スペイン王立アカデミーのエレセゾ・アルヴァレッツ・アレナスは、国際主義とは「共通の目標のために国境を越えて、より外部との結びつきを強くしようとすること」であって、十分に積極的な目標となりうると高く評価している。また、アルフレッド・グロッサーはドイツ語の世界市民（*Weltbürgertum*）とフランス語のコスモポリティズム（*cosmopolitisme*）とを比較して、前者は後者ほどに他との連帯を嫌う含意にはないとする。さらには、アーマン・マテラールは、「地球化（*mondialisation*）という言葉はラテン系の言語に共通することであって、地理的次元で使われているのにたいし、英語系のグローバル化（*globalization*）は、地理経済学を全システムとする戦略家の視点を公然と示すものであって、地球組織のサイバネ的概念にほかならない」としている。

　だが、グローバル化は、現代の政治学的検討において、ヘゲモニー的用語の位置にあるし、世界中の文化の同質化効果をもち、かつてはみられなかったにしろ、今や、ある種の地球化の時代を呼んでいる。株式市場、資本のフロー、スポーツと文化の催し、宣伝と消費財、これはすべてグローバル化のリズムのなかで作動しているようにみえる。世界のリーダー層、主要メディアの売り手、貨幣の管理層、全住民の指導層は、グローバル化の波には止めようがないと思っている。

　コスモポリタニズムという言葉はグローバル化という言葉よりも古い起源に

発している。ダニエル・コンバーシーは、コスモポリタニズムは、現在のグローバル化の諸形態が同質化と結びついているだけに、これとは両立しえないと指摘している。*35 また、現局面において、コスモポリタニズムとグローバル化とは、とりわけ、トップ・ダウン型のグローバル化の形態とぎこちなく結びついているに過ぎないし、グローバル化やこれに伴うコスモポリタンなエトスに対する抵抗が各地で起こっている。これは、人種的・民族的・宗教的な、あるいは、ナショナルなアイデンティティを強く主張するものである。

　コスモポリタニズムにとって最適の条件とは、寛容・多元主義・文化的多元性といった価値が重視される状況に恵まれることである。こうした価値は、(オスマン帝国のような過去の非西欧型政治から学ぶべきことがあるとしても) 豊かで自由主義的な民主的社会にみられる場合が多い。だが、南からの移民が増えている現代の西ヨーロッパの自由民主的社会や2001年11月9日以降に国内の安全保障に関心を深くしたアメリカにおいて、こうした価値があたりまえのことと受けとめられているわけではない。コスモポリタンな価値は教養ある専門職の中間階級の価値である場合が多い。すると、トップ・ダウン型とボトム・アップ型のいずれであれ、自由民主政型のコスモポリタンな秩序の提唱者といえども、自らの願望を地球全体に投影することについては慎重であってしかるべきことになる。この点で、スティーブン・トールミンは、コスモポリタニズムとはモダニティの隠れた、本質的に抑圧的なアジェンダに過ぎず、「ニュートンの重力イメージに支配され、主権機関を中心とした力が作動している」世界であると指摘している。*36 また、ネーザン・グレーザーは、「コスモポリタンな政治的忠誠心とは実現するに困難で、西欧文化の伝統との強い結びつきを断ち切るに困難な概念であって、結局、その生地にとどまらざるをえない」と指摘している。*37 さらには、ティモシー・ブレナンは次のように述べている。「グローバルなものに、とりわけ、海外におけるアメリカ的なものに占めるローカルなものの意義を無視ないし軽視することで、コスモポリタン文化論者は経済の現実を直視することを避け、企業中心的(コーポリット)アメリカが道連れであると考えている」と。*38 この点では、リザード・カプシンスキーは次のように述べている。「地球を住処としている社会は2つの対照的な文化のなかに、つまり、消費主義の文化と

……欠乏の文化のなかにいる。世界を旅するとわかるように、両文化の境界地は緊張と敵意に包まれていて、これが、今や、両者を分ける最も重要な区分線をなしている」と。[*39]

　コスモポリタニズムに疑念を覚えているのは知識人に限られるわけではない。スターリン時代の「根無し草のコスモポリタン派」というスローガンを思い起こせば十分であろう。この言葉は官僚国家や党機関によってユダヤ人に向けて乱用されただけでなく、政権とはなじまないイデオロギーをもったソビエト市民にも向けられた。また、次の事実も想起すべきであろう。それは、国連をはじめとする諸機関を目障りな世界政府の萌芽であるとし、この半世紀のあいだアメリカの右翼が攻撃を繰り返しただけでなく、2003年3月にはアメリカのイラクへの軍事介入を国連が認めなかったことで、その動きに弾みがついたことである。また、この20年間にイギリスなどのユーロ懐疑派がヨーロッパやブリュッセルをどのようにみなしてきたかということも想起すべきであろう。こうみると、コスモポリタニズムが、これまでになく積極的に受け止められているとはいえないことになる。

　人々は、多くの場所に住んでいても、それぞれに国民国家に愛着を覚えている。アルジェリアのカビリア、カナダのケベック、スペインのカタロニアにみられるように、もっと小さな地域や社会に、また、両アメリカやオーストラリアに、さらには、アフリカ諸国の部族にも根強いアイデンティティを覚えている。マイケル・キーティングが指摘しているように、「非国家型の、あるいはマイノリティ型のナショナリズムは超国民的統合やグローバル化と矛盾し、これを拒否する姿勢となって表れる」[*40]したがって、多民族的国家(マルティナショナル)において、市民層は多くのナショナルなアイデンティティを抱えているということ、これが現状であると思われる。また、ベルギー、カナダ、スペインのような、あるいは、イギリスのような諸国の研究者においては周知のように、こうしたアイデンティティを共有した市民の状況は確かなものではなくて、憲法上の調整やプラグマティックな妥協が不断に求められるのであって、そうでないと、下からの分離主義の衝動は押さえがたいものとなる。すると、市民権を国民国家を超えるレベルに広げようとする考えについては慎重であってしかるべきことになる。

ギリシアの人々が尊んだ公的領域とはポリスの空間であった。近代の公共圏とは国民国家であって、これは首都にとどまらず、新聞やサロンとカフェをもっている。[*41] 21世紀の公共圏はローカル・リージョナル・ナショナル・トランスナショナルな要素を複合したものとなろう。宣伝とポップ文化やファッションは超国民的傾向を強めているし、人権と社会権や環境を軸とした非政府組織（NGO）が国際的方向を帯びることも多くなっている。

歴史的には、諸権利の適用範囲は領域を限定されたナショナルでローカルな性格のものであった。他方で、国際人権規約やハーグ国際裁判所のような司法機関の支持者たちは、政治的説明責任の範囲を国民国家を超えるものにすべきであるとしている。インターネットのファンたちは既存の領域型アイデンティティが消滅しつつあると判断している。バートラン・バディのような社会科学者たちは、国境の終焉のみならず、今日まで国際的均衡状態が依拠してきた（ウェストファリア型）秩序の崩壊を指摘している。[*42] だが、国民的(ナショナル)政治が困難な局面を迎えているとはいえ、領土が一夜で消滅してしまうわけではない。ローカルな、あるいは、ナショナルな現実に強く依拠しないようなコスモポリタン像がまず成立し、これを基礎にグローバルな公共圏が成立するとは思われない。また、現局面において全面的な国際的市民社会を想定してみても、それは高貴な幻想の域を、つまり、プラトンが『共和国（*Republic*）』において金・銀・銅の精神をもって広めようとしたように、民主的響きをもった高貴な虚言の域を出るものとはなりえない。

21世紀の国際的伝達手段として英語がどのような役割を果たすことになろうとも、言語は個別性や違いをとどめることになろう。この点で、ジャン・ラポンクは次のように指摘している。「支配的言語は、自らが支配的であることだけでなく、言語であることすらも忘れがちである。支配的タイプは広く持ち運びのできる個人的権利から"言語民主政"を考えるのにたいし、少数タイプは、より自然なことに、領域を基礎とした集団的権利から民主政を考える」と。[*43] ひとつのグローバルな市民権を確立するという視点からすると、言語は障害となるが、この点は文化的価値、政治的構想、宗教的伝統、社会構造、食文化について、それゆえに、気風についても妥当する。

インターネットがトリニダードの住民にどのような民俗的影響を与えているかについて研究し、D.ミラーとD.スレターは、インターネット化のなかで彼らは世界の他の地域の人々と結びつく機会と範囲を広くしたが、同時に、ナショナルなアイデンティティや地域性の認識も深くすることになったと述べている[*44]。トリニダード島が世界で最も代表的な社会とはいえないにしても、いくつかの目的からグローバルな交流のパターンを深くするなかで、自らの社会の個性を形成している価値への愛着心を強くした地域もある。

総じて、南半球よりも先進的な北半球に妥当することといえようが、より大きな大陸型ないし半球型のまとまりの、例えば、EUの成員であるというアイデンティティを受け入れる人々がいるといえよう。また、もっと限定的ながら、少数の、より都市化し、国際的志向性をもった住民に妥当することであろうが、彼らだけが自らをコスモポリタンな市民であるとみなすことになろう。

4　強弱の問題

結論として、強弱という言葉を使うことで検討を深めておこう。市民としてのナショナルな形態は強いものであって、超国民的・コスモポリタンな形態は、現状に鑑みると、はるかに弱いといわざるをえない。すると、だれかが「普遍的価値、共通善の関心、政治参加を統一した新しいコスモポリタニズムを作り上げるべきである」とする考えは高貴なものとなる[*45]。同様に、「政治を刷新するとともに、新しい政治主体を創出し、位置づけることでグローバル性を政治の構想と活動や組織の中心に据えるべきである」とする考えはこれに応じうることになる[*46]。だが、ルソーが『エミール』において、「しかじかの哲学者はタタール人を愛して、自らの隣人を愛する義務を免れようとしている」と述べていることを想起すべきである。

注意しないと、実現しうることといえば「平凡なグローバリズム(バナール)」に過ぎないという考えに陥ることになる。これは、ジョン・アリーがマイケル・ビリングの平凡なナショナリズムを援用した言葉であり、さらに次のように指摘して

いる。「平凡なグローバリズムとは既製品であって、膨大なメディア作品の引き立て役の傾向を強くすることになる。テレビからコンピューターや電話に及ぶまで、メディアの集中が進むなかで、このグローバルという言葉は、宣伝、スポーツ、芸術、旅行など、他の一連の慣行と一体化し、メディアのイメージと情報にとどまらず、周囲の平凡なグローバリズムにあふれかえってしまうことになる」*47と。「平凡なコスモポリタニズム」という言葉で言い換えることができるとしても、この言葉によって現代世界の特徴である根深い文化的・経済的・政治的区分を解消することはできまい。それだけに、ニューヨーク、ベルリン、パリの文化的ないし政治的価値は、その基盤である諸国の奥地にまで深く入り込んでいる。多くの社会において、例えば都市と農村にみられるように、深い地域的・文化的違いを認めることができる。また、多くの政府は、総選挙の投票率の低下にも表れているように、民主政の赤字状態にある。インターナショナルな分裂のみならず、ナショナルな対立と利害に対処しえないなら、ストア派の哲学者たちが真のコスモポリスをつくろうとして果たしえなかったように、その域を脱しえまい。CNNやBBCが、宇宙から見た地球のイメージをもとに世界的パースペクティブが成立しつつあるとしているが、これだけでコスモポリスが実現されうるわけではない。

　クレス・リンが北京大学の一連の講演のなかで、こうした考えを次のように要約しているが、これが目指すべき最善の方向であるといえよう。「恐らく、世界が最も必要としていることは、文化の固有性と汎文化的統一性をともに認めるとともに、完全な道徳的現実主義に依拠して、これを実践しうるコスモポリタニズムであろう。求められているエトスは、統一化主義(エキュメニズム)とは別ものである。というのも、エキュメニズムは抽象的同質性のためから個別性を消去することで、多様な社会の調和を期そうとするからである。ヒューマニスティックなコスモポリタニズムであれば、個別の国民が自らを最高水準に高めようとする感覚を育てることになろう」*48と。換言すれば、ローカルとナショナルなアイデンティティを消し去るのではなく、これを維持しつつ、控えめであれ、何らかのコスモポリタンな理念を実現しうるチャンスを展望することである。

(1) Diogenes the Cynic, in Diogenes Laertius, *Lives of the Philosophers*, VI, 63. 次に引用。Martha Nussbaum, "Kant and Cosmopolitanism," in James Bohman and Matthias Lutz-Bachmann, eds., *Perpetual Peace*, Cambridge, MIT Press, 1997, 29（紺野・田辺・舟場訳『カントと永遠平和 —— 世界市民という理念について』未来社、2006年）.
(2) Plutarch, *On the Fortunes of Alexander*, 329A-B. 次に引用。Martha Nussbaum, op. cit, 29-30.
(3) Cf. Liah Greenfeld, *Nationalism, Five Roads to Modernity*, Cambridge, Harvard University Press, 1992, chap.1.
(4) Cf. Linda Colley, *Britons: Forging the Nation 1707-1837*, New Haven, Yale University Press, 1992（川北稔監訳『イギリス国民の誕生』名古屋大学出版会、2000年）.
(5) 1789年の「人間と市民の諸権利の宣言」の第3条は「すべての主権の原理は国民に発する」と謳っている。*Les constitutions de la France*, Paris, Flammarion, 1970, 33-34.
(6) Iring Fetscher, *Die Demokratie: Grundfragen und Erscheinungsformen*, Stuttgart, Kohlhammer, 1970, 24（英訳は筆者）.
(7) Abbé de St. Pierre, *Project pour rendre la paix perpetuelle en Europe*, Utrecht, 1713（初版）.
(8) Immanuel Kant, *Eternal Peace*, in Carl J. Friedrich, ed., *The Philosophy of Kant*, New York, The Modern Library, 1949, 444.
(9) Karl Marx and Friedrich Engels, *The Communist Manifesto*, Part 2（『マルクス＝エンゲルス全集』第4巻、所収）.
(10) Emile Durkheim, *Leçons de Sociologie*, 1902. 次に引用。Malcolm Anderson, *States and Nationalism in Europe since 1945*, London, Routledge, 2000, 98（土倉莞爾・古田雅雄訳『戦後ヨーロッパの国家とナショナリズム』ナカニシヤ出版、2004年）.
(11) Johann Gottfried Herder, *Briefe zur Beförderung der Humanität*. 次に引用。Maurizio Viroli, *For Love of Country: An Essay on Patriotism and Nationalism*, Oxford, Clarendon Press, 1995, 121（佐藤瑠威・佐藤真㞢子訳『パトリオティズムとナショナリズム —— 自由を守る祖国愛』日本経済評論社、2007年）.
(12) Ernest Renan, "Qu'est ce qu'une nation?" in John Hitchinson & Anthony D. Smith, eds., *Nationalism*, Oxford University Press, 1994, 17-18.
(13) 帝国主義の台頭期にナショナリズムがどのように利用されたかについては次を参照のこと。Eric Hobsbawm and Terence Ranger, eds., *The Invention of Tradition*, Cambridge University Press, 1983（前川啓治・梶原景昭ほか訳『創られた伝統』紀伊國屋書店、1992年）.
(14) Anthony Smith, *National Identity*, Reno, University of Nevada Press, 1991, 74（高柳先男訳『ナショナリズムの生命力』晶文社、1998年）.
(15) Report of the Commission on Global Governance, *Our Global Neighbourhood*, New York, Oxford University Press, 1995, 39, 62（京都フォーラム監訳『地球リーダーシップ：新しい世界秩序をめざして —— グローバル・ガヴァナンス委員会報告書』日本放送出版協会、

1995年).
(16) Richard Falk, *On Humane Governance: Toward a New Global Politics*, Cambridge, Polity Press, 1995, 254.
(17) David Held, *Democracy and the Global Order*, Cambridge, Polity Press, 1995, 279（佐々木寛ほか訳『デモクラシーと世界秩序——地球市民の政治学』NTT出版、2002年).
(18) Claude Levi-Strauss, *Structural Anthropology*, New York, Basic Books, 1976.次に引用。Kalevi Holsti, "From Khartoum to Quebec: Internationalism and nationalism within the multi-community state," in Kjell Goldmann et al., eds., *Nationalism and Integration in the Post-Cold War Era*, London, Routledge, 2000, 147.
(19) Jürgen Habermas, "Reply to Grimm," in Peter Gowan & Perry Anderson, eds., *The Question of Europe*, London, Verso, 1997, 263.
(20) Jürgen Habermas, *Après l'État-nation. Une nouvelle constellation politique*, Paris, Fayard, 2000, 105.
(21) Jean-Marc Ferry, *La question de l'État européen*, Paris, Gallimard, 2000, 286.
(22) From Confederacy to Federation-Thoughts on the finality of European Integration-Speech by Joschka Fischer at the Humboldt University in Berlin, 12 May 2000.
(23) 最近のEU研究は北部と南部との亀裂を伝えている。「ヨーロッパは、ヨーロッパの人々にあって、連合ではない。構成諸国の市民にとってはEUの制度的体系は難解すぎる」(Marie Cousin, *Libération*, July 26, 2001).
(24) Tony Blair, Interview, *Libération*, May 23, 2001（訳文は筆者).
(25) Cf. *Projet de la constitution de l'Europe*, Articles 1-20-24, 1-39-40, *Le Monde*, 18 juin, 2003. また、ヨーロッパ憲法会議の議長を務めたヴァレリー・ジスカールディスタンは、「互いに認めうるものにしようとするあまり、〔拒否権の行使を押さえ込もうと〕ゆきすぎることになった」と述べている。次に引用。*Le Monde*, 22-23 juin, 2003, 3.
(26) Martha Nussbaum, "Patriotism and Cosmopolitanism," in Joshua Cohen, ed., *For love of Country: Debating the Limits of Patriotism*, Boston, Beacon Press, 1996, 14（辰巳伸知・能川元一訳『国を愛するということ——愛国主義（パトリオティズム）の限界をめぐる論争』人文書院、2000年).
(27) Charles Taylor, "Why Democracy Needs Patriotism," in Joshua Cohen, ed., *For Love of Country*, Boston, Beacon Press, 1996, 120.
(28) Margaret Canovan, "Patriotism is Not Enough," in Catriona McKinnon & Iain Hampshire-Monk, eds., *The Demands of Citizenship*, London, Continuum, 2000, 276-297, 284.
(29) Pierre Bourdieu, *Contre-feux 2: Pour un mouvement social européen*, Paris, Raison d'Agir Edition, 2001, 84.
(30) ロイター通信。July 18, 2001.
(31) Cf. The Pew Research Center for the People and the Press, *What the World Thinks in 2002 How Global Publics View: Their Lives, Their Countries, The World, America*, Released: December 4, 2002; Ziauddin Sardar and Merryl Wyn Davies, *Why People Hate America?*

London, Icon Books, 2002(浜田徹訳『反米の理由——なぜアメリカは嫌われるのか?』ネコ・パブリッシング、2003年).
(32) Eliseo Álvarez Arenas, *El Pais*, March 13, 2001.
(33) Alfred Grosser, *Les identités difficiles*, Paris, Presse des Sciences Politiques, 1996, 22.
(34) Armand Mattelart, "La Nouvelle Idéologie Totalitaire," in Serge Cordellier, ed., *La mondialisation au-delà des mythes*, Paris, La Découverte, 1997, 86.
(35) Daniele Conversi, "Cosmopolitanism and Nationalism," in Athena S. Leoussi & Anthony D. Smith, eds., *Encyclopedia of Nationalism*, N.J.: Transaction Publishers, 2001, 39. この論文の草案を完成した後にコンバーシー論文を読み、その表題を使うことにしたことを付言しておきたい。
(36) Stephen Toulmin, *Cosmopolis: The Hidden Agenda of Modernity*, Chicago, University of Chicago Press, 1990, 209(藤村龍雄・新井浩子訳『近代とは何か——その隠されたアジェンダ』法政大学出版局、2001年).
(37) Nathan Glazer, "Limits of Loyalty," in Joshua Cohen, ed., *For Love of Country*, 64.
(38) Timothy Brennan, *At Home in the World: Cosmopolitanism Now*, Harvard University Press, 1997, 162.
(39) Ryszard Kapuscinski, "Fragments from *Lapidarium*," in Len Guenther & Cornelius Heesters, eds., *Social Insecurity*, Alphabet City #7, Toronto, Anansi, 2001, 203.
(40) Michael Keating, *"Beyond Sovereignty: Plurinational Democracy in a Post-Sovereignty World,"* Desjardins Lecture, McGill University, Centre d'Étude sur le Québec, 2001, 4.
(41) Jürgen Habermas, *The Structural Transformation of the Public Sphere*, Cambridge, MIT Press, 1989.
(42) Bertrand Badie, *La fin des territoires*, Paris, Fayard, 1995, p.253.
(43) Jean Laponce, "Politics and the Law of Babel," *Social Science Information*, Sage Publications, 2001, 179-194, 190.
(44) 次に引用。Don Slater & Fran Tonkiss, *Market Society*, Cambridge, Polity Press, 2001, 190.
(45) Serge Cordellier "Avant-Propos," *La mondialisation au-delà des mythes*, 11.
(46) Ulrich Beck, "The Cosmopolitan Manifesto," *New Statesman*, March 20, 1998, 28-30. 次に引用。Steven Vertovec, "Fostering Cosmopolitanisms," www.transcomm.ox.ac.uk/working_papers.htm, WPTC-2K-06, 5.
(47) "The Global Media and Cosmopolitanism," John Urry, Department of Sociology, Lancaster University: www.comp.lancaster.ac.uk/sociology/soc056ju.html.
(48) Claes Ryn, Chair, National Humanities Institute and Professor, Catholic University of America, "Unity Through Diversity: Humanity's Higher Ground," Lecture Series given at Beijing University, May 15, 17, 19, 2000.

III
グローバル化研究の新たな地平
グラムシからの視座

第7章
批判的グローバル化研究とは何か

ジェイムズ・H. ミッテルマン

1 はじめに

　グローバル化研究の急成長期を迎えて多様な知識が浮上している。こうした知識が歴史的・経験的・形式的・直感的・理論的・批判的と呼ばれているように、その規定は多様であるし、重複もしている。抽象のレベルも基礎的水準から応用的水準に及び、理論的に深めるべき点や、直ちに研究を進めるべき余地もとどめている。だが、いずれのレベルにも理論と実践との分裂は認められない。また、専門的理論家と素人的理論家のいずれであろうと、あるいは、観照的生活と研究者型活動家のいずれを求める知識人であろうと、それぞれがグローバル化研究に重要な役割を果たしている。

　本章で検討の対象とする知識のジャンルは「批判的(クリティカル)」グローバル化研究である。だが、この分野の研究者といえども、単一の世界観で統一されているわけではない。また、批判的概念をどのように理解すべきかについて、さらには、その特徴について合意が広く成立しているわけでもない。

　驚くべきことでもないが、批判的理論家といっても、その背景と関心を異にしているだけに力点も多様なものとならざるをえない。だが、グローバル化と個別のテーマとの結びつきに即してみると、次のような関心が浮かび上がる。都市 (Sassen 2001)、階級構造 (Overbeek 2001; Abdul Rahman Embong 2002; Sklair 2002)、文化 (Robertson 1992; Friedman 1994; Tomlinson 1999; Nederveen Pieterse 2004)、開発 (McMichael 2004; Beneria 2003)、環境 (Wapner 2002)、倫理的生活

と宗教 (Held 1995；Falk 1999)、ジェンダー (Tickner 2001；Peterson 2003)、ガヴァナンス (Hettne and Odén 2002；Rosenau 2003)、ヘゲモニー (Arrighi and Silver 1999；Hardt and Negri 2000)、人権 (Cheru 2002)、イデオロギー (Rupert 2000；Steger 2002)、市場 (Dicken 2003；Peck and Yeung 2003)、リージョン (Olds, Dicken, Kelly, Kong and Yeung 1999；Zeleza 2003)、リージョナリズム (Hettne 2002b；Väyrynen 2003)、抵抗 (Gills 2000；Smith and Johnson 2002；Amoore〔近刊〕)、国家 (Panitch 1996；Robinson 2001)、戦争と平和 (Kaldor 1999)、以上である。また、批判的グローバル化研究から興味深い有益なテキストも生まれ (Scholte 2000；Steger 2003)、論集も編まれている (Held and McGrew 2003；Robertson and White 2003)。さらには、学界外の公的知識人も、学界への参加経験に依拠して重要な論述を残すことで、批判的グローバル化研究の一環を構成している (Bové and Dufour 2000；Wallach and Sforza 2000；Barlow and Clark 2001；Danaher 2001；Bello 2002；Klein 2002)。[1]

　ここで個別の著作を紹介したり、批判的グローバル化理論の潮流を辿るよりも、共通点を確認しておくことが重要であろう。批判的パースペクティブからすると、最も重要なことは、グローバル化についてどのような知識が導入されているか、また、導入されるべきかということである。さらには、批判的グローバル化論者たちが、現に、何を発見しようとしているのか、そして、どのような認識が求められているかということである。本論はその予備的考察であるが、こうした問題に答えようとするものである。

2 批判的パースペクティブ

　批判的視点に立った研究者たちは、グローバル化とは、ローカルな諸条件とも結びついて、市場諸力、政治機関、社会に埋め込まれている生活様式の相互作用の形態が変容していることであると受け止めている。批判的視点から研究者たちが常に問題としてきたことは、経験主義の実証主義的信条である。つまり、事実と価値との区分、諸変数の分離可能性、客観的「真理」を発見する手

段としての仮説の検証である。彼らは、事実がどのように解釈され、誰の利益となっているかについて検討すべきであると考えている。実証主義的知識との綱引きにおいて、批判的概念が必ずしも対抗を意味していたわけではなく、一部の研究者や活動家は、とりわけ、ポストモダンの意味に注目した論者たちは、多数の主要な、また、副次的な立場を許容しうる多様な諸条件を模索している。批判的パースペクティブが伝統と異端の両要素を含みうる余地をとどめているとしても、両者を混同しているわけではないし、それがどのように構成されているかについても自覚している。

　少なくとも批判的アプローチは、知識の探究という点で懐疑的・論争的であって、閉じられた性格のものではない。グラムシは「常識(コモン·センス)」という命題を提示し、個人を社会諸集団との固有の関係にとどめおく歴史過程の所産であるとしている（Gramsci 1971, 2000）。批判的アプローチは、こうした考えを再構成しようとするものである。グラムシは、常識とは多様で、可変的であるだけでなく、社会層において断片化していると受け止めている。こうした「混沌とした」諸概念がフォークローの堆積を吸収し、相互に矛盾しつつ、まとまりのない全体を構成している。常識のなかの一定の要素がヘゲモニー的安定性と一体化しつつも、他の要素はこれと対立している。批判的知識人はこの緊張関係に注目し、これを手がかりとして、マスメディアのような媒体によって確立され、文化商品に組み込まれることで（例えば、映画、テレビ、雑誌のような）想像領域に現れる意味を分析しようとしている。こうした商品によって、各人は自立的に考える能力を低くし、競争的市場関係の言葉に服することが多くなる。グラムシは、批判的思考とは自らの状況を対向的に捉えることであるだけでなく、その理解を媒介とすることで新しい常識を生み出すことでもあるとみなしている。

　すると、有益な知識とはどのようなものかを定めようとすると、批判的研究は規範的知識の実体を暴くだけではすまないことになる。批判的志向には所与の知識と実践を脱構築することだけでなく、何が存在しているかについて、また、権力関係を変えることで何が存在すべきかについて新しい知識を創出することも求められる。

3　予備的考察

　以上の脈絡からすると、国際研究はグローバル化の諸言説の理解という点で、その障害ともなりうる。というのも、「国際的（インターナショナル）」という言葉が例示しているように、主要なアクターは国民（ネーション）とも、いわんや、国家ともいえず、9.11事件が悲劇的に例証しているように、国家中心的世界と多中心的世界との相互作用の局面が生成しているからである（Ferguson and Rosenau 2003）。
　だが、2つの世界の岐路に直面しているわけではない。国家中心的システムは、多中心的世界秩序の形態と同様に、多様な国家形態、非国家型ガヴァナンス様式、多様な社会連帯を内包している。国家中心的世界が多中心的世界において活発に作動しているように、多中心的世界も国家中心的世界の間隙を縫って作動している。両世界が完全に分裂しないかぎり、「多形的世界（polymorphos world）」について、つまり、相互浸透的な多形的体制について語りうることになる。事態は複合的なだけに、常識的知識では複雑な両世界の相互浸透を十分に捉えきれないことは確かであるし、ポストモダン派は統一的パターンを描くことなどできないとも指摘することになろう。実際、グローバル化のなかで分析カテゴリーが曖昧なものとなっているし、伝統的説明の域を超える状況も生まれているだけに、市場力学や権力関係を、また、国境によって区分された社会諸力の相互作用を捉えることが困難になっている。
　知識を再構築するにあたっては、「視点認識論（standpoint epistemology）」について検討しておくべきであろう。その基本的立場からすると、知識はアクターの物質的生活と結びついていることになる。また、ある視点に至るには、アクターの社会的位置がきわめて重要であるといえるのは、マックス・ウェーバーが強調しているように、パースペクティブとは全体的なものではなくて、常に部分的なものに過ぎないからである（Weber 1949; Harding 1991; Hekman 1997）。現代のフェミニストたちは、知識の追求には多様な視点が求められるとする観点から、このテーゼを展開しているが、すでに、ブローデルは複数の観察点か

ら諸現象に迫るべきであるとしている。これには、社会の位階的構成に占める多様な地位、社会的諸問題を編制している個別の軸線、グローバルな政治経済に占める多様な地帯、示差的スピードが含まれるとする（Braudel 1990）。彼は、諸文明に関する先見的著書を残しているだけでなく、学界の批判を受けることになったとはいえ、フランスの中等学校のシラバスも作っている。彼の研究のひとつが「長期持続（*longue durée*）」の問題である。つまり、長期の起源観と、漸次的でゆっくりとした変容という問題である。長期のパースペクティブには持続性が求められるとはいえ、他の時間枠と、つまり、局面の時間枠（コンジャンクチャー・スパン）（10年、20年、あるいは50年）や事象の直接的歴史と両立しえないわけではない（Braudel 1980, 1994）。視点認識論とブローデルの相互作用とを総合すると、複数の時間枠において複数の方向をどのように包括するかという課題が浮上せざるをえないことになる。

　位階的権力関係や時間と空間の次元を認識し、知識の再構築に取り組んでいる知識人たちは「地についたユートピア（グランディド）」を形成するという困難な課題に直面している。「地についたユートピア」とは、今まで存在したことのない新しい方向を、つまり、歴史の現実的趨勢に根ざし、実践に具体化される未来を、あるいは、複数の未来を構想することである。ウェーバーの指摘を援用すれば、「存在すべきことについて……その倫理要請」に応えることである（Weber 1949: 91-92. 傍点は原文）。"存在"と"当為"の実証主義的分離という方法に訴えることさえしなければ、グローバル批判論者は、グラムシとウェーバーとを統一し、求められている秩序の倫理を実現しようとするなかから常識を再構成し、その歴史的矛盾と潜在力を引き出すことで、地についたユートピアを作り出すことができるであろう。

　グラムシは価値自由や非歴史的知識を科学主義や空想的マルクス主義に認め、これを拒否している。同様に、ウェーバーは、理念型とは方法論的概念であって、実現すべき目標とはなりえないことを強調したうえで、ユートピア主義をもって権威の抑圧的要素や位階的社会諸関係を、例えば、資本主義の機能に占める官僚的組織化の傾向を軽視すべきではないと指摘している（Weber 1971: 229）。グラムシとウェーバーはいずれも、歴史は構造の諸力をエネルギーとし、

オープンで新しい秩序を不断に展開しうるものであって、既定の、あるいは閉じられたシェーマに拘束されているわけではないと考えている。また、意見をやや異にしながらも、いずれも、権威と位階的制度が逆にユートピアへの期待を高めうるとも判断している。

　こうした知的遺産を踏まえて、他の理論家たちもユートピアの概念について論じている。たとえば、ポラニーは、自動調整型市場という「全くのユートピア」とは非歴史的なものに過ぎず、市場を社会に再び埋め込むことで自由を高めうることができるとし、そのシナリオを描いている（Polanyi 1957）。また、カーは、現実主義(リアリズム)の父祖とみなされることが多いとはいえ、ユートピア的思考によって関心が隠されてしまうことも起こりうるとしつつも、権力諸関係の評価とユートピア的平和アプローチとのバランスを期すべきであるとし、次のように述べている（Carr 1964. 次も参照のこと。Cox, M., 2000；Hettne 2002a）。

　　ユートピア的とは、正しい意味で（つまり、完全に達成しえないにしろ、目標とすべき理念を明示することでユートピアの本来の機能を遂行すること）、力の要素を除去して、何が正しく、理のあることかについての共通感覚に平和的変革の交渉過程を基礎づけたいと考えることであると規定しうる（Carr 1964：222）。

　換言すれば、平和的変革にはユートピア的ビジョンと批判的な現実主義的分析が求められることになる。こうした思想家たちのパースペクティブには多様なものがあるとしても、共通点も認められる。それは歴史を踏まえ、物質的力をもった利害を視野に収めて、社会正義を実現しうる手段に焦点を据えたものであれば、地についたユートピアは重要な発見的(ヒューリスティック)方法となりうるということである。

　こうした理論家たちは、人々が遭遇する現実的諸問題には隠れた生活面があると考えている。だが、これは、権力保持者たちがそれを隠したいからであろう。例えば、連合政府が戦争に訴える場合、いくつかの理由は明らかにされるにしても、隠されてしまう理由もある（例えば、自己利益、ジェノサイド、人種的敵意、ジェンダー型権力構造、抹殺）。確かに、南アフリカにみられるように、現代の紛争のなかには、歴史の記憶とも結びついて、文化の尊厳性の問題が含まれ

ている場合もあるし、今日の中東の一部にみられるように、部分的であれ、面目にかかわるものもある。実態が表面化する場合もあるにしろ、そうした経験が白日にさらされることはないといえよう。

　古典的理論家たちが現代のグローバル化の諸問題に確かな方向を提示しているわけではないとしても、何かがひどく間違っているという点では鋭い指摘が残されている。それは、マルクスにおいては疎外であり、ウェーバーにおいては官僚的合理性の鉄の檻である。そして、デュルケームにおいてはアノミーである。こうした批判的思考は、今日の厄介な世界を解く鍵となりうるものであるが、それぞれのヨーロッパの混乱状況の脈絡のなかで浮上している。例えば、マルクスのパースペクティブからすると1848年の諸革命であり、ウェーバーからするとビスマルクの時代から産業期への移行期のなかで浮上したドイツの社会対立であり、そして、デュルケームのパースペクティブからすると第3共和政と長い革命期から近代の社会体制への移行に伴う激動であった。こうした考察によって、庶民を襲った大混乱を含めて、歴史的転換の暗い面が明らかにされることになった（Lemert 1993：9, 15）。19世紀と20世紀初期の代表的な批判的理論家たちは当時の常識的理解や規制の考えに疑念を深くしただけでなく、それぞれの時代の基本的問題に対処しうる別の秩序についても検討している。

4　陥穽と混乱

　21世紀も社会混乱のなかで幕を開けた。これは資本主義のグローバル化や新しい戦争に、また、新しい生活の意味の模索に認めることができる。そして、知識を生産するための手段も変化しているし、知識は孤独な思索家の所産にではなくて、強力な物質的インフラを条件とするものに変わっている。これには、旅行モデル、助成機関、シンクタンク、出版社と雑誌社、専門化団体、専門技術とネットワーク、広大な研究パークが含まれる。さらには、知的財産権のような知識生産を監視するメカニズムや、言説の力を破壊しようとする活動もみられる。

こうしたメカニズムが作動するには、説話の罠に負うところがあるだけに、自ら世界をつくりながら、その罠にかかるという危険も伏在している。こうした世界は、社会現象を表現する場合に言葉やイメージに、また、内部では諸理念をふるいにかけ、他者を知的構造の外部にとどめおくというパラダイムに訴えている（Shotter 1993:26-31）。この陥穽にはまる危険は大学の教育者にも妥当する。例えば、宿題を与え、質問することで、何を期待しているかを学生に告げることになる。既成の概念フィルターに訴えられるかぎり、直感的知識や静かな疑問を阻止することで、新しい批判的知識の発見が抑え込まれることになる。

　この罠の道具に言葉を使うことができる。言葉は、もちろん、意味を含んでいる。例えば、「反グローバル化運動」という言葉の図示的表現(イコノグラフィ)を想起することができよう。実際、グローバル化に対する抵抗が、人々の心象や（小説、演劇、漫画などの）文化的表現を含めて、多くの場面に登場しているとすると、抵抗が社会運動のフィルターにかけられないはずはあるまい。抵抗がグローバル化の不可欠の要素であるとすると、反グローバル化とはなりえない。抵抗がグローバルな再編過程に不可避なことは明らかであって、この過程のなかで新しい勝者と多数の敗者が生まれているし、対抗運動のなかには社会運動となったものもあれば、そうならなかったものもある。すると、反グローバル化をもって抵抗の概念とするわけにはいかなくなる。今や軍事のグローバル化の局面にあるが、そのなかで、グローバル化に対する抵抗は平和運動と結びついて、ネットワークや技術に訴えることでグローバル化に抗議するグローバルな正義運動となっている。こうした状況は、反アパルトヘイト運動、IMF暴動、学生反乱、数十年前のブラック・パワー運動、黒人と第3世界のフェミニズム、サパティスタの支援組織にもみられたことである。

　軍事のグローバル化という脈絡のなかで、「テロリズム」という言葉が一般化している。この言葉の用法は、強者と弱者の視点を異にすると、また、国家支援型と非国家型のテロというスペクトルのなかで変化することにもなる。アメリカ革命期に生命と財産を奪い、国家に攻撃をかけた反乱者たちは英雄視され、テロリストとは呼ばれていない。また、南ローデシア（今日のジンバブエ）の反

第7章　批判的グローバル化研究とは何か　*185*

植民地型武装闘争を白人少数権と支持者たちは「テロ戦争」と呼ぶ場合が多かったが、1980年に脱植民地国家が成立してからは、暴力という言葉の使われ方が逆転している。さらには、アパルトヘイト期の南アフリカの白人上流層のみならずロナルド・レーガン大統領も入獄中のネルソン・マンデラをテロリストと呼んでいるが、マンデラは、その後、ノーベル平和賞を受賞している。この種の矛盾や言説力の行使にかぎらず、ジョージ・W. ブッシュ大統領も、グローバル化に対する抵抗勢力を対象としている場合も含めて、支配の必要からテロリズムという言葉を巧みに使い分けている。

　事態を直視すると、知的抵抗の多くは倫理的響きをもっていることになる。すると、だれの言葉や声を代弁しているかという問題が浮上せざるをえないことになる。新現実主義者（ネオ・リアリスト）や新自由主義者（ネオリベラル）たちは、アフリカ、アジア、ラテンアメリカのグローバル化の危機を着色し、西側の視点から、あるいは首都ワシントンの視点からのみその姿を提示している。例えば、ロバート・ギルピンは指導的研究者として、グローバル資本主義の性格変化について深い考察を残しているが、アジアの金融危機の資料はワシントンの国際経済研究所のような西側の情報に依拠している。また、彼の『グローバル資本主義の挑戦（*The Challenge of Global Capitalism*）』（2000年）は広く基本的テキストに使われているとはいえ、「アジアのリージョナリズム」と題する章は、アジア研究者の、とりわけ、批判的論者の意見を代弁してはいない。そして、ギルピンの移民に関する検討は、インタビューなどの方法で容易に聴取できるものでありながら、この作業に依拠していないだけに、移民の声を反映したものとはなっていない。すると、わけても影響がある著作ではあるが、従者には語ることが認められていないことになる[*2]。

　すると、だれの声が代弁されるべきかという問題が浮上する。どのように選択すべきかとなると、分析者は自らの論述に規範性を導入せざるをえないのであって、言い抜けるわけにはいかないことである。だが、研究の対象は多様であり、その存在様式も複雑に変化するだけに、ジレンマを呼ぶことになるし、概念の前提も求められることになる。だれが指令者となり、解説者はどのような役割を演ずることになるのであろうか。さらには、このジレンマを避ける方

法はありうるのであろうか。

　これに対処する最善の方法は強者から弱者に及ぶ広範な視点に立つことである。また、グローバル化の批判者は自戒的でなければならないことにもなる。グローバル化のマトリックスにおいて、水平的にも垂直的にも多様な層の声に広く耳を傾ける余地をもっていなければならない。行動の主体が自らの生存条件をどのように意識し、幸福とはどのようなことと考えているかという点で、その認識に底流している信条を探り出さなければならない。また、人々が現に苦悩や不満を覚えているかどうかを見極め、その原因を探し、説明することが求められる。さらには、根拠と妥当な原理を提示するにあたって、グローバル化批判者は実態を観察するだけでなく、部分的であれ、隠れた部分や表面的現象のなかには常識と矛盾するものも含まれているだけに、そうした現象について説明すべきことにもなる (Geuss 1981)。

5　批判的グローバル化研究の構成

　以上を前提に批判的グローバル化研究の確かな概念を設定しようとすると、次の相互に結びついた構成要素が含まれることになろう。

1.　再帰性、これは知識と特定の物質的・政治的条件との関係についての認識である。再帰性が機能しうるためには、あるパースペクティブないし理論を支えている、あるいは、理論に埋め込まれている歴史的端緒や利害を明らかにすべきことになる (Cox 1986)。グローバル化の批判的概念設定によって、こうした諸過程を組成している一連の転換の意識の探究が可能となる。

2.　歴史主義、これは時間軸をグローバル化研究に組み入れることであり (Cox, with Schechter 2002)、そのことで、非歴史的グローバル化アプローチを正しうることになる。例えば、グローバル化を不可抗力であるとする常識的理解は、グローバル化には始期と終期のない超時間的現象であるとの考えを前提としている。だが、グローバル化とは、一定の歴史的端緒に発し、固有の社会的権力諸関係をもった特定の形状であり、その将来も閉じられたものではない。すると、

現在主義(プレゼンティズム)にのみ立ったり、グローバル化を全世界史の転変のなかに解消してしまうわけにはいかなくなる。グローバル化を歴史的に解釈しようとするなら、批判的グローバル化研究には厳格な歴史的思考が求められる。

3．脱中心化、これはグローバル化を中心と周辺の両者から複眼的にアプローチすることである。グローバル化研究の多くが西側を中心として進められてきただけに、他のローカルな知識が（例えば、イスラムのグローバル化に関する）固有の言説や新しい疑問を生み出す可能性も含んでいる。実際、グローバル化には幻想もつきまとっているだけに、その根拠も求められる。また、アフリカは固有性や特殊事情を抱えているだけに、グローバル化と周辺化の複雑な運動に分け入る有効な視点を提供している。こうした周辺の視点を踏まえて、批判者はグローバル化を組み立てうることになる。

4．交差作業、これは社会科学と隣接知識部門とを交差させることであり、グローバル化の批判的理解という点では、きわめて重要な位置にある。この場合、2つの交差類型が最も重要である。ひとつは批判的法学研究や批判的地図作成学のような他の批判理論の潮流と、他は全体論的にアプローチした現実世界の諸問題と結びついている。たとえば、グローバルな急性伝染病のエイズ（HIV-AIDs）や重症急性呼吸器症候群ないしサーズ（SARS）を、また、こうした症状に対処するにはどのような障害があるかを理解しようとすれば、専門領域の枠を取り払い、医療、社会、文化、経済、政治の各分野を総合することが求められることになる。同様に、環境の再生には社会的検討と人文的研究および自然科学の複合化が必要とされることになる。

5．戦略的転換、これは対抗ヘゲモニーを確立することである。つまり、どのようにヘゲモニー的権力に対抗し、これを打破することで解放のビジョンを提示すべきかということである。[*3] その目標は、支配的倫理（近年の例では、新自由主義に特徴的な効率、競争、個人主義、消費）に替わる新しい道徳的秩序を広めることである。課題となるのは、わけても、説明責任や自己決定を含む民主的グローバル化である。その手段は対抗力であろうが、結局、変革の行動には実践的目標が求められることになる。

　上述のような批判的知識の構成要素を発掘し、その相互作用を検討したうえ

で、全体を統一することが求められる。換言すれば、批判的グローバル化研究が育つためには、概念の結びつきを強化し、グローバルな変革を説明しうるものでなければならないことになる。

6 9.11後の変革研究の課題

いずれの基準からみても、9.11事件は世界を震撼させる事件であったといえる。だが、一部の論者が性急に論じたにしろ、これはグローバル化の終焉を告げるものではなかった(Gray 2001)。むしろ、9.11事件はグローバル化の諸過程を再編することになった。主張や利害が手段と化して、むき出しの暴力が顕在化することになった。経済的諸力がグローバル化の主な根源であるとみなされる場合が多かったが、今や、グローバル化の政治的・軍事的次元が勢いを得ることになった。

9.11事件後、グローバル政治の形状は再編され、新しい空間も開かれている。だからといって、自由市場型民主政が実質的民主政ではないと考えられないかぎり、民主政の地平は開かれない。だが、非政治的アクターが政治空間を占める状況が強まっている。そのなかには、アルカイダのように、大量破壊型兵器を調達しうるネットワークも含まれている。超国民的ネットワーク、ヘゲモニー権力、「ならずもの国家」も介入することで、軍事型グローバル化が現代を動かす基本的な歴史的力となっていて、そのなかで、ヘゲモニー的権力構造によって自他の区別が、また、警察の監視体制が強化されている。

すると、変革的研究はグローバル化の戦略地政学的側面を説明し、これを地理経済学的側面や生物圏と結びつけなければならないし[*4]、グローバル化を組成している具体的権力構造についても検討しなければならないことになる。そして、シアトルの闘いのようなマクロ次元についてのみならず、文化領域で浮上しているようなミクロ対抗力について、さらには、ミクロとマクロを媒介する様式についても研究すべきことになる (Mittelman 2000, 2004)。

こうした批判的研究はどのように行われるべきであろうか。端緒は現代の秩

序の生成について考え、次いで変革につながりうる断層線を確認することであろう。今日、浮上している断層線はグローバル化と単独行動主義との矛盾である。アメリカ外交は外国勢力との協力と孤立という歴史的パターンを繰り返してきたが、この矛盾は、こうしたパターンを超えるものとなっている。アメリカはグローバル化の主要な受益者の位置にあるだけでなく、政府機関は、新保守主義的有機的知識人、キリスト教右派、軍国主義派の理念を押し付けることで、グローバル化を切り崩してもいる。

2003年のイラク開戦に至る経緯を辿ってみると、G. W. ブッシュ政権は、ヨーロッパの同盟諸国との提携や環境に関する京都議定書の調印を拒み、ロシアとの弾道弾迎撃ミサイル条約を撤回しているし、地雷禁止条約にも異議を発している。また、国際刑事裁判所を無視しているし、メキシコとの移民協力を拒否している。そして、国際的貿易ルールに反して鉄鋼に関税を課している。さらには、自由貿易の障壁を低くすると言いながら、アメリカ農民への助成金の増額に応じたのにたいし、途上諸国に対しては、貿易ルールにこだわることなく救命医薬品のコストを切り下げるべきであるとする要請には応じようとしなかった。実際、ヨーロッパ諸国が支持し、また、多数の人命を救いうる協定であったにもかかわらず、アメリカの薬品会社の支援を背景に世界貿易機関の協定を拒否している。他方で、安全保障会議の同盟国がアメリカのイラク政策に拒否権を発動するおそれがあるとみるや、ワシントン政府は拒否権の発動を批判し、単独行動に踏み切る用意があると宣言している。そして、ブッシュ大統領の開戦決定をみるや、ディズニー、マクドナルド、コカコーラといった象徴的なアメリカ商品に対する消費者の一連の不買運動に火をつけることになった。

サダムを排除してから、ブッシュ政権は、再び、国連安全理事会を重視し、正統性、軍隊、資金をあてにしだし、単独行動主義と軍事的イニシアティブとは矛盾するものではないと言い出している。アメリカの単独行動主義政策は、部分的であれ、アメリカの資本やグローバルな資本の利益にそぐわないところがあるだけに、多国間主義の諸要素を含まざるをえない。単独行動主義は自己中心的で短期的パースペクティブに立っているが、資本の支配的分派は外向的

で、より長期の視点に立っている。単独行動主義は、2003年のイラク戦争を含めて、自己調整型グローバル化という公式理念から後退するものである。新自由主義的世界経済を維持するには、少なくとも主要な政治アクター相互の多国間型政治協力が必要とされるが、現況からすると、総じて、一連の貿易戦争および先制攻撃策を基礎とした軍事戦争は、また、アフガニスタンとイラクに続く「政権交替」はグローバル化の次の局面を予示している。この意味で、単独行動主義的グローバル化は、とりわけ軍事的形態をとると、自家撞着とはいえないまでも、ひとつの窮地を示すものである。この新グローバル化の2つの姿勢（単独行動主義と自由市場）は両立しえない位置にある。

こうした諸矛盾を見分けようとすると、批判的グローバル化研究には具体的現実の検討が求められる。こうした研究は研究者と活動家のネットワークによって可能なものとなる。多面的で比較の視点から多様なパースペクティブが浮上しうることになる。リージョン間とリージョン内の作業から、グローバル化の多様な現況やローカルな現状との結びつきが明らかにされることになる。教育的意味も含めて、批判的考察は新しい常識に連なりうる手段であるだけに、現状に替わる方向を提示すべきである。

7 求められる知識

あえて簡潔に要約すると、グローバル化研究はきわめて論争的領域であるだけに、その領域を明確に設定しうる絶対的基準が存在してはいないことになる。だが、その批判的研究の大まかな概念図には、一連の相互に結びついた特徴が含まれる。それは再帰性、歴史主義、脱中心化、社会考察と他の知的潮流との交差、変革の実践である。

批判的アプローチの強みのひとつは、このアプローチによって広範な知識を得ることができることである。組織的権力の諸制度がグローバル化の焦点にすえられることになるとはいえ、非公式の間主観的諸過程の検討も求められる（Cox, with Schechter 2002）。

さらには、批判的グローバル化研究はグローバル化の他のパースペクティブとは別の視点に立つことになる。経済主義とは違って、行動主体、ジェンダー、精神構造、文化、環境を看過するものではない。また、現実主義とは違って、社会諸勢力や世界秩序の規範性を無視するものでもない。さらには、新自由主義的グローバル化アプローチとは違って、国境横断型のフローや相互依存関係を、あるいは、技術進歩の管理を問題としないわけにはいかないし、これらを位階的権力諸関係やグローバルなヘゲモニー構造と結びつけることにもなる。

　こうした点で、批判的グローバル化研究は関連アプローチとは異なる位置にあるといえるが、その研究方法によって転換期の現代をどのように説明しうるのであろうか。この点で、批判的グローバル化研究は、古い秩序の諸要素をとどめている移行期に注目するとともに、時流のなかに連続と断絶を確認し、新しい秩序への移行の端緒を探ることになる。私は古い世界秩序を「多国間型(マルティラテラル)グローバル化」と、現代の構造を「軍事型(ミリタライズド)グローバル化」と、そして新しい可能性を含んだ形状を「民主的(デモクラティック)グローバル化」と呼んでいる。この３つの趨勢は個別のものではないし、相互に排他的なものでもない。その構成要素は矛盾の総体として共存し、グローバル化の多様な側面を、また、同意と強制の多様な複合状況を示している。最初の２つはアメリカを担い手とし、第３の動向はヘゲモニー的グローバル化に対抗する位置にある。

　1970年代から９.11事件に至るまで、むき出しの暴力の周期的発動を伴いつつも、世界秩序は、とりわけ、支配的諸階級間のコンセンサスに依拠していた。主権国家間の形式的平等というウェストファリア型モデルを基礎として、多国間型グローバル化には領土性の原理と資本主義のグローバル化の物質的力が含まれていた。したがって、国家間システムは超国民的諸過程と結びついていた。この点は、とりわけ、経済と文化の領域に顕著であった。だが、そのなかで、国家間の分極化が深まっただけでなく、市場のグローバル化は富者と貧者との格差の拡大を呼ぶことになったし、中東諸国のように、国家抑圧を強めた地域もある。さらには、2001年の事件に至るまで、地球温暖化、オゾン層と生物多様性の破壊を含めて、環境破壊が急速に進むことになった。

　９.11事件後、グローバル・ヘゲモニーの振り子は同意から強制に傾いた。ア

ジアの金融危機、ロシアなどの市場改革の衝撃、アルゼンチンの激動、国際経済機関の信頼の喪失、こうした事態のなかで「ワシントン・コンセンサス」は刷新を求めることになったが、これは旧グローバル推進論者の一部や新古典経済学者の厳しい批判に発するものであった（Soros 2002；Rodrik 1997. 内部からの批判としては次を参照のこと。Stiglitz 2002）。こうして、強制の契機が強まり、合意の契機が弱まるという状況が強くなったことは明らかである。ワシントン政府は、穏和な支配形態よりも軍事力と隠密機関や警察力に依存する方向を強くすることになった。軍事型グローバル化は、イラクに代表されるような国家間戦争のみならず、ウェストファリア体制の崩壊という特徴を帯びることになったし、領土型国家は上から（とりわけ、市場の規律力とリージョン化）と市民社会の下からの圧力を受けることになった（Falk 2003）。こうして、アメリカ指導型グローバル化を世界的に広めようとする企図はマクロとミクロの両レベルで抵抗を呼ぶことになった。

　こうした抵抗は別の方向を示唆するものであるが、実践に転化しているわけではなく、可能性にとどまるものである。矛盾しつつも多くの声が発せられ、ビジョンが提示されているし、具体的提案を欠いているわけでもない（Sandbrook 2003）。その中心には新しい規範が、つまり、社会的正義と衡平を軸とした倫理観が浮上している。また、資本を規制し、福祉政策を強化するためには、国家の能力を弱めることなくウェストファリア体制を緩やかなものにすべきであるとも指摘されている。ポラニーの言葉を借りれば、民主的グローバル化とは経済を社会に埋め戻すことである。また、グラムシ的意味からすると、対抗ヘゲモニーを構築することであり、違いに寛容で、開かれた参加型の方式によって差異の調和を期しうる新しい方法を模索し、権力の分散化を期すことである。

　今や、この３つの世界秩序が交差・競合し、それぞれの論理が対立している状況にある。変革の駆動力となるのは対抗力であり、また、その知識であって、メタ理論や行動の秘訣ではない。批判的知識は対抗理念を、また、これを実践に転化しうることを糧としている。求められている知識が満たされることになれば、現実の結果に影響を与えうる概念的手段も明らかとなろう。これは、単

に知的に批判し続けるのではなくて、真実を明らかにし、力を与えるものでなければならない。批判的グローバル化研究はこうした位置にあり、明るい未来を展望しうる方途となりうるものである。

〈参考文献〉
Abdul Rahman Embong (2002) *State-Led Modernization and the New Middle Class in Malaysia*, New York, Palgrave Macmillan.
Amoore, L. ed. (forthcoming) *The Global Resistance Reader*, London, Routledge.
Arrighi, G. and Silver, B. J. (1999) *Chaos and Governance in the Modern World System*, Minneapolis, University of Minnesota Press.
Barlow, M. and Clarke, T. (2001) *Global Showdown: How the New Activists are Fighting Global Corporate Rule*, Toronto, Stoddart.
Bello, W. (2002) *Deglobalization: Ideas for a New World Economy*, London, Zed Books.
Benería, L. (2003) *Gender, Development, and Globalization: Economics as if People Mattered*, New York, Routledge.
Bové, J. and Dufour, F. (2000) *Le monde nest pas une merchandise: Des paysans contre la malbouffe* [The World Is Not for Sale: Farmers against Junk Food], Paris, Éditions La Découverte.
Braudel, F. (1980) *On History*, translated by S. Matthews. Chicago, University of Chicago Press.
—— (1990) *Afterthoughts on Material Civilization and Capitalism*, translated by P. Ranum, Baltimore, Johns Hopkins University Press.
Braudel, F. (1994) *A History of Civilizations*, translated by R. Mayne, New York, Penguin.
Carr, E. H. (1964) *The Twenty Years' Crisis, 1919-1939*, New York, Harper and Row(井上茂訳『危機の二十年――1919-1939』岩波書店、1996年).
Cheru, F (2002) *African Renaissance: Roadmaps to the Challenge of Globalization*. London, Zed Books.
Cox, M., ed. (2000) *E. H. Carr: A Critical Appraisal*, London and New York, Palgrave.
Cox, R. W. (1986) "Social Forces, States, and World Orders: Beyond International Relations Theory," in *Neorealism and its Critics*, edited by R. Keohane, pp. 204-254. New York, Columbia University Press.
Cox, R. W. with Schechter, M. G. (2002) *The Political Economy of a Plural World: Critical Reflections on Power, Morals and Civilization*. London, Routledge.
Danaher, K. ed. (2001) *Democratizing the Global Economy: The Battle against the World Bank and the International Monetary Fund*, Monroe, ME, Common Courage Press.
Dicken, P. (2003) *Global Shift: Reshaping the Global Economic Map in the 21st Century*, 4th ed, New York, Guilford.

Falk, R. (1999) *Predatory Globalization: A Critique,* Cambridge: Polity.
—— (2003) "Globalization-from-Below: An Innovative Politics of Difference." In *Civilizing Globalization: A Survival Guide,* edited by R. Sandbrook, 189-205. Albany: State University of New York Press.
Ferguson, Y. H. and Rosenau, J. N. (2003) "Superpowerdom before and after September 11, 2001: A Postinternational Perspective", Paper presented at the Annual Meeting, International Studies Association, Portland, OR.
Friedman, J. (1994) *Cultural Identity and Global Process,* Thousand Oaks, CA: Sage.
Geuss, R. (1981) *The Idea of a Critical Theory: Habermas and the Frankfurt School,* Cambridge, Cambridge University Press.
Gills, B. K., ed. (2000) *Globalization and the Politics of Resistance,* Houndmills, Basingstoke, Palgrave Macmillan.
Gilpin, R. (2000) *The Challenge of Global Capitalism: The World Economy in the 21st Century,* Princeton, Princeton University Press（古城佳子訳『グローバル資本主義 —— 危機か繁栄か』東洋経済新報社、2001年）.
Gramsci, A. (1971) *Selections from the Prison Notebooks of Antonio Gramsci,* translated and edited by Q. Hoare and G. N. Smith, New York, Lawrence and Wishart.
—— (2000) *The Gramsci Reader: Selected Writings 1916-1935,* edited by D. Forgacs, New York, New York University Press（東京グラムシ研究会監修・訳『グラムシ・リーダー』御茶の水書房、1995年）.
Gray, J. (2001) "The Era of Globalisation Is Over", *New Statesman,* September 24, 25-27.
Harding, S. (1991) *Whose Science? Whose Knowledge? Thinking from Women's Lives,* Ithaca, NY, Cornell University Press.
Hardt, M. and Negri, A. (2000) *Empire,* Cambridge, MA, Harvard University Press（水嶋一憲ほか訳『帝国 —— グローバル化の世界秩序とマルチチュードの可能性』以文社、2003年）.
Hekman, S. (1997) "Truth and Method: Feminist Standpoint Theory Revisited", *Journal of Women in Culture and Society* 22, 341-365.
Held, D. (1995) *Democracy and the Global Order: From the Modern State to Cosmopolitan Governance,* Stanford, CA, Stanford University Press（佐々木寛ほか訳『デモクラシーと世界秩序 —— 地球市民の政治学』NTT出版、2002年）.
Held, D. and McGrew, A. eds. (2003) *Global Transformations Reader,* 2nd ed. Cambridge, Polity.
Hettne, B. (2002a) "Discourses on Utopianism: Polanyi and the Search for World Order", Unpublished paper.
—— (2002b) "Globalisation, Regionalisation and Security: The Asian Experience", *European Journal of Development Research* 14, 28-46.
Hettne, B. and Odén, B. eds. (2002) *Global Governance in the 21st Century: Alternative Perspectives on World Order,* Stockholm, Almqvist and Wiksell International.

Kaldor, M. (1999) *New and Old Wars: Organized Violence in a Global Era*, Stanford, CA, Stanford University Press(山本武彦・渡部正樹訳『新戦争論 —— グローバル時代の組織的暴力』岩波書店、2003年).

Klein, N. (2002) *Fences and Windows: Dispatches from the Front Lines of the Globalization Debate*, New York, Picador(松島聖子訳『貧困と不正を生む資本主義を潰せ —— 企業によるグローバル化の悪を糾弾する人々の記録』はまの出版、2003年).

Lemert, C. (1993) "Social Theory: Its Uses and Pleasures." In *Social Theory: The Multicultural and Classical Readings*, edited by C. Lemert, pp. 1-24. Boulder, CO, Westview Press.

McMichael, P. (2004) *Development and Social Change: A Global Perspective*, 3rd ed. Thousand Oaks, CA, Pine Forge Press.

Mittelman, J. H. (2000) *The Globalization Syndrome: Transformation and Resistance*, Princeton, Princeton University Press(田口・松下・柳原・中谷訳『グローバル化シンドローム —— 変容と抵抗』法政大学出版局、2002年).

—— (2002) "Globalization: An Ascendant Paradigm?" *International Studies Perspectives* 3, 1-14.

—— (2004) *Whither Globalization? The Vortex of Knowledge and Ideology*. London, Routledge.

Nederveen Pieterse, J. (2004) *Globalization and Culture: Global Mélange*. Lanham, MD, Rowman and Littlefield.

Olds, K., Dicken, P., Kelly, P., Kong, L. and Yeung, H. W. eds. (1999) *Globalisation and the Asia-Pacific, Contested Territories*, London, Routledge.

Overbeek, H. (2001) "Transnational Historical Materialism: Theories of Transnational Class Formation and World Order", In *The New Global Political Economy: Theorizing and Approaches*, edited by R. Palan, pp. 168-184, London, Routledge.

Panitch, L. (1996) "Rethinking the Role of the State", in *Globalization: Critical Reflections*, edited by J. H. Mittelman, pp. 83-113. Boulder, CO, Lynne Rienner.

Peck, J. and Yeung, H. W. (2003) *Remaking the Global Economy: Economic-Geographical Perspectives*, London, Sage.

Peterson, V. S. (2003) *A Critical Rewriting of Global Political Economy: Integrating Reproductive, Productive, and Virtual Economies*, London, Routledge.

Polanyi, K. (1957) *The Great Transformation: The Political and Economic Origins of Our Times*, Boston, Beacon Press(吉沢英成ほか訳『大転換 —— 市場社会の形成と崩壊』東洋経済新報社、1975年).

Robertson, R. (1992) *Social Theory and Global Culture*, Newbury Park, CA, Sage(阿部美哉訳『グローバリゼーション —— 地球文化の社会理論』東京大学出版会、1997年).

Robertson, R. and White, K. eds. (2003) *Globalization: Critical Concepts*. London, Routledge.

Robinson, W. I. (2001) "Social Theory and Globalization: The Rise of a Transnational State." *Theory and Society* 30, 157-200.

Rodrik, D. (1997) *Has Globalization Gone Too Far?*, Washington, DC, Institute for

International Economics.

Rosenau, J. N. (2003) *Distant Proximities: Dynamics beyond Globalization*, Princeton, Princeton University Press.

Rupert, M. (2000) *Ideologies of Globalization: Contending Visions of a New World Order*, London, Routledge.

Sandbrook, R. ed. (2003) *Civilizing Globalization: A Survival Guide*, Albany, State University of New York Press.

Sassen, S. (2001) *The Global City: New York, London, Tokyo*, 2nd ed. Princeton, Princeton University Press.

Scholte, J. A. (2000) *Globalization: A Critical Introduction*, London, Macmillan.

Shotter, J. (1993) *Cultural Politics of Everyday Life: Social Constructionism, Rhetoric and Knowing of the Third Kind*, Toronto, University of Toronto Press.

Sklair, L. (2002) *Globalization: Capitalism and its Alternatives*, 3rd ed. Oxford, Oxford University Press.

Smith, J. and H. Johnson, eds. (2002) *Globalization and Resistance: Transnational Dimensions of Social Movements*. Lanham, MD., Rowman and Littlefield.

Soros, G. (2002) *George Soros on Globalization*, New York, Public Affairs(藤井清美訳『グローバル・オープン・ソサエティ――市場原理主義を超えて』ダイヤモンド社、2003年).

Spivak, G. C. (1990) *The Post-Colonial Critic: Interviews, Strategies, Dialogues*, edited by S. Harasym, London, Routledge.

Steger, M. B. (2002) *Globalism: The New Market Ideology*, Lanham, MD., Rowman and Littlefield.

―― (2003) *Globalization: A Very Short Introduction*, New York, Oxford University Press(櫻井公人ほか訳『グローバリゼーション』岩波書店、2005年).

Stiglitz, J. (2002) *Globalization and its Discontents*, New York, W. W. Norton and Company(鈴木主税訳『世界を不幸にしたグローバリズムの正体』徳間書店、2002年).

Tickner, J. A. (2001) *Gendering World Politics: Issues and Approaches in the Post-Cold War Era*, New York, Columbia University Press.

Tomlinson, J. (1999) *Globalization and Culture*, Chicago, University of Chicago Press(片岡信訳『グローバリゼーション――文化帝国主義を超えて』青土社、2000年).

Väyrynen, R. (2003) "Regionalism: Old and New", *International Studies Review* 5, 25-51.

Wallach, L. and Sforza, M. (2000) *The WTO: Five Years of Reasons to Resist Corporate Globalization*, New York, Seven Stories Press.

Wapner, P. (2002) "Horizontal Politics: Transnational Environmental Activism and Global Cultural Change", *Global Environmental Politics* 2, 37-62.

Weber, M. (1949) *The Methodology of the Social Sciences*, translated and edited by E. A. Shils and H. A. Finch., New York, Free Press.

―― (1971) *From Max Weber: Essays in Sociology*, translated and edited by H. H. Gerth and C.

W. Mills. New York, Oxford University Press.
Zeleza, P. T. (2003) *Rethinking Africa's Globalization, vol. I: The Intellectual Challenges*, Trenton, Africa World Press.

---

(1) 「サンフランシスコ・グローバル化国際フォーラム（San Francisco-based International Forum on Globalization）」のような研究集団も存在している。また、2001年にブラジルのポルトアレグレで緒についた「世界社会フォーラム（World Social Forum）」は、新自由主義的グローバル化とは別の方向をどのように設定すべきかについて検討している。
(2) 「副官は発言しうるか」というテーマは、他の脱植民地論者を含めて、次において詳述されている。Gayatri Chakravorty Spivak 1990.
(3) フランクフルト学派の研究者たちは、資本主義や大衆社会を研究することで批判的姿勢を保とうとしたが、これは、理論を政治的介入に転化するには、まず、考察を深める必要があると考えたからである。これにたいし、グローバル批判者が政治の回避というマヌーバーに、まず訴えようとすることは少ないといえる。
(4) このように強調したのは、これまでのグローバル研究においては、総じて、軍事要因が現代のグローバル化の駆動力であることがあまり強調されてこなかったことを正すためである。

第8章
現代の君主たちのたそがれ

フランク・カニンガム

1 はじめに

　意図がどこにあったにせよ、ワーグナーは、「ニューベルンゲンの指輪」にヴァルハラの支配神のウォータンを登場させ、ヘゲモニーについての著作のすべてのルールを破らせている。その著作とはマキャヴェリの『君主論』である。だが、ウォータンは戦略的知恵に欠け、邪まなカウンセラーのロッジに操られることになっただけでなく、もっと策略に長けたニューベルンゲンの罠にはまっている。ウォータンは、オペラの登場人物の多くがその都度に反抗するので、もっと強い恐怖感を煽りえないでいる。さらには、敬意を、したがって、従者の支援を必要としつつも、これを引き出すことができないでいるし、当てにはならない、よからぬ取り巻きに囲まれている。

　マキャヴェリは、君主たるものは臣下の財産に手をつけるべきではないとしているが、ウォータンは、ニューベルング族のアルベリヒが金から鋳造した指輪を盗んでいる。しかも、この金とても地上から盗まれたものであった（このオペラは、"金"ではなくて"石油"に読み替えてみると、驚くほどに現実味を帯びることになる）。ウォータンが意思の弱さと明らかに非道徳的な行為とのなかで揺れている。このオペラは、黙示録的たそがれのなかで、彼が終末を迎えることを暗示しているが、ジークフリードやブルンヒルデといった悲劇的人物とは違って、同感や哀惜の念をそそるものとはなっていない。

　世界の超大国は変容しつつも、なお、強大な力をとどめている。これは、

ウォータンの今日的姿ではあるまいか。以下では、そうであると考えていることを明らかにするとともに、アメリカのヘゲモニー後の世界と結びつけることにする。

本論は控えめなものであって、ヘゲモニー概念をどのように捉えるべきかという点で、ひとつの意見を提示するにとどまるものである。ここでは、アントニオ・グラムシの『獄中ノート（*Prison Notebooks*）』（『現代の君主（*Modern Prince*）』と題して論集に編まれている場合もある）にみられるヘゲモニー概念やエルネスト・ラクローとシャルタン・ムフに代表される近年のネオ・グラムシ派の理解について検討するとともに[*1]、グラムシ的理解からすると、アメリカは他の諸国との関係においてヘゲモニー的であるといえるかどうかについて、あるいは、どのようにヘゲモニー的であるかについて、いくつかの仮説を提示することにする。ヘゲモニー理論からすると、グラムシのモデルが他のモデルに勝る位置にあることを明らかにしようとするものではなく、この仮説の検討は他者に委ねることにしたい。

マキャヴェリの著作には3つの政治志向を認めることができる。それがグラムシによって展開され、第2インターの理論家の固有のパースペクティブとなっただけでなく、批判の対象ともされた（グラムシはマキャヴェリの著書の表題を変えるとともに、ノートでは符号を用いている。これは獄吏の検閲をくらまし、イタリア共産党に届くようにするためであった）。

第1に、不運なウォータンについて指摘したように、マキャヴェリの「ケンタウロス・テーゼ」を問題とすべきであろう。マキャヴェリの指摘に従えば、成功しうる君主とは半人半獣の存在であって、半獣の姿は、ライオンのように、暴力と威嚇による支配の性格を帯びることになる。また、マキャヴェリにおいて同様に重視されていることは、狐の特徴を、つまり、狡猾と巧妙さを備えていることである。したがって、ケンタウロスは、敬意と恐怖を喚起しうるだけでなく、慈悲と親切や廉直を、さらには、家臣に弱みとみえたり、決意に欠けると映らないかぎり敬虔と人格的資質を持ち合わせていなければならないことになる[*2]。こうした君主の資質からグラムシが得たことは、ヘゲモニーとは支　配（ドミネーション）のことに過ぎないものではなくて、リーダーシップも求められること

であって、これには、やがて述べるように、知的・道徳的次元も含まれていることになる。[*3]

　第2の一般的教訓は、マキャヴェリが政治にアプローチするなかで、政治とは宗教ないし経済と同様に、自立的存在であるとしていることである。これが、グラムシの指摘している「政治学の自律性」である。[*4] マキャヴェリは、富 (*fortuna*) が人々の行動を規制すると判断しているのと同様に、グラムシは、生産諸力と生産諸関係が大規模な社会的プロジェクトにおいて鍵的位置にあるとするマルクス主義的理解を基本的に認めている。だが、マキャヴェリと同様に、グラムシも宿命論を拒否し、巧拙を問わず、政治的リーダーシップが将来社会の形成に決定的に重要な役割を果たすことになるとみなしている。[*5]

　この視点は、本論では検討に及びえないとしても、アメリカの圧倒的な経済的影響力が衰退しているかどうかをめぐる議論とかかわって、アメリカの世界的ヘゲモニーの地位をどのように評価するかという問題と結びつかざるをえない。[*6] グラムシの宿命的決定論の注意深い批判からすると、経済的に支配的な力だけではヘゲモニー的存在とはなりえないし、長期的で強力な経済的優位を保つには政治的ヘゲモニーが求められることになる。これは軍事的優位についても妥当しうることである。

　グラムシがマキャヴェリの『君主論』において注目した第3の点は、政治における徳義の欠如に対する労働者の制裁とも呼ばれている問題である。マキャヴェリの意図はニュアンスの濃いものであって、ヘゲモニーとは、既存の価値の影響力や指導者と被指導者の世界観のなかに発見されたり、あるいは、単純に課されるものではなくて、（必要な場合には策略によることは確かであるとしても）能動的に解釈されるものであるとしている。

　この理解からすると、ヘゲモニー的支配においては自立的技術が成功の鍵を握っていることになる。この点で、マキャヴェリは、貴族と庶民のいずれであれ、固有の人格的資質を発揮しうるなら、君主の地位に就きうるとしている。一方、グラムシは、政治的に組織された労働者階級が、当時の社会の最も重要なプロジェクトとみなしたもの、つまり、リソルジメントで緒についた国民統一の実現キャンペーンの指導的勢力となりうるとはいえ、この勢力とイタリ

ア資本主義との対立が存在しているのであって、ヘゲモニーの構築に最も長けた勢力が勝利することになると受け止めていた。[*7]

次の対照表は「政治活動と国民生活の二重のパースペクティブ」を示すものであって、グラムシがマキャヴェリから引き出し、自らのヘゲモニー観の特徴を示そうとしたものである。[*8] 彼は次のように対比している。

1. 強制と同意
2. 権威とヘゲモニー
3. 暴力と文明
4. 個別的契機と普遍的契機
5. 教会と国家（グラムシは括弧を付している）
6. アジテーションとプロパガンダ
7. 戦術と戦略

『獄中ノート』の各所で、こうした対比を繰り返すことで、グラムシは論敵やイタリア共産党の指導部との違いを明らかにし、組み合わせのなかの後者の重要性を指摘するとともに、両者が緊張関係と相互依存関係にあることを弁証法的に説明している。以下では、まず、第4の対比について説明し、次いで、第2の対比に移ろう。

2 集団的意思（コレクティブ・ウィル）

ヘゲモニーとは構築されるものであるとすると、そこから別の推論を導くことができる。それは、ヘゲモニー的主体は、ヘゲモニーが行使される人々の実状や文化に注意深くなければならないし、事態の変化を呼ぶことで自らのヘゲモニーと結びつけなければならないということである。こうした企図の順応的次元がグラムシのヘゲモニー的政治観として浮上しており、常に、脈絡対応的ないし「偶発的」なものであるのにたいし、その構成的次元においてヘゲモニー

的主体は偶発的契機を捉え、歴史的趨勢と可能性(「有機的契機」)を踏まえて、これをヘゲモンの目標に合わせることが求められることになる。*9 こうした政治観は、また、人間性とは固定的なものではなくて、政治過程のなかで変化しうるという判断とも結びついている。*10

偶発的と有機的な「政治の技術」がヘゲモニーの中心に位置しているが、*11 この技術にとってきわめて重要なことは、集団的意思をどのように形成するかという問題である。この点でグラムシは次のように述べている。

> 歴史的行為とは「集団的人間(コレクティブ・マン)」によってのみ遂行されうるものである。これは「文化的・社会的」統一の実現を前提とし、これを媒介とすることで、多数の分散的意思は、異質の諸目的を含みつつも、平等で共通の世界観を基礎に、ひとつの目的に収斂する。*12

ヘゲモニー機能は、いわば、個別的利害ではなくて、集団的諸意思を基盤とし、さらには、作動すべきものとして存在していることを意味している。グラムシは、幾度もマルクスの『経済批判』の「序言」にふれている。すなわち、「人々は、常に、解決できる課題のみを自らに課しているといえるのも、事態をよくみると、そうした課題が浮上するのは、その解決の物質的諸条件がすでに存在しているか、少なくとも、形成過程にあることが常に判明するからである」*13 と。この指摘を援用すると、ヘゲモニー的主体は、ヘゲモニーが行使される人々の集団的意思を創出するが、そのために不可欠の物質的条件がすでに人々の文化と実践や諸制度に存在していることになる。

歴史的には、ヘゲモニー的企図は過去との継続と断絶のなかにある。人々の共通の伝統のなかに個別的利益を超える、別の表現を使えば、共通の背景となりうる集団的意思の構成要素が存在していて、これをもとに、各人は多様で個別の人生目標を追っていることになる。こうした伝統に注目しようとすると、ヘゲモンがこうした伝統のいずれの面を強調すべきかについてのみならず(グラムシの場合には、国民統合に有効な汎イタリア的諸価値)、いずれの面に挑戦すべきかについても検討すべきことになる(グラムシの場合には、政治的に有効な忠誠を教会から国家に移すことであり、だから、前頁の対比にもみられるように、こうした視点

を二重のパースペクティブで括っているのである）。

グラムシは、民衆は二重の意識をもっているとみなしているが、この理解からすると、ヘゲモニー的な集団的意思の創出には時間的次元が含まれていることになる。人民は、行動とは一致しない政治的理念や価値を示すことが多い。たとえば、労働者階級は競争的で親資本主義的な世界観に即した政治的価値を信じつつも、完全に社会主義的とはいえないまでも、職場や近隣集団において、その方向に適合的な行動に訴えることも多い。重要なことは、表面的価値をもって、真偽を疑ったり、偽善に過ぎないとみなさないことである。むしろ、そうした状況は矛盾の反映なのであって、典型的には、社会の支配的な「イデオロギー的」価値（これが支配的イデオロギーを構成している）を無批判的に受け入れているとしても、人々の現実的経験と符合しているわけではない。グラムシは意識の二重性を指摘している。このコメントは、民衆の意思を最も確実にヘゲモニー的に組成しうるのは、明示的と暗示的とを問わず、意識の諸水準に浸透している場合であることを意味している。

3 リーダーシップ

総合的に判断すると、グラムシは、ヘゲモニーとは既述の付表の組み合わせの複合であると考えていたと思われる。だが、重要なことに、先に再録したリストを提示するなかで、ヘゲモニーという言葉を力ではなくて権威と対比している。これはグラムシのアプローチと単線的なヘゲモニー概念との違いを示すものであって、後者には、グラムシの指摘からすると、ヘゲモニーとは同意のことに過ぎないと、あるいは、力と同意の結合のことであるとする主張も含まれる。この違いから、グラムシがなぜリーダーシップの役割を重視し、リーダーシップはヘゲモニー的でなければならないと、あるいは、恣意的ないし強制的権威ではなくて、地に着いたものでなければならないと指摘しているかが明らかとなる。

グラムシは、リーダーシップとは政治的次元と「道徳的・知的」次元からな

り、後者は、既述のような集団的意思に対応するとともに、これを構築しうることも含まれると考えている。「道徳的」と「知的」という言葉が使われているのは、「被指導層」が、ヘゲモニー関係において、部分的であれ、指導層のヘゲモニーの継続に有効な常識と価値や世界観を抱懐していることを示すためである。グラムシは、このことを強調することで、実効的リーダーシップとは歴史の法則を理解し、これに合わせて集団的活動を促し、強制することに過ぎないとする経済主義的概念とは異なることも指摘している[*16]。また、グラムシの「有機的知識人」の規定からすると、ヘゲモニー的リーダーとは被指導層の価値や世界観に依拠するとともに、これを指導する存在であるし、そのようにみなされうるとする考えを示していることになる[*17]。

政治的リーダーシップは2つの形態のいずれかを帯びうる。それは「トランスフォルミズモ」と「変革（エクスパンジョン）」である。前者は、漸次的アプローチという当時の政治状況を規定するためにグラムシが使い、「受動的革命」と結びついた言葉である[*18]。また、後者はシャンタル・ムフの呼称である。「トランスフォルミズモ」とは、期待した政治的変化の方向に傾きがちであって、集団的意思の既存の伝統を保持しようとすることであるのにたいし、変革型の政治的リーダーシップとは、グラムシがヘゲモニー的リーダーシップのジャコバン的契機と呼んでいる場合にもみられるように、新しい集団的意思を形成しようとすることである（ただし、既述のように、既存の伝統を基礎とし、あるいは、これに即して解釈されることになり、この点では、現実のジャコバン主義とは異ならざるをえない）[*19]。

マキャヴェリと違って、グラムシの焦点は政治リーダーとしての個人ではなくて、集団にあった[*20]。とりわけ、リーダーシップは社会の支配的な経済的諸階級のひとつによって、当時の社会においてはブルジョアジーないしプロレタリアートによって行使されると指摘している。だが、決定的違い（彼にたいし、また、その後、ソ連や他の第2インターの共産党によってイタリア共産党に浴びせられた激しい批判）は、グラムシが、階級的指導力（リーダーシップ）とは狭義の階級の利益におけるリーダーシップのことではなくて、社会の大部分のリーダーシップのことであり、労働者階級であろうとなかろうと、労働者階級の特殊利益や目標と社会全体の利益や目標とが一致するような方向に民衆の意思を変えることで可能となるよ

うな指導力のことであると位置づけたことである。すると、注目すべきことは、こうした照応性（ないし「有機的凝集化」）は、程度の差はあれ、民主的なものとなりうるということである。集団的意思が社会的（ひとつの「歴史的ブロック」的）規模で指導層と被指導層の不断の相互作用の所産であるかぎり、この構成体は民主的なものとなりうる。[*21]

4　ポスト・グラムシ派の修正

　エルネスト・ラクローとシャンタル・ムフは、共著の『ヘゲモニーと社会主義戦略（*Hegemony and Socialist Strategies*）』において、[*22]また個別の論文において、グラムシのヘゲモニー・アプローチの鍵的認識を援用するとともに、3つの重要な修正を試みている。なかでも、経済的諸階級のみがヘゲモニーを行使しうるとする考えをグラムシが拒否しているというテーゼを提示している。ラクローとムフは、こうした理解がマルクス主義の階級還元論に残存することで、他の集団的実体が、とりわけ、多様な社会諸運動がどのようにヘゲモニー的リーダーシップを行使しうるかを視野に収めえないでいると指摘している。

　別の視点に立つことでラクローとムフはマキャヴェリの理解に迫っている。グラムシの判断からすると、マキャヴェリは外敵を確認することで君主は有利な立場を得ることになると考えていた。[*23]また、グラムシも、こうした敵が存在することでヘゲモニー的支配が強化されることはあると考えていた。だが、グラムシは、これが不可欠であるとはみなしていないし、敵対関係のなかで、どの程度にヘゲモニーがうまく、あるいは実効的に行使されるかを明示しているわけではない。[*24]だが、ラクローとムフは、ヘゲモニーは、常に、敵対的他者との関係において形成されるものであるとしている。ヘゲモニー的主体が既存の伝統を断ち切ることなく新しい集団的意思を作り上げようとすると、典型的には、既存の伝統には相互に矛盾せざるをえない価値と目標だけでなく、ヘゲモンの特殊な価値や目標とも矛盾せざるをえないものが含まれているだけに、これにどのように対応するかという困難に直面せざるをえないことになる。そし

て、すべての人々を敵視する勢力と対抗することで共通の基盤をつくり、ヘゲモニー的主体は共通の敵に備えるチャンピオンであることを自称しうることになる。[*25]

　以上と結びついて、グラムシの枠組みの別の修正というより、補正を認めることができる。これは、ポスト構造主義的な言語と政治の理論から引き出されている。というのも、ラクローとムフは、ヘゲモニーは「等価(イクイバレンス)」と「差異(ディファレンス)」の相互作用を媒介とすることで成立するとしているからである。ある主体がヘゲモニーを実現しうるのは、部分的であれ、ヘゲモニー的リーダーシップをもった多様な主体が、差異を含みつつも（少なくとも、共通の敵を含めて）何かを共通にし、これを押し出すことによる。すると、ヘゲモニー的主体も（大雑把に言えば）固有の「利害」をもっていることになるが、にもかかわらず、共通の利害において行動しているという姿を帯びざるをえないことになる。だが、そのヘゲモニーが機能するかどうかは、集団的意思を形成し、ヘゲモニーが行使される人々の利益とヘゲモンの特殊利益とを接合しうるかどうかによる。だから、例えば、グラムシは、共産党がヘゲモニー的存在となりうるのは、国民の統一ないし地方の発展を支持する人々が資本主義的支配からの解放の希望を労働者階級に託しうる場合であるとみなしたのである。

　ヘゲモンと他の社会部門（ポスト構造主義的伝統からすると「主観的地位」と呼ばれる）との違いが露骨すぎると、ヘゲモンは他の利害との接合力を失うことになる。だが、主観的地位のすべてにおいてヘゲモンと等視されるというヘゲモニー的等価が作用することで、ヘゲモンの特殊利益が薄められるかぎり、ヘゲモンの意図の内実は消えて、共通意思の接合中枢にとどまりうることにもなる。この問題が最も明確に浮上するのは（自らが全人民の代表であるとする）ポピュリズムの場合であるが、これとても、何らかのヘゲモニー的支配の営為が伏在している。[*26]この問題を一般的に、ないし恒常的に解決しうる手法が存在しているわけではないが、その構造からすると、ヘゲモニー的主体に求められる技術のなかには、特定の環境のなかで最善の差異と等価のバランスを期しつつ、いわば、自らを失うことなく、ヘゲモニー対象との結びつきを維持することが含まれることになろう。

5　グローバルな脈絡とヘゲモニー

　グラムシのヘゲモニーへのアプローチをグローバルな脈絡に位置づけようとすると、彼に限らず、多くのネオ・グラムシ派の主な関心が国民国家におけるヘゲモニーを対象としているだけに、複雑なものとならざるをえない。ある巧みなコメントのなかで、グラムシは国際関係とは「基本的な社会諸関係」に従うものであるとしている。これは、この関係が国民国家に根ざしていると理解されていることを示している。[*27] ロバート・コックスは、明らかにグラムシの視点から国際関係を論じている少数の理論家のひとりである。この点で、彼は「国民的脈絡は、世界経済と世界政治がその企図の行方を大きく左右しつつも、歴史的ブロックが依拠しうる唯一の場所である」と指摘している。[*28]

　別のパースペクティブは、資本主義のグローバル化のなかで、ヘゲモニーが、今や、国籍なき世界資本家階級の手中に移っているとするものである。これはマイケル・ハートとアントニオ・ネグリの意見であって、彼らは、資本家の"帝国"とこれに対抗するかたちで組織されている世界の"マルチチュード"とのグローバルな対立を描いている。[*29] さらには、世界の主要なヘゲモニー闘争は文明をめぐるものであると、つまり、神政政治型のイスラムとユダヤ・キリスト教の伝統から生成した自由民主政的社会との対立であるとするものもある。これがサミュエル・ハンティントンの有名な主張である。[*30]

　ここでは、こうした議論に立ち入るわけにはいかないが、そのテーゼについて、いくつかの疑問を提示しておきたい。資本主義的企業は、確かに、これまでと比べて、はるかに流動化し、国際的にも重複した構造にあるが、なお、個別国家を、あるいはEUにみられるように、ゼリー状の国家群を拠点とした制度的基盤を必要としている。また、リージョンの区分線にそって、あるいは、国民国家間のリージョン内において資本家間の強力な対立が存在していることを想定すると、グローバル帝国のテーゼはこの状況にそぐわないことになる。この点で、コックスは、ヘゲモニー対立が国家からグローバルなフォーラムへと

移ったわけではなくて、資本主義の国際化のなかで国民国家間の対立は激化しているし、諸国の人民が自生企業に対する国民的忠誠心を疑問視することで、資本主義の批判者の矛先を鋭くすることになったと判断している。[*31]

　また、世界は文明をめぐるヘゲモニーの衝突のなかにあるとする論者も、こうした衝突と国家とを切り離しうるとしているだけに疑問視せざるをえない。注目すべきことに、こうしたテーゼが、代表的にはアメリカの知識人を担い手とし、自国を自由民主的文明の範例であると描いていることである。"文明"の競争状況という点では、戦闘的イスラム派が、ナショナルな立場を離れて、少なくとも世界の一部でヘゲモニーを確立しようとしていることは確かなように思われる。だが、ヘゲモニー的であると自称するイスラム指導層のナショナルな（ないし汎ナショナルな）姿勢とその企図が成功するための条件とを区別するなら、例えば、今日のイランのように、少なくとも一部の主要国において、まず、ヘゲモニーが成立しないでは、その営為も成功する見込みはないといえよう。

　本論はアメリカのヘゲモニーを主な対象としているので、こうした諸問題は脇にとどめおくことにする。ヘゲモニーを国際問題と結びつけようとすると、2つの分析視点が求められることになる。ひとつは、目標とする超国民的ヘゲモニーの範囲という点では違いがあるということ、これに注目すべきことになる。戦闘的イスラム主義がヘゲモニーを求めているといわれていても、全世界を対象としたものではなくて、イスラムが多数の宗教となっている、あるいは、少なくともこれに近い状況にあるリージョンを対象としている。この点では、福音主義的キリスト教（エバンジェリカル）と異なる。というのも、この宗教は、世界支配を目指し、中世後期には政治的・文化的支配も含めていたからである。また、旧ソ連共産主義がグローバルなヘゲモニーを求めたのにたいし、中国の共産主義はアジアの諸地域の支配を目指していたし、現にそうでもある。さらには、アメリカは、間違った呼称であるが、西半球を中心とした「孤立主義的」傾向を帯びる一方で、ほぼ第二次世界大戦以降は世界的ヘゲモニーをも志向し、両方向の動揺を繰り返している。

　第2に注目すべきことは、当該のヘゲモニー的主体がアメリカのような国家である場合、世界の他の地域に占めるヘゲモニー的地位と内部の支配的集団の

ヘゲモニー的地位との関係をどうみるかという問題である。アメリカに即してみると、主として支配的階級内部の分裂のゆえに弱い面があるにせよ、土着的資本主義がヘゲモニー的であると想定することができる。すると、アメリカが世界的ヘゲモニーを行使しているかぎり、「アメリカという国民国家」のヘゲモニー的主体によるとせざるをえない。これは、グラムシ的視点からすると（また、分析視点を設定するための理念型という観点からすると）、既述のように、国内的ヘゲモニーが機能し、持続しうるだけの有機的に凝集的な歴史的ブロックが形成され、単一の集団的意思が成立しているからであるということになる。

すると、内的ヘゲモニーを欠いていると、どうなるかという問題が浮上するが、一般的には、次の4つの可能性を想定しうる。

1．グローバル（ないしサブ・グローバル）ヘゲモニーは有機的に凝集的な国家によって行使される。
2．グローバル・ヘゲモニーは凝集力を欠いた国家によって行使される。
3．グローバル・ヘゲモニーは凝集的国家によって行使されるわけではない。
4．グローバル・ヘゲモニーの行使主体は存在しない。

以上の4つの可能性のいずれもが現実化していないといえるが、実現してはいないとしても、少なくとも、何らかのパースペクティブから、これが模索されているといえよう。

多くの論者は、アメリカがグローバル・ヘゲモニーを行使している、あるいは、近年まで行使していたと判断している。これが今も妥当するかどうかということ、これが本論の課題であるし、アメリカにおいてヘゲモニー的凝集性が存在していた、ないし、存在しているかどうかということ、これも問われてしかるべき疑問である。恐らく、当初は別としても、ソ連の支配的集団（どのような集団であれ）は内的ヘゲモニーを保持していなかったといえる。というのも、ソ連は、主として、強力（フォース）やその威嚇をもって民衆の服従を維持していたからである。とはいえ、ソ連はグローバル・ヘゲモニーをめぐってアメリカと張り合っていた。また、多くの「それほど強くない列強」、例えば、カナダは、国内的にヘゲモニー的凝集力をもっていると否とを問わず、世界的ヘゲモニーやリージョナルなヘゲモニーを現に志向しているわけではない。本論の結びに

おいて、グローバル・ヘゲモニーが存在しないという状況がありうるかどうかについて検討することにする。

6 アメリカとグローバル・ヘゲモニー

アメリカがグローバルなヘゲモンであると想定すると、公私両部門における制度的結合体制が存在していることになる。それは、アメリカの政府、統治政党、軍事力、主要な経済機関（金融、産業、サービス）、ニュースと文化を輸出している機関や制度である。範囲という点からすると、なお「スーパー・パワー」として世界的規模のヘゲモニーを求めている。マキャヴェリのケンタウロスであるとすると、アメリカのライオンの特徴は軍事力と経済的強みにあるし、キツネの特徴は情報機関や外交と買収力に、さらには、外国政府やIMF、世銀、NATO、国連といった国際機関のありように影響力を行使しうることに求められる。その「人間的（ヒューマン）」側面に即してみると、この国は私的企業と自由民主的価値の担い手であるという、また、資本主義の効率性と民主的価値を世界に広めたいという考えをもっているという姿を帯びていることになる。

アメリカが国内的凝集力をもっているかどうか、また、どの程度のものかとなると、国内のヘゲモニー的（あるいは、ヘゲモニーを自称する）主体とはどのようなものとみなされるかによる。この点で、グラムシはイタリアにおけるヘゲモニーの争いを労働者階級とブルジョアジーとの対抗であるとし、前者のプロジェクトは共産党を指導者としているとみなしていた。確かに、階級と政党との関係をどのように概念化すべきかとなると、これは困難な問題であって、『獄中ノート』においても十分に論じられているわけではない。この問題は詳細に論ずべきであろうが、本論の課題からすると、グラムシのイタリアの経済諸階級の分析に浮上しているように、ヘゲモニーを競っている「間接的（リモート）」ないし基底的主体を設定し、そのひとつが政党を代表者としてヘゲモンに「近い存在（プロクシメイト）」になることを志向しているという状況を想定することができよう。同様の構図をアメリカにも妥当しうるように思われる。というのも、アメリカの場合には、

間接的なヘゲモニー主体は巨大な経済企業のコングロマリットとその資本主義的階級からなる諸機関であり、これが強力な軍事機構と協力関係にあるし、（論者によっては）この機構と一体化しているとされるからである。本論を執筆している局面において、その政治的リーダーシップの役割を果たしているのが共和党である。

　グラムシ的視点からすると、アメリカでは資本主義が圧倒的にヘゲモニー的位置にある。最大の資本主義的企業から支援を受け、また、これを支えるという体制と主要な2大政党とは対応関係にある。さらには、C. B. マクファーソンは、所有的個人主義が資本主義型民衆文化であると指摘しているが、この状況はグラムシが指摘している民衆意識のレベルにおいて深く根を張っている。[*32]
グラムシが経済的諸階級にのみ焦点を据えているわけではないというポスト・グラムシ的理解からすると、宗教、あるいは、少なくとも影響力の強い原理主義派は、原理的には資本主義に対するヘゲモニー的挑戦者になりうるとしても、アメリカにおいては資本主義的世界観にうまく統合されている。

　アメリカにおいて、支配的な経済構造や文化に挑戦し福祉政策を求めるということが起こったとしても、ヨーロッパの社会民主政にも及ばないものとならざるをえない。労働組合と社会運動は弱体であるだけでなく、総じて、狭く、かなり控えめな要求を掲げるにとどまっている。また、例外はあるにしろ、反対派知識層は「自由主義（リベラリズム）」と共産主義とを同列に論じ、自由主義を批判している。そして、ソ連崩壊のはるか以前から、社会主義の側からアメリカ資本主義に挑戦するという考えは、事実上、存在しないに等しい状況にある。

　以上の物語は、行政部の動向に注目すると、かなり異なったものとなる。少なくとも、2006年の時点で、共和党のリーダーシップがヘゲモニー的位置にあるとはいえない。共和党は、集団的意思の形成に取り組んでいるというより、原理主義的宗教観を受け入れることで自ら作り出した分裂社会の主役となり、社会サービスを攻撃し、無責任な経済政策や冒険主義的で無謀な軍事的企図を繰り返している。政府レベルの内的ヘゲモニーを欠いていることは、資本主義の基本的ヘゲモニーという点で、アメリカにおいて、とりわけ重要である。というのも、すべてとはいえないまでも他の多くの諸国とは違って、アメリカの

政治的言説が経済階級の視点からのみ形成されているわけではないからである。これは、政党中心型の発想が、あるいは、ヘゲモニーの類縁者(プロクシメイト)と呼んだ存在が政治的思考を汲みつくしかねないことを意味している。

　ある視点からすると、階級意識と政党とが結びつきえないなかでアメリカの資本主義的ヘゲモニーが強化されているともいえる。与党がナショナルな修辞を駆使し、そのなかで対外政策を展開しているかぎり、巨大な資本主義的企業が国民的利益に反している場合といえども、その活動は看過されてしまうことになる。だから、コックスが指摘しているように、グローバル化のなかで階級的ヘゲモニーに対する挑戦は押し殺されているのである。別の視点からすると、与党がヘゲモニーを欠き、それが民衆の政治意識に定着すると、国民の熱意に水を差すことで、また、分裂した国民のイメージを国外に与えることで、グローバル・ヘゲモニーの企図は困難なものとならざるをえない。ソ連がグローバルなレベルで現代の君主の地位を志向しながら、これを決定的に切り崩すことになったのは、その諸価値を広く掲げた人々には、部分的にせよ、国内のヘゲモニーを欠いていると理解されたことにもよる。

7　ヘゲモニーのグラムシ的評価

　次いで、グラムシのヘゲモニー論の諸原則に則してみると、アメリカをどのように位置づけることができるかということ、この点について検討しておこう。

　敵対者　まず、想起すべきことは、マキャヴェリが使い方しだいでは外敵もヘゲモニー的リーダーシップの強化に利用できるとしたのにたいし、留保をとどめつつも、グラムシがこれに同意していることである。マキャヴェリは、「賢明な君主」であれば、「機会あるごとに狡知をもって敵意を煽り、敵を踏みつけることで自らの偉大さを高めなければならない」と助言している。[*33] 国内におけるヘゲモニーの調達という点からすると、アメリカ政府はこの助言に最も忠実に従っているといえよう。だが、グローバル・ヘゲモニーの構築という点からすると、その戦術はそれほどうまく機能しているわけではない。共産主義と

闘うという点で、アメリカのリーダーシップは、一部の地域において積極的に評価されてはいても、すべての地域において、そのように評価されているわけではない。また、イラク戦争に際して、一部の同盟国しか「有志連合」に引き入れることができなかった。これは、イスラムのテロリストが敵であるという訴えが国内におけるほど広く国外でヘゲモニーを構築しえなかったことを示している。

トランスフォルミズモと変革（エクスパンション） グラムシの悩みは、漸次的改良にのみ焦点が据えられると、ヘゲモニーを志向する主体が自らに固有のビジョンを軸に新しい集団的意思を構築しえないのではないかということであった。だから、ヘゲモニー的企図にとって「ジャコバン的」契機が不可欠であると判断したのである。ある意味で、近年のアメリカは、確かに、革命的なジャコバン的能力を失ってしまったわけではない。つまり、規制が緩和され、経済外的目標が制約されない世界市場という新自由主義的ビジョンが指導力を失ってしまったわけではない。

また、社会主義者としてのグラムシが評価したジャコバン主義とはいえないが、ヘゲモニーは何らかの方法で既存の伝統と結びつかざるをえないだけに、そのために必要であると想定したトランスフォルミズモの次元によってジャコバン主義のラディカル性が消えてしまったわけではない。注目すべきことは、多くの場合、民衆が共産主義時代の伝統は守るに値しないとみなすなかで、旧社会主義諸国において新自由主義の諸政策が最も強く求められたということである。だが、他の諸国についてみると、さらには、旧社会主義諸国の一部においても浮上しているように、新自由主義的企図は（ヨーロッパの多くや近年の南アメリカ諸国にみられるように）拒否されたり、あるいは、負債の棚上げや借款を条件として力ずくで課せられている。

集団的意思 構築された集団的意思がヘゲモニーの目的に適っているかどうかを判断するには、まず、その意思の内実に即してみると、（全世界的規模の検討に付したとして）一般化の可能性を内包しているかどうかという判断が求められることになる。同様に、ヘゲモニー主体が、集団的意思の体現者となりうるかどうかを確定することも求められる。さらに、内実という点で、ヘゲモニー的

アメリカが作り上げたいと思っているグローバルな意思とは（誇らしげに繰り返されているから、検討の必要はあるまい）、資本主義の統一と自由民主政ではあっても、それぞれがアメリカ・モデルにほかならず、それなりに規制されない資本主義のことであって、富と代表者の格差を認めるものである。また、「うすい」目標を志向する政党民主政であって、その範囲は、ジョン・スチュアート・ミルやジョン・デューイからジョセフ・シュンペーターの系譜に及ぶものである。*34

　総合的に判断すると、自由民主政とは個人の権利を守ることを目的とした集団的自己決定の制度的手段の総体のことであって、共通のグローバルな政治意思という点では、ひとつの現実主義的で有力な選択肢となりうると考えられる。だが、アメリカがこの目標を追求しているかとなると、それは狭すぎる自由民主政の概念に過ぎず、資本主義をひとつの価値とし、これを実現すべき意思の内実としているという点では難点を含んでいる。

　既述のように、資本主義がアメリカにおいてヘゲモニー的であるとすると、この国の政府は資本主義的ヘゲモニーをグローバルにも広めようとしていることになる。だが、資本主義国であるアメリカをグローバルな自由民主政の担い手であり、リーダーであると位置づけ、そのグローバル・ヘゲモニーの実現を期すことと、ヘゲモンであるアメリカの特殊な利益を自ら作り上げたいと考えているグローバルな意思の概念のなかに組み込むこととは別のことである。後者はアメリカ流の資本主義に加担しない人々との交渉の道を閉ざすことになり、マキャヴェリのキツネであれば叫びそうなことであるが、ヘゲモニーをもって固有の利益を僭称することになる（この点は、旧共産主義にも妥当することであって、自由主義の類型にはなかったとはいえ、自らの民主政を実現しうる世界的目標であるとしたが、それは狭い階級的視点から「プロレタリアート的」ないし「社会主義的」であると規定するに過ぎないものであった）。

　この問題には、これ以上、立ち入らないとしても、アメリカが世界のリーダーの役割を現に果たし、（資本主義的視点から明確に規定されていると否とを問わず）自由民主政を守ろうとするかどうかということ、グラムシの言葉を借りれば、アメリカは他の世界の凝集力となりうるかどうかということ、これが問わ

れなければならない。これはアメリカの姿勢にかかわる問題でもある。グラムシからすると、ヘゲモニー主体が集団的意思を具現しているとするには、現に、その意思に価値がなければならないし、マキャヴェリからすると、少なくとも、そのようにみえなければならないことになる。この視点からすると、アメリカは困難な立場にいることになる。大統領選挙人制度や際限のない選挙資金のような事態をもって民主政の赤字状態にあることを大目にみたとしても、必要とあらば海外の反民主的で露骨な独裁体制を支援する方向に傾きがちなことは、他の諸国の人民に気づかれずにすむわけにはいかず、アメリカが世界の民主政の守り手であるといっても、疑問視されてしかるべきことになる。

有機的知識人　ヘゲモンを有機的知識人であるとすると、このヘゲモンは、既存の伝統や価値に注意深くなければならないことになる。というのも、こうした価値や伝統を基盤として集団的意思が形成されるからである。適例として、アメリカの建国者たちの優れた技術を挙げることができよう。というのも、彼らは、多様な政治的・道徳的価値をもった諸州や地域から固有の価値を備えた単一の国を作り上げたからである。

　国際的次元に即してみると、近年のアメリカの姿勢には同様の感覚が認められない。それが最も明確に表れているのは、とりわけ、途上世界にレッセ・フェール型資本主義を求めたことである。こうした企図はうまくゆくはずがなく、もっとソフトな資本主義形態を求めるべきであった。また、経済改革の基盤を設定するとともに、放任されていた既存の伝統から腐敗だけでも除去すべきであったが、これが試みられることはなかった。

　中央および南アメリカは自由民主政の失われた機会の位置にある。キューバ革命は、みたところ、民衆の革命であった。その後、共産主義に転化したが、これは、アメリカが援助を拒否してからのことである。独特の経済的・政治的状況を踏まえた柔軟性が求められることになったにしろ、自由民主政の道を辿りえたといえよう。また、このリージョンの他の諸国、例えば、コロンビア、アルゼンチン、ボリビア、ヴェネズエラについてみると、民主政に対する疑念のなかで従来の政権を支援した。それだけに民主的見地からアメリカを部分的に批判し、見かけ倒しの非難を繰り返すという政府が生まれることになった。

文明の衝突というテーゼがイスラム世界についてのアメリカの支配的思考を反映するものであるかぎり、アメリカがヘゲモニーを形成しえないでいることを示す別の表現にほかならない。この視点からすると、イスラムの宗教文化と自由民主政とは本質的に和解しえず、前者から後者への道は存在しえないことになる。かつて、アメリカはイランのシャー政権やサダム・フセインのような独裁者を支援していたが、こうした政権から民主政が生まれるとは思われない。こうした政権は別としても、宗教的伝統が民衆に根づいているかぎり、グラムシ的パースペクティブからすると、少なくとも、そのなかに民主政の可能性や新しい価値が生まれうる土壌を求めなければならないことになる（西ヨーロッパの自由主義的価値や民主的価値が宗教的世界観から浮上し、その後に根づくことになったということ、この点はしげく指摘されてきたことである[*35]）。現実的視点からすると、イスラムに反神政政治と民主政の可能性を認め、修辞を正し、自らのパースペクティブに提携関係を模索しているイスラム世界の人々に注目すべきことになる[*36]。

　世界的規模で果たすべき有機的知識の課題は、自らが民衆の日常文化に即していることを、少なくとも矛盾するものではないことを示すべきことになる。この点では、イギリスやフランスは帝国主義のヘゲモンとしての全盛期を誇ったことがあるが、この点には目ざとかった。アメリカのヘゲモニーは、より福音主義的姿勢を示しつつも、自らの文化の世界的輸出に攻勢をかけることで障害に直面している。こうしたキャンペーンによって文化商品が伸びているようにもみえるが、それは好みというより欠乏によるものと思われる（テレビにはアメリカのメロドラマや探偵もの以外に映らなかったり、マクドナルドで手軽に昼食を済ませる以外に手がないことを想定してみよう）。こうした文化が浸透するなかで、新しい文化的嗜好が広がったが、なかには反感を覚える人々もいる。たとえば、アメリカによるバグダッド市民の殺害に対していくつかの抗議運動が起こり、そのなかで、ロナルド・マクドナルドの看板が破壊されることになったのも、その表れであるといえよう。

　等価と差異　アメリカのヘゲモニーに服していると想定される社会において、等価が成立しうるが、その近年の例として、イスラム原理主義を基礎とした共

第8章　現代の君主たちのたそがれ　217

通の恐怖を挙げることができ、アメリカはこれとの闘いのリーダーとなっている。だが、こうしたリーダーシップの行使は、次の２点で等価の基礎であるアイデンティフィケーションの広さと強さを狭めることになる。第１に、テロの原因は、イスラムそのものというより、イスラム教信者の自由に対する嫌悪感によるとされる場合があるが、アメリカのグローバルなヘゲモニー的企図のなかで、テロとイスラム主義とが結びついたのであり、アメリカに指導された（恣意的な）歴史的ブロックに加わりたくないとする人々の憤慨を呼ぶことになった。

第２に、ブッシュ大統領のスローガンのひとつであったにしろ、テロとの戦いを「聖戦」とすることで、こうした憤激は高まることになった。また、テロとの戦いのなかで等価感との緊張を強めることになったのは、アメリカの単独行動主義（ユニラテラリズム）である。グラムシ的方法でヘゲモニーを行使すべきものとすると、ヘゲモンは単独行動的方法に訴えるべきではないことになる。こうしたヘゲモニーの要点は、社会的諸アクターの連合が形成され、ヘゲモンのリーダーシップが認められ、共通意思の実践的行使とみなされることである。

アメリカは、なぜ反イスラムの使命のスタンスを崩さず、世界のテロとの闘いにおいて、単独行動に訴えるのであろうか。現局面のリーダーシップにとって重要な２つの集団の、つまり、キリスト教右翼と軍国主義的タカ派の支持を保持しなければならないからであろう。民主党政権であれば、こうした集団の支持に依拠しないですむことになるかもしれないが（だが、タカ派にはアメリカが軍需産業のみならずトップの軍事指導層も含まれているだけに、無理な注文といわざるをえない）、長期的には、この政権といえども、アメリカの政権に広くみられる問題を免れえないであろう。

テロの背景を心理学的ないし宗教的観点からではなく、別の角度からみると、社会経済問題や石油の地政学のような問題が浮上することは明らかである。多国間主義（マルチラテラリズム）が文字通り成立すると、たとえば、国連を媒介とすることで、こうした事態に焦点が据えられることになろう。だが、そうなると、既述のように、アメリカの内部のヘゲモンに、つまり、巨大な金融利益層に脅威を与えることになる。こうみると、アメリカの政治と経済の特徴がヘゲモニー的支配の行使

に占める等価と差異のバランスをつけがたいものにしているだけに、この国の政治経済の大きな変革を経ないでは対処しえないことになると思われる。

8 たそがれ

これまでの指摘が正しいとすると、グラムシの言葉の意味でアメリカがグローバル・ヘゲモニーを行使していないことになる。この結論をポスト・ヘゲモニーという問題と結びつけようとすると、コメントに過ぎないにしろ、ヘゲモニーの別の解釈を示しておくべきことになろう。

グラムシ的意味からすると、アメリカはグローバル・ヘゲモンではないとしても、マキャヴェリの次善の策という点では、これを満たしていることになる。というのも、マキャヴェリは、ヘゲモニー的リーダーは尊敬される(「愛される」)だけでなく、恐れられねばならないが、「いずれをも欠いている場合には、愛されるよりも恐れられる必要がある」と指摘しているからである。*37 この指摘からすると、マキャヴェリは「理想的ではないにしろ、ヘゲモニーは支配(ドミネーション)だけで成立しうる」と述べていることになる。

グラムシが強力(フォース)(ここでは、軍事行動ないし経済報復の行使ないしその威嚇とする)について検討している。これはひとつの解釈の糸口を与えている。この問題に関する彼のコメントは目的論的・使命論的左翼政治の批判のなかで浮上しているが、現代のアメリカ資本主義にも妥当すると思われる。というのも、好戦的施策は、自らの主張が必ずや功を奏するという運命論的確信に発し、歴史の不可避的運動の障害を取り除くには経済的・軍事的活動が求められるとすることで、政治を軽視することになると指摘しているからである。また、こうした動機は、最悪の場合には強力(フォース)の発動に連なるだけでなく、同盟を結びうる勢力にも向けられると判断している。*38 要は、支配にのみ頼る戦略といっても、前提とされた世界観とは切り離しえないものであり、だから、世界観には単なる支配よりも豊かなヘゲモニー概念が含まれていることになる。

次善の策の別の解釈として、マキャヴェリが愛されたいと思うよりも恐怖に

よる支配が望ましいとしているが、これは、より豊かで、十分なヘゲモニーを引き出しえないことから生まれる絶望感を反映するものである。グラムシの指摘が正しいとすると、注目すべきことは、完全なというより薄いヘゲモニーに過ぎないとはいえ、純粋な支配(ドミネーション)が、なお、ヘゲモンを自称する存在の目標を支える基盤となりうるということである。実際、これは恐るべきことであって、キツネの狡知によって、あるいは、人間的価値によってコントロールされていないライオンとは恐るべき動物であるということにほかならない。

9 新しい兆しか

　グラムシの概念を十分に踏まえると、アメリカは、今や、グローバル・ヘゲモニーの位置にはないといえるし、また、マキャヴェリの、それほど厳格とはいえない基準からみても、その条件を満たしているとはいえないことになる。この主張が正しいとすると、今後をどのように展望すべきであろうか。「最後の超大国」の地位を利用することで、アメリカが世界のヘゲモニーを実現しうることを期待する人々もあろうし、これを恐れる人々もいるであろう(新しい政府は、シュトラウスではなくて、グラムシやトリアッティを理解している助言者を配しうることになろう)。あるいは、他の台頭国が、たとえば、中国、日本、EUがあとを継ぐのではないかと想定している人々もいよう。この種の見通しを評価しうる立場にはないが、直感的には、そうはならないのではないかと思われる。

　いずれの社会もグローバル・ヘゲモニーを実現しえないことが現実であるとすると、2つの可能性が残されていることになる。ひとつは国民国家間の、また、恐らくはリージョン間のホッブズ的な戦争状態である。この状況においては、いずれもが現実にはグローバル・ヘゲモニーを志向しえず、世界はアナキー状態に陥ることになる。この展望は、少なくとも現実主義的(リアリスト)政治学の国際関係論を呼び戻すことになるとしても、それほど説得力をもちえないように思われる。別の展望は、コックスを始めとする論者たちが描いているように、「多元主義的世界」像であり、「そこでは多様な諸国が、個別の文化パターンを反

映し、また、守りつつ、多様な経済的・社会組織の道を追求する」とみるものである。[39]

多元主義的世界において、包括的でコスモポリタンな政府が存在し、あるいは、必要とされるかどうかとなると、これは、明らかに、今後の論争となり続けるであろう。だが、その世界がホッブズ的アナキーへと逆転しないとすれば、何らかの共通価値が不可欠とならざるをえない。そうした価値としては、持続可能なグローバル・エコロジーについての世界的合意、社会的衡平を高めることで「内的亀裂が攻撃の引き金となる状況」を避けようとする相互の了解、紛争解決の手段として暴力に訴えることを避けようとする誠実な政府、人権の保全についての合意、これを挙げることができよう。[40]

この種の共通の超国民的価値を守ろうとすることで、グラムシのグローバルな集団的意思が形成されることになろう。だが、なお、疑問が残るだけに、次の問題を指摘することで、結論としたい。それは、こうした価値がどのように浮上し、また、どのような手段によって広く根づきうるかということである。さらには、グラムシ的脈絡からすると、ヘゲモニー的主体を欠いた多元主義的世界において、こうした諸価値の芽が世界の多様な伝統のなかに存在しているとすれば、これを基盤として有機的に生成するものでなければならないように思われる。主体の問題には、より困難なものがあるにせよ、ヴァルハラが存在しないだけに、こうした多元主義的世界を実現すべきであると考える人々は、その目的のために手近の文化的・政治的課題から着手すべきことになる。

---

(1) グラムシのノートは1928年から1933年にトリノの獄中で執筆されている。以下の引用はすべて次による。*Selections from the Prison Notebooks of Antonio Gramsci*, edited by Quintin Hoare and Geoffrey Nowell Smith, New York, International Publishers, 1971.

(2) Niccolò Machiavelli, *The Prince*（没後の1532年に出版、黒田正利訳『君主論』岩波書店、1966年）. 次に所収. *Portable Machiavelli*, New York, Penguin Classics, 1979, 131-136（以後、*Prince*と略記）.

(3) *PN*, 57, 104-105. グラムシは「ケンタウロス・テーゼ」に注目し、ケンタウロスの「人的」面は同意を引き出しうるヘゲモニー的支配の次元であるとみなしている（*PN*, 170）。

(4) *PN*, 136-137.

(5) *Prince*, ch.25; *PN*, 133-136, 168, 360.
(6) この問題をめぐっては、『ニューレフト・レビュー（*The New Left Review*）』誌が、アメリカのグローバルな経済的ヘゲモニーは解体したに等しいとするアリジイの議論とパニッチおよびギンディンの議論を所収している。Giovanni Arrighi, "Hegemony Unraveling," 2 parts, vol. 32, March-April, 2005 and vol. 33, May-June, 2005; Leo Panitch and Sàm Gindin, "Superintending Global Capital," vol. 35, September-October, 2005.
(7) 政治の自律性一般については、グラムシの次の指摘を参照のこと。*PN*, 136-144.
(8) *PN*, 169-170.
(9) *PN*, 177-179.
(10) *PN*, 133, 360.
(11) *PN*, 178-179.
(12) *PN*, 349. 次のグラムシ政治理論の解釈はこうした理解を中心としている。Sue Golding, *Gramsci's Democratic Theory*, Toronto: University of Toronto Press, 1992, ch.4.
(13) Karl, Marx, "Preface to A Contribution to the Critique of Political Economy,"（『全集』第13巻、所収）in *Marx and Engels Selected Writings in One Volume*, New York: International Publishers, 1968, 181-185, 183. グラムシの参照は次である。*PN*, 106.
(14) 他方で（だが、この解釈と両立しうる）、グラムシは、マキャヴェリの同時代人で、ロマーニャの大統領であったフランシスコ・グシアルディニ（Franscesco Guicciardini）について検討し、その「武器と宗教」との結合が持続的支配に不可欠であるとの指摘に注目することで、マキャヴェリに関するノートの2重のパースペクティブに援用し、敷衍している。*PN*の編者の170頁（注）71を参照のこと。
(15) *PN*, 326-334. こうしたグラムシの概念を経験的に援用しようとしている左翼社会学者の著作のなかには次が入る。Michael Mann, *Consciousness and Action Among the Western Working Class*, London, Macmillan, 1973; Bryan Turner, *The Dominant Ideology Thesis*, London, Allen and Unwin, 1980.
(16) 次を参照のこと。*PN*, 32-34.
(17) 次を参照のこと。*PN*, 330, 376-377.
(18) *PN*, 104-14. この言葉は保守的政治家のヴィセンゾ・クオッコ（Vincenzo Cuoco）の造語である。『獄中ノート』の編者の次に所収の説明を参照のこと。*PN*, 59, n.11.
(19) PN, 58ff, 128-33. ムフはこの区別を次において検討している。Mouffe, "Hegemony and Ideology in Gramsci," in Chantal Mouffe, ed., *Gramsci and Marxist Theory*, London, Routledge, 1979, 168-204, 182-183.
(20) *PN*, 129.「現代の君主は神秘の君主であるが、現実の人格、具体的個人ではない。それは有機体であり、社会の複合的要素に過ぎず、この要素において、集合的意思は……具象化しだすことになる」。
(21) *PN*, 418. *PN*の編者の56頁の注（8）の引用文も参照のこと。グラムシは民主政について、ほとんど触れていないことは事実であるが、現代の論者たちは、『獄中ノート』がラディカルな民主政理論の基礎となりうるとみなしている。既述のゴルディング（Golding）の

著書の、とりわけ、第6章を参照のこと。
(22) Ernesto Laclau and Chantal Mouffe, *Hegemony and Socialist Strategies: Toward a Radical Democratic Politics*, London, Verso, 1986（山崎・石沢訳『マルクス主義と政治――根源的民主主義のために』大村書店、1992年）.
(23) *Prince*, 148.
(24) *PN*, 129.
(25) *Socialist Strategy*, 125-127.
(26) Ibid., 127-134. 次も参照のこと。Laclau, *On Populist Reason*, London, Verso, 2005, ch.4.
(27) *PN*, 176.
(28) Robert Cox, *Approaches to World Order*, Cambridge, Cambridge University Press, 1996. コックスは、次の近著においても、こうした意見を基本的に変えてはいない。*The Political Economy of a Plural World: Critical Reflections on Power, Moral and Civilization*, London, Routledge, 2002.
(29) Michael Hardt and Antonio Negri, *Empire*, Cambridge, MA: Harvard University Press, 2000（水島一憲ほか訳『帝国――グローバル化の世界秩序とマルチュードの可能性』以文社、2003年）.
(30) Samuel Huntington, *The Clash of Civilizations and the Remarking of the World Order*, New York, Simon and Shuster, 1977（鈴木主税『文明の衝突』集英社、1998年）.
(31) *Political Economy*, 103.
(32) マクファーソンがこの言葉を編み出したのは、資本主義的市場社会に不可避であると想定した文化を明らかにするためである。この文化の中心は私的所有と競争および消費主義である。次を参照のこと。Macpherson, *Democratic Theory: Essays in Retrieval*, Oxford, Clarendon Press, 1973, essay 1（田口監修、西尾・藤本訳『民主主義理論』青木書店、1978年）.
(33) *Prince*, 148.
(34) このスペクトルに収まる諸理論については、次において検討している。F. Cunningham, *Theories of Democracy: A Critical Introduction*, London, Routledge, 2002, chs.3 and 6（中谷・松井訳『民主政の諸理論――政治哲学的考察』御茶の水書房、2004年）.
(35) その歴史を論じた著作として、たとえば、次を挙げることができる。Perez Zagorin, *How the Idea of Religious Toleration Came to the West*, Princeton, Princeton University Press, 2003; Sheldon Wolin, *Politics and Vision: Continuity and Innovation in Western Political Thought*, Princeton University Press, 2004（尾形典男ほか訳『西欧政治思想史』福村出版、1994年）.
(36) 代表的著作として次を挙げることができる。Khaled Abou El Fadl, *Islams and the Challenge to Democracy*; Joshua Cohen and Deborah Chasman, eds., Princeton, Princeton University Press, 2004. 民主政を支持するイスラム研究者の著作としては次がある。Nader Hashemi, "Inching Toward Democracy: Religion and Politics in the Muslim World," *The Third World Quarterly* 24, June 2003, 263-278; John Esposito and Jon Voll, Islam and

Democracy, New York, Oxford University Press, 1996（宮原・大和訳『イスラームと民主主義』成文堂、2000年）. 私は、主要な一神教的宗教のすべてに固有の神政的傾向を認めるとともに、これと民主政とは、総じて、緊張関係にあると判断している。それだけに、ひとつだけを取り上げて論じたり、こうした緊張関係の認識から、ある宗教を中心に形成された諸文化には民主政と神政政治の可能性が含まれようはずもないと断定することは間違いであるといえる。この問題については次で検討している。Cunningham, "The Conflicting Truths of Region and Democracy," in John Rowan, ed., *Human Rights and Democracy*, Charlottsville, VA: Philosophical Documentation Center, 2005, 65-80.

(37) *Prince*, 131.
(38) *PN*, 168.「強力(フォース)を敵に向けうるとしても、内に向けるべきでないのは、これを直ちに味方に引き入れたいからであるし、また、その"善意"と情熱を必要としているからでもある」。
(39) Cox, *Political Economy*, 72.
(40) Ibid., 155-156.

第9章
アメリカのヘゲモニー
—— ひとつの史的脈絡化

中 谷 義 和

1 はじめに

　2001年1月に発足したブッシュ（Jr.）政権は、同年の「9.11事件」を引き金とした不安感とジンゴイズムに訴えて、国連安保理の承認を得ないままに、また、大量破壊兵器の開発という今や崩れ去った正当化論をもとに「有志連合」とともにイラク戦争を開始している。湾岸戦争（1990年）・NATO軍のコソボ介入（1999年）・イラク戦争（2003年）と並べてみると、1889-91年の歴史的大変動以降の世紀転換期の国際政治と国際情勢は、いわゆる「グローバル化」のなかで、きわめて複雑で不安定な状況にあることがわかる。

　今や忘れられた存在であるが、コロンビア大学において政治学大学院を創設し、C. メリアムをはじめ多くの研究者を育てたジョン・W. バージェス（1844-1931）は、1895年の「アメリカ共和国の理念」と題する講演において、アメリカは「世界のための理念の共和国」であり、「範例の点ではコスモポリタンである」と位置づけたうえで、次のように続けている。

　　アメリカ共和国は理念を原理とした理想的発展の諸段階を辿っている。求められていることといえば、未熟さや予想外の病弊を克服することぐらいである。また、その理念を実現するために残されている課題といえば、この国の歴史に認められる全般的方向を着実に追求することぐらいである。この国のシステムを根本的に変更することなど求められてはいないのであって、これに訴えることは、この理想の実

現を阻止するに等しいことである。この種の革命を支持し煽る人々はアメリカ共和国の、しいては世界の政治的文明の敵対者であると見なさざるをえない（Burgess 1895: 424-425）。

　この講演は、19世紀末の、いわゆるアメリカの「構造的変貌」期と「海洋的膨張主義国家」化への移行期を背景として語られたものであって、「アメリカ共和国の基本的使命は、主として、チュートン的国民性を基礎にアーリア的政治文明の資質を完成することにある」とし、ここに「アメリカ共和国の卓越的(トランセンデント)使命」を求めている。

　バージェスの講演から100余年を経て、アメリカ政府の『国防戦略（*National Security Strategy of the United States of America*）』（2002年9月17日）の冒頭において、ブッシュ（Jr.）大統領は、「20世紀における自由と全体主義との大闘争は自由の諸勢力の、……自由・民主政・自由企業の決定的勝利で終わった」と位置づけるとともに、「テロリストが米国民や米国に危害を加えるのを防ぎ、……その機先を制するために単独行動も辞さない」と、また、「敵性国家の政権を交替させることや、米国の戦略目標が達成されるまでのあいだ他国を占領することも起こりうる」と述べ、アメリカは、自衛のためのみならず"自由の勝利"という「重大な使命」のために干渉と介入や占領政策もとりうると宣言している。この声明は、前年9月の「世界貿易センタービル」と「ペンタゴン」への同時多発テロ（「9.11事件」）を、つまり、グローバル資本主義と世界的軍事力という2つの象徴的拠点に対する攻撃を背景としている。

　さらには、「9.11事件」5周年に発表された「テロリズムと戦うためのアメリカの国家戦略の概要（Overview of America's National Strategy for Combating Terrorism）」はテロとの戦いは「武力戦と理念戦」であると位置づけ、「圧政と全体主義支配という不法な考え」に対抗する必要があるとの視点から、国民と同盟国の理解と協力を求めている（National Security Council, Sep. 5, 2006）。この「国家戦略」に"冷戦"の明示的宣言とされる「トルーマン・ドクトリン」（1947年）と同様の反全体主義と民主政擁護のレトリックを読み取ることは容易なことであろう。また、先に引用したバージェスの講演やブッシュの声明と重ねて

みると、時代を異にしつつも、アメリカは訓育的使命をおびた世界史的国家であって、「例外的」存在であるとする共通の認識と修辞を読み取ることができよう。

1812年戦争において、アメリカは大統領邸（ホワイト・ハウス）の焼き討ちにあっている。「9.11事件」は「アメリカ民主政という市民宗教による世界的権力支配に対するエスノ・ナショナリズム型宗教的原理主義のテロリスト反抗」であり（Kolko 2002：1）、アメリカの心臓部に対する攻撃でもあっただけに、古い記憶は悪夢のようによみがえり、友敵二元論と善悪二分論の修辞をもって潜在的脅威に対する「先制攻撃（*preemptive military attack*）」論にとどまらず、「予防攻撃（*preventive use of force*）」論をも呼び出すことになった（「ブッシュ・ドクトリン」）。これは、アメリカが自らの判断において、世界の「自由と民主政」を擁護する"憲兵"の役割にあることを自称するものであり、その「使命」を果たすとする意思表示にほかならない（Heisbourg 2003；Arend 2003；Koh 2003）。こうした戦略的宣言には「チェニー－ラムズフェルド－ウォルフォヴィツ枢軸（Cheney-Rumsfeld-Wolfowitz axis）」の地政学的・新保守主義的国家企図が作動していたと[*1]、また、石油利権網の安定的確保という経済地理学的利害とも結びついているとされるが[*2]、1970年代に緒についたとされる市場の開放と資本移動の自由化を軸とした多国間主義的（マルティラテラリスティック）「新自由主義」の世界的再編路線は、"将来敵"の単独行動主義的（ユニラテラリスティック）撃滅論に連なった。これは、冷戦体制終焉後の国際情勢の変化のなかで、政治経済的・軍事地勢学的視点から「単独覇権」主義的に「パクス・アメリカーナ」の世界的体制の保守を志向するものであるが、こうした予防的攻撃論や外敵制圧戦略は内部治安の強化とも連動せざるをえない。それは、アメリカが2003年に「国家安全保障省」を設置し「治安国家」化を強化したことにも認めることができる[*3]。

「グローバル化」とは「時間と空間の圧縮」であるといわれるように、「9.11事件」は「距離」が"安全"を保障する防壁とはなりえないことを歴然と示すものとなっただけでなく、「アメリカ的価値」が世界的価値と等視され、「自由・民主政・自由企業」の一体的保守において、少なくとも「有志連合」による軍事介入をもって、権威主義的体制であったとはいえ、イラクの体制転換が強行

された。資本主義的自由主義においては、交易と通商を安定的・友好的に維持することが必要とされるだけに、「戦争の不可避性」ではなく、民主政の「不可避の平和テーゼ（inevitable peace thesis）」が成立するとされ（Kiely 2007：175-176）、自由主義的民主政の拡大が「平和」の実現に連なると想定されることになる。それだけに、これに対する挑戦は「悪の枢軸（axis of evil）」（2002年1月のブッシュ演説）とみなされ、J. S. ミルがかつて指摘したように、「自由の守護者は、野蛮と圧政の拡大を阻止するために自らの物理的強制力を行使する権利を保有している」という自己認識を呼ぶことになる（Mill 1973：409）。だからこそ、資本主義が「構造的暴力」を内包しているとはいえ、「アメリカ的価値」は「民主政の扶植（democracy promotion）」論と、あるいは民主政のインフラストラクチャー構築論と一体化し、その世界的伝播というメシアニズムを喚起し（Huntington 1984；Oren 2003）、「使命国家（crusader-state）」は「非公式帝国」的あるいは「新帝国主義」的外交・軍事戦略に訴えることができたのである。

　"ヘゲモニー"は、所与の国家の史的脈絡と国家間関係を背景として、あるいは「経路依存性」という史的脈絡において、物質的生産と再生産の知的・道徳的創出機能を果たすだけでなく、諸矛盾の顕在化に際し、あるいは、その予測において新しい経済社会システムを構築するための知的基盤ともなりうる。「グローバル化」時代の21世紀をアメリカの世紀とする企図は、いわゆる"ネオコン"を中心とした「新しいアメリカの世紀のためのプロジェクト（Project for a New American Century）」（1997年）に明らかであり（www.newamericancentury.org.）、これが「ブッシュ・ドクトリン」として浮上している。ネオコンの台頭を歴史的脈絡に据えてみると、戦後アメリカの基本的政治経済システムであった「フォード主義的・ケインズ主義的成長志向型資本主義（Fordist-Keynesian, growth-oriented capitalism）」は、1970年代後期が「世界の社会・経済史の革命的転換点」とも呼ばれているように（Harvey 2005：1）、「市場原理主義的グローバル新自由主義（market-fundamentalist, global neoliberalism）」へと移行し、80年代の「ニューライト型レーガン革命」やブッシュ父子政権に継承され、これが「9.11事件」を契機として声高に浮上することになった（Rupert 2003；2005：51-52, no.3；Rupert and Solomon 2006）。この脈絡からすると、経済的新自由主義は

グローバル市場主義化のヘゲモニー的言説であったことになる。つまり、生産関係の世界システムの形成には、資本主義的商品化の言説とノルムのグローバル化が、また、途上諸国の前資本主義的社会関係と文化を解体し商品経済に従属的に包摂することが求められることになるし、それが国境横断的ないし超国民的なエリートのコンセンサスとなるにとどまらず、被指導層をも巻き込んだグローバル・イデオロギーとして扶植され、浸透することが必要とされるからである[*5] (Robinson 1996：30)。

　本稿は、現代の「グローバル化」状況において、アメリカがヘゲモニー的位置にあるだけに、存在しなかったアメリカという国家が世界第1の「覇権国家 (hegemon)」ないし「唯一の超大国」へと転化する力学には、どのような修辞と論理が作動することになったかについて、その史的脈絡化を期そうとするものであり、アメリカ民主政の理念と体制の相対化には、この作業を経ざるをえない。

2　アメリカ"膨張主義"の論理と心理

　ここでは、アメリカ史を3つの局面に、つまり、(1)建国から再建期、(2)世紀転換期から第二次世界大戦期、(3)戦後期に時期区分し、第1局面に焦点を据えて、アメリカの「領土膨張主義 (supra-territorialism)」に内在する修辞と論理を辿りみることにする。

　諸国はそれぞれに固有の国民形成史を背景とし、特有の国民国家と国家形態の形成と変遷の歴史を辿っている。さらには、形成された国民国家といえども静態的な存在ではなく、一定の自律性を保持しつつも、内的変化や世界システムとの相互関係のなかで自らの再構成を繰り返している (Linklater 1998)。また、この過程において、国家は領域内のローカルな諸勢力の、またグローバルな社会諸勢力との媒介環の位置にあるという点で、一定の自律的な役割を果たすとともに、自らの形状と構造を変えることにもなる (R. Cox 1981)。この脈絡からすると、アメリカは、それなりに個別の差異ないし個性を有しているし、固有

第9章　アメリカのヘゲモニー　229

の国民的イデオロギーを宿すことで特有のナショナリズムを形成することにもなる。「存在しなかった国民国家」が「唯一の超大国」へと転化するには、きわめて大きな変容の過程を歩んでいるが、まず、アメリカの理念と空間の"膨張主義"について、そのいくつかの政治文化的背景を瞥見しておこう。

　第1に、いわば宗教社会学的視点からすると、トクヴィルをはじめ多くの論者が指摘してきたように、宗教と国家との分離は教会と宗派の共同体的(コミュナル)生活の「習慣と慣習（habits and customs）」の基礎となったことである。また、被迫害者の「丘の上の町」("約束の地")の意識は、「プロテスタント的理想社会主義(ミレニアリズム)」として入植者の情感に共有され続けることにもなる。それが同感の意識として沈積するとき、その心理は同質性の保持と結びついて「習慣」や「伝統」の社会文化的基盤となるだけでなく、その反転として"排除"と"改宗"の使命と論理とも結びつくことで、強力な「エキュメニシズム」の心性を宿すことにもなる（「等価」と「差異」の認識）。この脈絡からすると、"選民"は"異端"に"改宗"を迫ることで内包的同質化と"コンフォーミティ"を促迫するだけに、他による自らの"異端"視化は、同化に応じえないかぎり、宗教的純粋性の保持において別の「丘の上の町」へと脱出せざるをえないことにもなり、E.バークも指摘しているように、多様な「宗派」の族生を呼ぶことになる。ミレニアリズムは社会改革や社会運動の強力なバネとしてアメリカ史に繰り返し浮上するだけでなく、"選民"の心性は、道徳主義的倫理観において、孤立主義（防御）と国際主義（攻勢）の、あるいは覇権主義と例外主義的免除主義の外交姿勢として浮上することにもなる（Augelli and Murphy 1988 : 39-41）。

　第2に、国民国家形成史の視点からすると、アメリカは立憲主義を紐帯とした人工型の市民的(シヴィック)国家という国有の国民国家形成史を辿っている。それだけに、その差異の認識は、比較と同定の論理と心理と結びついて、国民的"固有性"ないし"個別性"の意識として潜勢化することで、いわゆる"アメリカニズム"が形成される。アメリカは自然的・血縁的与件を国民的"凝集性"と政治統合の擬制原理としてきたわけではなく、アトムとしての個人の人為的結合を社会的紐帯の構成原理とした歴史的「実験国家」であるという意識は固有のナショナリズムを生み出すことになる。だが、それが自らの歴史性を解消し、超歴史

的"特異性"ないし"特殊性"の意識や固有の「社会法則」の、あるいは「規範民族」の認識と結びつくとき、「アメリカ例外主義（American exceptionalism）」を喚起し、強固な「政治的原理主義」として浮上する。また、こうした「例外主義」が「福音主義」と結びつくとき、「規範民族」の意識において"膨張主義"が倫理的に正統視されることになるだけでなく、他との差異と自己確認の意識において強い「ヴィジランティズム（vigilantism）」が覚醒されることにもなる。

　第3に、強い実践型国民文化を挙げることができる。アメリカ政治文化のマニ教的特徴のひとつは、認識論的・実践的に、個人主義的主客2分論を基礎とした対象の所有と実験的改良主義に求められる。これがピューリタン的宗教倫理と、あるいはカルバン主義的選民思想と結合することで「定めと義務（destiny and obligation）」の宿命論を形成し、使命の観念として潜勢化するにとどまらず、こうした宗教倫理の世俗内化によってアメリカ資本主義の内発的・倫理的エネルギーとなり（個人主義的市場基盤型資本主義）、さらには、「科学主義」が実践的精神と結びつくことで強力な「技術信仰（テクノロジカル・フェティシズム）」を生むにもなる。この点は、ウェーバーが『プロテスタンティズムの倫理と資本主義の精神』において鮮やかに指摘したことであり、また、エマソンの「神学部講義」（1838年）にも浮上している。こうした義務の宿命化の認識と自覚は、さらに、新旧両世界の2分論において南北両アメリカ大陸におけるアメリカの覇権の喧伝（「モンロー・ドクトリン」）から「マニフェスト・デスティニー」論による領土拡大の正当化論に連なり、やがて、F. J. ターナーの『アメリカ史におけるフロンティアの意義（*The Significance of the Frontier in American History*）』（1893年）において、「フロンティア民主政（frontier democracy）」論が提示されるに及ぶ。これは、アメリカ民主政の歴史的起源をタウン・ミーティングからゲルマンの統治形態へと辿る「胚芽（germ theory）」理論を断ち切り、自然との不断の邂逅のなかに、いわば、偶発的・未来志向的な外的条件ともいうべき西部の社会的"安全弁"のなかにアメリカの個人主義的民主政の土壌と基盤を求めるものであり、いわゆる「アメリカ例外主義」論を経済・社会的背景において論じたという点では、その嚆矢に位置している。この理解は空間的拡大（辺境）に民主政の不断の展開を想定す

るものであるだけに、空間的・水平的"膨張"の論理と政治体制のヘゲモニー的拡延の論理とは同一次元に設定されることになるし、「平等」の同質化の危険は"獲得"の競争的「自由」を空間的に保障することで阻止されうるという政治心理学的機制となる。また、そのことで「個人」ないし「個別性」が担保されうるという原理と心理を内包することにもなる。こうした認識は、例えば、ターナーとほぼ同時代人にあたるコングリゲート派のJ.ストロング牧師が「蒸気と電気が地球を縮小」するとの認識において、キリスト教文明の世界的敷衍の必要性を指摘しているように、西洋文明の普遍化と結びつくとき、"膨張"の論理はメシア的性格を帯びることにもなる。1950年代の、いわゆる「コンセンサス」史学において、価値体系の一元的理念史に「アメリカ政治の特質」が措定され（D.ブァスティン）、あるいは、"コンフォーミティ"の危惧に発してのことであるとはいえ、アメリカ思想史における「個人主義的自由主義」の歴史的一貫性が指摘されることになるのも（L.ハーツ）、こうした知的・文化的な歴史の認識と結びついてのことである（Ross 1991：272-274）。

　以上のように、アメリカは近代において成立した移民型多民族国家であるがゆえに、「アメリカ的なるもの」の模索は「正統」と「異端」とを、あるいは「正嫡」と「非正嫡」とを区別しようとする論理と心理を内包し、自らの歴史の遡及的な哲学的・原理的検討へと向かわしめるとともに、「外的なるもの」の確認を媒介として自らを同定しようとする発想に傾くことになる。こうしたアメリカのナショナリズムの心理は、アメリカ社会の人種的・民族的多様性や移民型社会性を背景として、強力な"ヴィジランティズ"の土壌を育て、「妄想症的スタイル」としてアメリカ史に底流することになるし、移行期ないし危機の局面においては、国民的統一の強力な契機として浮上することにもなる（Hofstadter 1963）。こうした国民性は強力な内発的エネルギーを秘めているだけに、国際システムに占める他者（客体）との関係においては「孤立主義」と「国際主義」という、いわゆる「振り子運動」型の外交姿勢を形成し、前者は、国内諸勢力の圧力や国際的力関係の認識において、後者の外延的論理と実践に転化しうるだけでなく、自らのヘゲモニー下における「単独行動主義」というメシア的・帝国主義的超ナショナリズム（supernationalism）として顕在化するこ

とになる。そのかぎりでは、両者はコインの表裏の関係にある (Gill, S. 2003:40)。

アメリカはヨーロッパの国家権力を逃れた入植者を中心とした社会として成立し、「国民形成（nation-building）」が「国家形成（state-building）」に先行するという特徴にあるだけに、社会中心型の発想に傾くという固有の刻印を帯び、また、国民的紐帯は憲法理念の政治的共有化に依拠せざるをえないだけでなく、自らの歴史的経験は西方の"フロンティア"への入植を望見し続けるという心理を宿すことにもなる。さらには、「アメリカ合衆国」という連邦国家の国名が「連合した諸国家（United States）」ないし「諸国家からなる国家」であり、「連邦（united states）」ないし「州際（interstate）」とは「国家間」のことである。これがアメリカという連邦国家の基本的政体とされているだけに、国家内国家間の統合と分離との、あるいは単一性と多元性との緊張関係を内包しているだけでなく、「国家（州）」の複合的構成という基本的政体認識が他国との関係に投射されるとき、外延的包摂の論理と実践に転化しうることにもなる。そして、ヘーゲルが「北アメリカ合衆国は、ヨーロッパ諸国のように、互いに不信の眼をもって眺めあい、常備軍をそなえていなければならないような関係にある燐邦というものをもたない」[*9]と述べているように、北アメリカ大陸のフロンティア状況の認識ともあいまって、自然空間の拡大に対する政治的障壁は相対的に小さいという状況にもあったといえる。

B. アダムズは、『新しい帝国（*The New Empire*）』（1902年）において、「全世界はアメリカに賛辞を送り、貿易は東西に開かれ、古くからの体制は逆転することになろう」と、また、『ライフ（*Life*）』誌の編集者のH. ルースが1941年にアメリカは「自由と正義の理念の原動力（パワー・ハウス）」であり、20世紀は「アメリカの世紀」であると喝破したことは有名なことである (Rosenberg 1982：22)。こうしたアメリカ中心型の世界史観は、新保守主義者たちにおいても、21世紀も「アメリカの世紀」とすべきであるとの判断に継承されている (Project for the New American Century 1997, 1998)。これはアメリカ人の自己確認ないし希望的観測でもあったといえる。

かつて、ヨーロッパの知識人たちは、自らとの比較において、あるいは、「ヨーロッパのアメリカ化」か「アメリカのヨーロッパ化」という点からアメ

リカを"さきがけ"と「遅参者(レイトカマー)」社会という両様の視点において捉えていたのであるが (Offe 2004 : 5-6)、アメリカが、今や、ヘゲモン的位置にあることに鑑みると、アメリカはどのような歴史的軌跡を辿ることで「グローバル化」のヘゲモニー的位置を占め、その機能を果たすことになったかが問われねばならない。国際（世界）政治におけるヘゲモニーとは、国内の経済社会的編成においてのみならず、これとグローバルな構造との相互関係において成立しうるものである。また、国内の経済社会システムの編成には政治的ヘゲモニーを媒介とせざるをえない。この点では、アメリカは、既述のような固有の政治文化と政治体制や経済社会編成をもって大陸的「超国境主義(トランステリトリアリズム)」的エネルギーを不断に蓄積し、やがて、世界システムの変化ともあいまって、グローバルなレベルにおける「覇権」の位置を占めることになったといえる。

3 多元主義的「帝国」の論理

「国家」の概念は、西ヨーロッパ史の知的脈絡からすると、「レス・プブリカ (*res publica*)」や「キヴィタス (*civatas*)」とは、あるいは君主という現実の権力保持者とは別の生成期の権力次元を示す概念として浮上している。つまり、人格的表象を捨象した抽象的実体として「国家」を導出し、この「擬制的人格 (*persona ficta*)」に「主権」を帰属させるとともに、この観念的実体に諸権利の源泉を措定している。こうした国家の「擬制的人格」化は"リヴァイアサン"への「自然権」の委託という[*10]、あるいは、各人の自然権の「一般意思」への揚棄という近代国家の導出原理に認めうることである。だが、この「擬制的国家」は観念的抽象に過ぎないから、その現実的・制度的実体として「政府 (*government*)」を表象することで、「国家」の機関（「政府」）の「国家化」が起こり、この「国家」と「キヴィタス」ないし「コモンウェルス」とが同視されるという「国家」概念の二重化の観念的機能が内包され、あるいは、「国家」の機関が「国家」を僭称することになる。だが、こうした抽象化は、強い個別主義的「プロヴィンシャリズム」に、また、植民地時代の権力と社会との空間

的分離に発する消極的権力観の知的風土のなかで、アメリカにおいては受容されえず、権力は地域社会に、権利は人民に、そして「国家」は機構としての「政府」にとどめおかれることになる。さらには、市場主義的社会観を背景として公的機関は私的な「政治的市場」観に転化しうることにもなる（Bell 1991: 62, n.20）。

　資本主義国家は政治的・経済的・社会文化的諸水準で形成される諸関係の複合的総体として、いわば「統合国家（インテグラル・ステイト）」として現われ[*11]、所与の支配的イデオロギーがこの矛盾の総体を一定の秩序にシステム化する。また、資本主義経済における生産手段の所有諸関係は、政治と経済社会との制度的分離を、市民社会の脱政治化と私的領域化を前提としている[*12]が、これは、形式的ないし方法論的分離に過ぎないのであって、社会経済体制の維持と保持に「政治社会」の相対的に自律的な機能を不可避とせざるをえない。また、国家はヘゲモニー機能を媒介とすることで市民社会を凝集化し、それなりに自律的な領土的・主権的「国民（的）国家」を組成する。だが、こうした機能も歴史的「経路依存性」に依拠せざるをえないから、資本主義国家といっても、その経済構造レベルにとどまらず、政治形態レベルにおける差異を、さらには、ナショナリズムの発現様式の異同を含まざるをえない。さらには、資本主義的国民国家は、国家－市場の二元的「自由主義」体制を制度的・形式的基盤とし、市民社会と政治社会におけるヘゲモニー機能を媒介とした権力と強力の重層的・複合的構造を帯びることになる[*13]。というのも、「生産」とは、物質的財貨の生産のみならず、そのための社会諸関係やノルムの、また、知識と技術や諸制度の生産をも意味し、物質的生産には後者の知的・技術的生産とその社会的内在化をも必要とするからである。

　政治学的ないし国際政治学的には、「国民（的）国家」は、他との関係において、主権的な内生的（エンドジニアス）容器とされ、外生的（エクソジニアス）システムとしての国際的システムないし諸国家システムから概念的に区別され、前者の相互連関において世界政治が理解されてきた。この考えからすると、現代の「グローバル化」といえども、「超国家化」現象ではなくて、「国家」を単位とした相互依存関係と相互浸透性の深化過程なのであって、そのかぎりでは、「国際化、間国民化（internationalization)」現象であるといえる。だが、この過程は経済社会関係の超国境的ないし国境横断的連接化を伴うだけに、そのかぎりでは「脱国民化」と「脱国家化」現象として浮上し、国家アクターの戦略的範囲も狭小化するようにみえる。だが、「国民国家」の経済社会システムが空間的に拡大し、それが社会化する局面においては、所与の国家の戦略的ヘゲモニー機能は、むしろ、強力に作用することになり、領域の空間的拡大の力学と論理には、こうした現象が含まれるといえる。以上のように「国家」の一般理論を設定したうえで、次に、アメリカという「共和政資本主義国家」の"膨張"の力学の論理を辿ってみよう。

　アメリカ史を辿りみると、確かに、思想的・理論的対抗軸が個別局面において浮上しているが、基本的には、憲法の理念を組み替えつつ、体制原理として機能させてきたといえる。"連続"と"断絶"という古くからの論争があるにせよ、「アメリカ国家」は、「独立宣言」と「憲法」を理念的紐帯として、イギリスの植民地に「理念の共和国」として成立している。この共和政国家は、「自由主義」を共通項として、「経済的自由主義（economic liberalism）」という資本主義の所有権的基本原理と「政治的自由主義（political liberalism）」という民主政の政治的基本原理を一体的に包括し、「民主政的資本主義（democratic capitalism）」ないし「資本主義的民主政（capitalistic democracy）」を基本的体制原理としている。これは「市場基盤型代議制民主政」の体制ではあるが、「自由主義(リベラリズム)」の概念は歴史のなかで鋳直されるだけに、経済的レベルと政治的レベルにおける「自由主義」の内実や両レベルにおける相互の複合形態の統一をどのように期すかという問題はアメリカ史の"赤い糸"をなし、資本主義社会の歴史的変容のなかで、その緊張関係は繰り返し浮上している。これに前資本主義的遺制の廃棄や空間的拡大（領土膨張）と移民の流入という与件が、さらには労働運動や社会主義のインパクトが重畳することで、アメリカの政治理念は、社会経済構造の変容と社会諸勢力の対抗のなかで、多様な史的展開を辿っている。

　ヘーゲルは、『歴史哲学』において、「北アメリカが提供しているあの測り知れない大きな空地が、ことごとく埋められて、市民社会が退却しなければならないようになるときにはじめて、この国家はヨーロッパと比較され得るものとなる」とし、「それ故に未来の国」であり、「今日まで世界史の行なわれて来た

地盤からは除外しなければならない」とし、アメリカを「旧世界」との対比において、その「例外性」を主張している[*15]。こうしたアメリカの歴史的位置は、「先駆け」ないし「遅参者」社会という認識と結びつくことになるとしても、その特異性ないし固有性のイメージがヘーゲル的歴史主義と結びついて、世界史における固有の役割認識を形成するとき、「例外主義」の発想に傾くことになる。歴史におけるアメリカの位置の認識は"アメリカ的信条"となり、その政治経済・社会システムの所与性が強調されることで、「自由民主政」のコンセンサスが形成され、その固有性の認識が"例外性"の土壌となる[*16]。この点は、訪問目的と視点を異にしつつも、その後、アメリカを訪れたトクヴィルやウェーバーの、さらには、亡命研究者としてのアドルノの問題意識として共有されることになるだけでなく[*17] (Offe 2005)、グラムシのアメリカ認識とも重なる (Gramsci 1971: 21-22, 272, 318)[*18]。

　T. ペインが、『コモン・センス』(1776年) において、アメリカ独立革命の"常識"性を喝破し、ヨーロッパとの空間的・政治的切断の必要を鮮明にしている。こうしたアメリカの「政治」革命の歴史性は国民の言説的・心象的原像となり、その歴史的固有性の"原像"は超歴史的・脱空間的性格を帯び、広く心理的に作用し、アメリカ「例外主義」とも結びつくことになる。「ヘゲモニー」が指導的勢力のイデオロギーであるとすると、"コモン・センス"はそのイデオロギーの社会レベルにおける受容形態であり、エトス化することで「秩序」の強力な基盤となる。この意味で、"コモン・センス"が政治的ヘゲモニーの行使を媒介として国民的信条となるとき、固有の国民的自己規定と世界観的思想となり、社会の組成と変更のイデオロギーとして作用することになる[*19]。この点で、R. ホーフスタッターがトクヴィルのアメリカ観を評して「発展の不可避の一義性(シングラリティ)」の認識と呼んでいるように (Hofstadter 1968:445)、アメリカはヨーロッパ史と同様の道を辿ることはあるまいという"フォークロア"を生み、国民的信条として、あるいは"フォークウェイズ"となって底流し続けることになる。建国期の理念と制度の「質的変化」ではなくて、「量的増幅と空間的拡大」の過程に自らの将来を展望するというアメリカの歴史観は、この脈絡に位置している (Ross 1991 : 26)。

こうした「コモン・センス」に底流しているのは所有的・競争的個人主義という社会的アトミズム観である。こうした社会観は、いわば「経済的・同業組合的」組合主義や倫理的エトスと化し、アナルコサンディカリズム的潮流を含めて、反国家主義の伝統を形成するだけでなく、資本主義的市場を媒介とした「公益」の実現という原理と、あるいは「公益」の否定論と結びつくことになる。こうした反国家主義の伝統のなかで、政府は「政治市場」視され、また、社会対立の「調停者」とみなされることで社会中心的政治学や政治社会学のパラダイムが成立するが（政治的争点の脱政治化と憲政内法的解決の発想）、リベラリズムの「利益集団中心主義」化のなかで（T. J. ロウィ）、権力の「私化（privatization）」と権威の空洞化の危惧論を呼ぶことにもなる。

　遠くトクヴィルが懸念したように、個人主義的・競争的人間像を基礎とした社会観は、確かに、専制の防壁となりうるとしても、他方では、アナキーのみならず、他人依存型の大衆社会やコンフォーミティの強制の危険とも結びつく。ここに、「個人主義の逆説」が伏在している（Wolin 2001 : 352）。というのも、「個人主義（individualism）」は、社会を構成する個人をアトムとして析出することで、身分制社会の"不平等"の対抗原理となりえたのであり、そのかぎりでは「差異を否定する平等信仰の所産」にほかならないのであるが、各人の「平等」は同質化と、さらには、いわゆる「多数専制」の危惧と結びつくことにもなるからである。こうした危惧感は、トクヴィルや F. リーバーにおいて、「中間団体」の重要性の認識に連なっただけでなく、政治的・社会的多元論とも結びつく。こうした危惧感は、当時の、いわば「有機的知識人」によって連邦共和国の建国の論理に転化している。というのも、政治学的には、権力の機能的・時間的分割論を基礎とした共和主義的代議制政府論を、また、政治社会学的には、社会集団の多元的競合のなかに「多数専制」の保塁を認めることで社会の均衡化を期すという原理を導出しているからである。

　共和政は有徳の土着的人民による自己統治を原理的前提としている。だが、『ザ・フェデラリスト』（第10篇と第51篇）は、スミス的世界を政治的に投影し、「徒　党」（利益集団）の対立を不可避の社会現象であるとし、「徒党」による「多数専制」の抑制機能を代表型共和政という統治形態に、また権力の複雑な抑制

と均衡という統治構造に求め、利益集団の外延的多様化と相互反発に共和制の機制の作動メカニズムを望見している[*20]。これは、獲得的自由が「自由(フリーダム)」の不自由化を呼ぶという"逆説"を逆手にとって、所有的個人主義を基礎とした集団間対立が不可避であるだけでなく、「自由(フリーダム)」を基盤とした社会展開の駆動力でもあるとの認識において「徒党」を積極的に位置づけ、その相互反発をもって「自由」の作動メカニズムを社会技術的に創出しようとするものであり、そのかぎりでは、「有徳の土着的人民なき共和政」の「自由主義」モデルを案出しようとする創意に発している。

　社会が近代的産業化のなかで職能的多様化と複雑化を深めることになったが、『ザ・フェデラリスト』の建国の論理は、空間を不断に拡大することによって、対立的契機を同一磁場内に導入し、その均衡化のなかに「徒党」型専制の解消を期そうとするものであるだけに、その認識は多元主義的「帝国」の論理に転化しうる。というのも、所与の同一空間内の多様化の論理ではなくて、空間的拡大によって社会的多元性ないし多様性を不断に導入し、その不断の均衡化を期すことで「徒党」型専制を防止し、社会的安定を期そうとするものとなっているからである[*21]。この国家像は、「連邦国家」という広範な空間的統合の論理であったにせよ、それが空間的拡大の原理と結合しているかぎり、膨張主義(エクスパンショニズム)の論理と心理を内包することになる（体制と空間の一体的な不断の西漸化）。かくして、『ザ・フェデラリスト』は「13の邦よ、堅固でゆるぎない連邦へ結束し、大西洋の彼方のあらゆる力や影響力にまさる、そして、旧世界と新世界のありようを左右しうる、単一の偉大なアメリカ体制を創設することに同意しようではないか！」と呼びかけえたのである（『ザ・フェデラリスト』第11篇）。

　いわゆる「建国の父祖」たちは、以上のように、空間的拡大をもって広く"有徳"の代表者を集めうると、また、こうした代表者による代議制統治が「共和政」であるとみなしただけでなく、「自由」の保塁を多元主義的拡延主義（フェデラリズム）に求めたのである。この認識は、国民的存在のアイデンティティの模索と結びつき、さらに、「宿命」であるとの認識を呼ぶことにもなる。かくして、空間的拡大を媒介とした多様性(ダイヴァーシティ)のなかに国民的統一性(ユニティ)を措定するという政治的擬制をもって外延的拡大の力学論が導出され、これを政治心理的正統化

の源基的塑像とすることで、また、アメリカの展開が文明化の過程であるとみなされることで、国民的(ナショナル)「市民宗教」は世界的(グローバル)「市民宗教」へと、「約束の地」は「使命の国家」へと転化しうる基点が設定されたことになる(McDougall 1997)。だから、「建国の父祖たち」はアメリカ憲政に「帝国(エムパイア)」と「自治」との共存を認めることができたのである。

『ザ・フェデラリスト』は外的からの防御と内的専制の防止や"共益"をもって"連邦"国家形成の指導的論理としている。その後のアメリカは、ルイジアナ地方の買収(1803年)をはじめ、1801年-1904年までのあいだに、少なくとも101回の武力の行使をもって自らの領土を拡大し続け(M. Cox 2003: 9)、19世紀末までに、その領土を約4倍化している。こうした領土膨張も、その都度に修辞を変えつつも、理念的には、"自由"の制度的外延化と専制からの解放であり、アメリカの「明白なる定め(Manifest Destiny)」であると自己規定されることになる。かくして、西半球規模の"膨張"と"国内統一"の力学は国際的規模における"孤立"の論理と一体化していたし、また、その枠のなかでアメリカ領土の西漸運動が繰り返されることになる。

ハミルトン的製造業型社会とジェファソン的「選良」農民型社会という2つの"道"の将来像を内包しつつも、個人主義的自由観おいて法的-制度的基本枠組みが設定され、これを媒介として所与の生産の社会的諸関係が形状化される。こうした建国の"原像"は「コモン・センス」として「物神化」し、社会に埋め込まれることで土着化し、内生的・増殖的エネルギーを宿すことになる。また、この"原像"が歴史遡及的に再確認されることで、自己完結的に超時間的・空間的自己主張を繰り返し、さらには新しい領民と移民集団を包摂することで、この「帝国」は憲政の枠内において社会的多元化を深め、新しい相互対抗のエネルギーを内包しうることになる。「獲得」的「自由」の観念は、その後も「個人主義的自由主義(individualistic liberalism)」としてアメリカの知的潮流に底流し続け、資本主義の成長と結びついて自由の"拡大"と、あるいは自由の"強制"と結びつくことになる。「個人主義自由主義」観は、また、同質性を強制する権威主義や「全体主義」に対する強力な抵抗の意識の基盤となるが、他方で、ヨーロッパ共和主義の知的脈絡からすると、あるいは政治の社会

文化的基盤からすると、自然の与件を紐帯とした共同体的契機（コミュナル）が統一の基礎であるだけに、アメリカの建国をめぐって、また、アメリカ社会の基本的編成原理をめぐって「コミュニタリアン自由主義（communitarian liberalism）」の理念が浮上せざるをえないことにもなる。

　産業資本主義の展開と政治的民主政の制度化とは、少なくとも歴史的にパラレルな、あるいは一体的な現象とはいえない。形式的に自由で平等な社会的結合の原則は、原理的には、"参加"の原理を内包しているとしても、それが直ちに民主政治の制度化に結びつくわけではない。この点では、戦前の日本が半封建的社会を基盤とした外見的立憲主義体制のなかで産業資本主義が、いわば、「上から」権力的に育成され、それだけに「自由主義」や「民主政」の理念が脆弱であったといえるとしても、アメリカにおいても男子の普選が建国当初から制度化されていたわけではない（Williamson 1960）。普選が東部を中心に制度化しだすのは1820年代に至ってのことであるし、奴隷を解放し、これを制度的に禁じたのは憲法修正第15条（1870年）においてのことであり、また、女性参政権の制度化は修正第20条（1920年）に至ってのことである。さらには、「民主政」という言葉が積極的に使われるようになったのは、ウィルソンが第一次世界大戦への参戦にあたって「民主政を守る」ためであると位置づけて以降のことであるとされる。こうして、アメリカ理念史の脈絡からすると、古典的「自由（フリーダム）」観にあって、「権力」からの"自由"という観念が支配的であったが、権力への「参加」という逆方向のベクトルをも含みだすことになり、「自由」と「民主政」との接合形態が模索されだし、「自由民主政（liberal democracy）」の政治像が形成されだすことになる。だが、それは、早くとも1920年代から30年代に至ってのことであるし、このパラダイムにおいて、所有的「自由」と自己発展の「自由」との緊張関係のなかで「自由民主政」の概念が繰り返し問われだすことにもなる。

　建国以降のアメリカは、他国領土やインディアン領土の国家内国家化と国家内国家間やセクション間対抗のうちに推移し、技術改良やインフラストラクチャーの整備を媒介として社会諸関係の時間的・空間的制約は漸次的に縮小し、東北部の資本主義的ヘゲモニーのもとに内包化されるという過程を辿る。この

脈絡において浮上した社会諸関係と社会諸勢力の対抗は「市民戦争=南北戦争(シヴィル・ウォー)」に連なり、その結果、南部奴隷制体制(プランテクラシー)を資本主義的体制に包摂することで、国内の経済と法制度の国民的統一の基盤が再構築されている。この内乱を経ることで、1860年に約400万人いた奴隷労働力に依拠した「前資本主義的遺制」は解体され、資本主義的に再編される。建国から南北戦争に至る過程を「世界システム論」の視点から概括すると、アメリカは、ヨーロッパの「半周辺」に位置しつつも、大西洋という自然の"防壁"にも守られて、東北部の商工業と西部の農業の資本主義化を「文明と未開の接触点（フロンティア）」の漸次的併合と結合しつつ進め、やがて南部をも資本主義的ヘゲモニーのもとに吸収し、その支配を全国的に編成したことになる。連邦政府の機構と財政規模は、世紀転換期に比べると、それほど大きなものでなかったとはいえ、この過程において、連邦政府は、州政府との協力において、銀行と関税政策、領土併合、公有地の売却、鉄道の敷設と運河などのインフラ整備の点で、また、1830年代から浮上する労働組合のストライキの抑圧や奴隷の逃亡と反乱との対応の点でも重要な役割を果たしている。さらには、こうした政策の展開過程で浮上する地域利害の調整という点でも中心的位置を占め、内乱に際しては武力的強制力をもって国家の再統合を実現している。

アメリカは大西洋という"自然の防壁"にも守られて大陸的膨張国家として生成するとともに、南北戦争（アメリカの内乱）と再統一を経て、連邦国家という「国家」の国内統一を実現したのち、短期間のうちに資本主義の巨歩の歩みを辿り、世紀転換期には経済独占の成立期を迎えている[*23]。こうした急速な資本主義の展開をみることになったのも、資本主義の精神の気風を土壌として、これを広大な領土と資源や移民労働力と結合しえたことによるものであった。この局面の世界は、また、「敵対的帝国主義（rival imperialisms）」の時代に突入している[*24]。また、政治の資本主義経済への介入という点では、相対的に非介入主義的で競争的な19世紀経済の「外延的レジーム(エクステンシヴ)」から、1873年に始まる循環性恐慌と国内矛盾の噴出に対外関係の緊張が重畳化するなかで、介入主義的で独占的な「集約的レジーム(インテンシヴ)」へと移行している（De Vroey 1984）。

世紀転換期のアメリカ社会は構造的変貌期にあったとされるように、アメリ

カは、世界第 1 の工業国となるなかで、噴出した社会経済的諸矛盾や"アキュート・アノミー"状況への対応を迫られていた。それは激しい労働争議の頻発や西部農民を中心としたポピュリズムの台頭にみられることであり、これにフロンティア・ラインの消滅という社会的安全弁の機能不全化の不安が重くのしかかっている。この局面において、アメリカは、"プログレッシヴィズム"のイデオロギーを基調として、政治機構と社会編成の再編を期したという点では、改革的「保守主義の勝利」の時代にあたる（Kolko 1967）。また、主として政権の座にあった共和党を中心として、高率の保護関税策や「健全通貨」制度をもって工業中心主義政策の方向を鮮明にしている。さらには、ミッドウェー諸島の併合（1867年）やハワイの領有（1898年）にもみられるように、この局面においても海外領土をも領有し、1893年恐慌のインパクトのなかで、また、実業界を含む「反帝国主義連盟」の抵抗を排して「米西戦争」（1898年）を開始してもいる。こうした一連の領有政策によって、アメリカは西半球におけるスペインの支配力を解体し、自らの「覇権」を確立するとともに、アジアへの確かな足がかりを得ることで世界システムにおける列強の、グローバル・ヘゲモンの一角を占め、世界の「警察官」の自覚を深くしだしている。だが、世界は諸列強が対峙する状況を迎えている。この局面において、アメリカは、「棍棒」ないし「砲艦」を武力的背景とし、自由貿易論的ないし「通商膨張主義」的「オープン・ドア」政策を打ち出している。かくして、アメリカは「非領土的・反帝国主義的」外交イデオロギーの枠組みを国家間のコンセンサスとすることで、いわば領土拡大型「帝国」ではなく、ヘゲモニー型「帝国」として資本主義的生産と再生産のグローバル・システムを構築するという方向に乗り出したのであり、そのかぎりでは、大陸大的"膨張主義"型「孤立主義」は世界大的「国際主義」の傾向を帯びだすことになる。

　ヘーゲルは「現実の国家と現実の政府というものは、階級〔身分〕の区別が現われた場合、言い換えると貧富の差が甚だしくなって、民衆がこれまでのようなやり方では、もはや自分たちの欲望を満足させることができないというような関係が生じて来る場合に、はじめて現われる」と指摘している。生産諸関係や国際関係の変化は諸勢力の変動を呼び、国家と社会の編成原理の再構成を

迫ることになる。この点で、20世紀初期のアメリカは「新しいナショナリズム」を模索するなかで、「組織」中心型の社会編成の方向を強くしている。当時、アメリカを訪れたウェーバーは、合理化と世俗化と並んで外部とのフリクションの増大と行政統一の必要において、アメリカの官僚制化の必然性を、いわば「アメリカのヨーロッパ化」を予測し（Offe 2005：50；Kamphausen 2002, 195f.)、また、ゾンバルトは、労働運動や社会主義運動が高揚しつつも、それが「革命」に転化しえないという点で、アメリカ「例外主義」という概念をもってアメリカの固有性を指摘している。それは、所有的個人主義の原理がナショナリズムとして根を張っているだけでなく、これに空間的膨張と打ち続く移民の流入が重畳化するという、この国に固有の発展史に負うものである。

「時空間の縮小と拡大」という点では、この局面は「通信・輸送革命」期にあたり、大西洋の「海峡化」の時代を迎えている。アメリカは、こうしたインフラストラクチャーに依拠して、また、自ら、その国際網を拡げつつ大陸大的膨張国家から海洋大的膨張国家へと移行しだし、その「覇権（シュプレマシー）」をグローバルに拡大する地歩を固めだしている。そして、国内的には「国民主義的革新主義派（nationalist progressives)」を軸として政治行政組織と経済社会システムの職能主義的編成原理が模索されだしている。それは、ひとつの"危機"意識をバネに国内「改革」をもって新しい国家体制を構築しようとする指導層のヘゲモニー下の「国民的・民衆的」運動であった。

4 むすびにかえて

1970年代～80年の世界は社会・経済史の転換点にあった。第二次世界大戦後の資本主義世界は、アメリカ指導型多国間主義的ブレトン・ウッズ体制を軸とし、「埋め込まれた自由主義（embedded liberalism)」のもとで"成長のコンセンサス"を謳歌している（Ruggie 1982)。だが、1970年代に至って、スタグフレーションと財政危機が、また石油危機(73年)が起こり、さらには、いわゆる「ユーロコミュニズム」の台頭をみている。こうした状況に対処すべくサッチャー

(英)政権とレーガン(米)政権において「新自由主義」的"グローバル化"傾向が浮上しだしている。「グローバル化」は90年代に至って急速に進み、ソ連を中心とした旧社会主義圏の崩壊の外的要因ともなったが、他方で、「反グローバル化」の運動も呼ぶことになった。それは、新自由主義的世界経済体制のルール化を急ごうとするWTO（世界貿易機関、1995年設立）のシアトル会議（1999年）が7万人の抗議デモのなかで流会に追い込まれるという事態が起こったことに、また、「世界経済フォーラム（ダボス会議）」に対抗するかたちで2001年に「世界社会フォーラム（WSF）」が設立されたことにも認められる。そして、「グローバル化」状況のなかで「グローバル・ガヴァナンス」が強化され、アメリカの指導権の巻き返しも図られたが、このガヴァナンスがアメリカの企図を"制約"するという状況も起こっている。それは、アメリカが「包括的核実験禁止条約（CTBT）」や「京都議定書」（2001年）に、また、「国際刑事裁判所（ICC）」や国際地雷禁止会議（於オタワ）に不参加の意志を示したことにも表れている。これはアメリカ「例外主義」の「免除主義（exemptionalism）」的表現であり（Ruggie 2004）、独仏のように文化的共通性を基礎とした資本主義諸国からすらも、手続き的合理性を欠き、正当性に欠けるとの批判を呼ぶことになっただけでなく、2006年9月の「非同盟諸国会議」の「米国一国主義批判」や国連総会で繰り返される「アメリカ外交批判演説」にも明らかである。さらには、新自由主義的グローバル化が国内的にのみならず、国際的にも地域間格差を広げ、アメリカに対する反発を呼ぶことになっただけに、いわゆる現実主義的国際政治学者のあいだにおいても、そのグランド・ストラテジーの有効性やアメリカ「帝国」をめぐる議論も浮上している[27]。そして、2001年に成立したG. W. ブッシュ共和党政権は、独仏の協力を得られないままにイラク戦争を開始し、その"泥沼化"のなかで2006年秋の中間選挙において大敗し、議会少数党となることで、アメリカは12年ぶりに「分裂型政府（divided government）」の状況を迎えている。

　グローバル化が資本主義的経済社会諸関係の世界的再編過程であるかぎり、その動態には「アメリカ化」の面が含まれているとしても、「例外」や「特権」をもって自らの価値や体制の世界的平準化を意味するわけではないし、軍事力による強制は反発を喚起せざるをえない。また、アメリカが「グローバル化」

のヘゲモニー的位置にあるだけに、自らの政治文化との対比において、アメリカの政治文化や政治経済体制を相対化するという方向を強くすることにもなった。

　世界は「核拡散」やテロリズムのグローバル化の危険を免れているわけではないし、国内における、また地域間の経済格差は拡大している (Held and Kaya 2007)。さらには、リージョナル化のなかで地域間対抗も浮上している。とりわけ、自然の「搾取」は生態系を破壊し、人間の生存条件の疎外状況すら起こっている。そして、EU構成諸国に典型的にみられるように、グローバル化のなかで、伝統的な「領域主権型国民国家」の「脱国民化」や「脱国家化」の現象のなかで、その可変的形状は新しい再編の局面を迎えている。

　かつて、ホイットマンは『民主主義の展望 (*Democratic Vistas*)』(1871年) において、「民主主義というものが、もっと深く浸透し、少なくとも往時の封建制もしくは教権主義の場合と同じように、人間の心情、情緒、信念をしっかりと暖かく把え、その中心から永遠に湧き出る自らの尽きることのない源泉を切り開かなければ、民主主義の力は不完全であり、その成長はあやぶまれ、その主なる魅力に欠けることになろう」と指摘したことがある。[*28] アメリカに「民主主義」理念が存在しなかったわけではないし、少なくとも、主観的には「民主政」を追求し、その「使者」を自認してきた。また、「自由民主政」の理念において「集団的自己決定と個人的権利の保護」とをどのように統一し、制度化するかという問題にも腐心してきた (Cunningham 2006)。それだけに、人々の「希望の地」となりえたのである。

　『ザ・フェデラリスト』の、とりわけ、マディソンの多元主義が経済的・社会的基盤を異にするセクション間の空間的"統合"の論理と原理なのであって、これが膨張主義的帝国の論理に接合したとすることは後知恵に過ぎず、むしろ、権力機構と社会構成の複合的多元化とこれを基盤とした競合状況に歴史を展望するという、いわばホイッグ主義的「自由主義」の原理であったともいえよう。だが、この原理が空間的拡延 (連邦国家構築) に不断の社会的・政治的均衡化のモメントを措定しているかぎり、こうした連邦的統合の論理は西漸型膨張の起動力を原初的に内在していたことになる。

多元主義における"差異"の認識は、自己確認を媒介として"排他性"や"競合"とのみならず、相互尊重の原理ともなりうるのであって、必ずしも"膨張"の論理に接合するわけではない。この視点からすると、"差異"の認識を基礎としつつも、「膨張主義」を「人権の普遍化」に立った民主政治に、「帝国」を、こうした規範的価値の共有を基礎とした「世界」に読み替えることで、「平和と民主主義」の現代的ありようの模索とも結びつきうる。ここに、「文明」の形態としての民主政や「多元主義」の現代的意義を認めることができよう。

グローバル化状況のなかで、「アメリカのデモクラシー」を相対化し、環境の保全と社会的衡平や人権の保障をグローバルなレベルにおいて展望し、どのようなガヴァナンスをもってその構築を目指すべきかという民主政の現代的課題に直面している。「グローバル化」のなかで浮上している政治的問題は「グローバル民主政」をどのように展望し、構築するかという、優れてグローバルな規範的問題である。その応答を歴史としての「現代」が求めている。

〈参考文献〉

Arend, A. Clark, "International Law and Preemptive Use of Military Force," *Washington Quarterly* 26, Spring 2003.

Arrighi, Giovanni, "Hegemony Unravelling (I) (II)," *New Left Review* 32, 33, March/April, May/June 2005, 23-80, 83-116.

Augelli and Craig Murphy, *America's Quest for Supremacy and the Third World: A Gramscian Analysis*, Printer Publishers, 1988.

Bell, Daniel, "The 'Hegelian Secret': Civil Society and American Exceptionalism," in Byron E. Shaffer, ed., *Is America Different?: A New Look at American Exceptionalism*, Clarendon Press, 1991.

Burgess, John W., "The Ideal of the American Commonwealth," Political Science *Quarterly* 10, no.3, September 1895.

Cox, Michael, "The Empire's Back in Town: Or America's Imperial Temptation–Again," *Millennium* 32, 2003, 1-27.

Cox, Robert, "Social Forces, States, and Relations," *Millennium* 10, 1981, pp.126-55.

—— *The Political Economy of a Plural World: Critical Reflections on Power, Morals and Civilization*, Routledge, 2002.

Cunningham, Frank, "Twilight of the Modern Price," Presented in a draft form at the

Conference, Dehegemonization: the U.S. and Transnational Democracy, at the Center for Global Studies and Center for Ethics, George Mason University, Arlington Virginia, April 5, 2006.

De Vroey, M., "A Regulation Approach to the Interpretation of Contemporary Crisis," *Capital and Class* 23(1), 1984, 45-66.

Gill, S., *Power and Resistance in the New World Order*, Palgrave Macmillan, 2003.

Gramsci, Antonio, *Selection from the Prison Notebooks of Antonio Gramsci*, edited and translated by Q. Hare and G. H. Smith, Lawrence and Wishart, 1971.

Harvey, David, *A Brief History of Neoliberalism*, Oxford University Press, 2005.

Heisbourg, Francois, "A Work in Progress: The Bush Doctrine and its Consequences," *Washington Quarterly* 26, Spring 2003.

Held, David and Ayse Kaya, eds., *Global Inequality: Patterns and Explanations*, Polity, 2007.

Hofstadter, Richard, *The Progressive Historians*, Alfred A. Knopf, 1968.

―― *The Paranoid Style in American Politics and Other Essays*, Vintage Books, 1963.

Huntington, Samuel, "Will More Countries Become Democratic," *Political Science Quarterly* 99, no.2, 1984.

Kamphausen, Georg, *Die Erfindung Amerikas in der kulturkritik der Generation von 1890*, Velbrück, 2002.

Kiely, Ray, *The New Political Economy of Development: Globalization, Imperialism, Hegemony*, Palgrave Macmillan, 2007

Koh, H. Hongju, "On American Exceptionalism," *Stanford Law Review* 55, May 2003.

Kolko, Gabriel, *The Triumph of Conservatism: A Reinterpretation of American History: 1900-1916*, Free Press, 1967.

―― *Another Century of War ?*, New York, New Press, 2002.

―― *The Age of War: The United States Confronts the World*, Lynne Rienner, Publishers, 2006.

Layne, C. and Thayer, Bradley A., *American Empire: A Debate*, Routledge, 2007.

Linklater, A., *The Transformation of Political Community*, Polity, 1998.

Lipset, S. M., *Political Man: The Social Bases of Politics*, Doubleday Co., 1959（内山秀夫訳『政治のなかの人間』東京創元新社、1963年）.

McDougall, Walter A., *Promised Land: Crusader State; The American Encounter with the World*, Houghton Mifflin Company, 1997.

Mill, J. S., *On Liberty*, Penguin, 1973 (first published 1869).

Mouffe, Chantal, ed., *Gramsci and Marxist Theory*, Routledge, 1979.

Offe, Claus, *Reflections on America: Tocqueville, Weber and Adorno in the United States*, translated by Patrick Camiller, Polity, 2005, Polity.

Oren, I., *Our Enemies and US: America's Rivalries and the Making of Political Science*, Cornell University Press, 2003.

Ougaard, Morten, *Political Globalization: State, Power and Social Forces*, Palgrave Macmillan,

2004.
Penttinen, Elina, "Capitalism as a System of Global Power," in H. Goverde, P. G. Cerny, M. Hauggard, and H. L. Lentner, eds., *Power in Contemporary Politics*, Sage Publications, 2000.
Robinson, William I., *Promoting Polyarchy: Globalization, US Intervention, and Hegemony*, Cambridge University Press, 1996.
Rosenberg, Emily S., *Spreading the American Dream: American Economic and Cultural Expansion, 1890-1945*, Hill and Wang, 1982.
Ross, Dorothy, *The Origins of American Social Science*, Cambridge University Press, 1991.
Ruggie, John G., "International Regimes, Transactions and Change: Embedded Liberalism in the Postwar Economic Order, *International Organization* 36/2, 1982.
――― "American Exceptionalism, Exemptionalism and Global Governance," *Faculty Research Working Paper*, 2004 <http://ssm.com/abstract=517642>.
Rupert, Mark, "Globalizing common sense: a Marxian-Gramscian (re)vision of the politics of governance/resistance," *Review of International Studies: Special Issue*, December 2003, 181-198.
――― "In the belly of the beast: Resisting globalization and war in a neo-imperial moment," in Critical *Theories, International Relations and (the Anti-Globalization Moment: The Politics of Global Resistance,* edited by Catherine Eschle and Bice Maiguaschca, Routledge, 2005.
Rupert, Mark and Solomon, Scott, *Globalization & International Economy: The Politics of Alternative Futures*, Rowan & Littlefield Publishing, Inc, 2006.
Williamson, Chilton, *American Suffrage: from Property to Democracy, 1760-1860*, Princeton University Press, 1960.
Wolin, Sheldon S., *Tocqueville Between Two Worlds: The Making of a Political and Theoretical Life*, Princeton University Press, 2001.

---

(1) 2001年大統領選挙キャンペーンにみられる共和党内の「民主的帝国主義派（democratic imperialists）」（ネオコン派、Wolfowitz, Perle）と「強固なナショナリスト派（assertive nationalists）」（Rice, Cheney）との対抗については次を参照のこと。Daalder and Lindsay 2003: 46-47.

(2) 例えば、次を参照のこと。Rupert and Solomon 2006. 国際的テロリズムは、形式的には国家間戦争ではなく、国家内と国境横断型の、あるいは、いずれかの暴力的現象であり、その限りでは「新中世主義」的現象であるだけに、「テロとの戦争」は「見えない敵」を相手とせざるをえない。それだけに、これに対する攻撃は無差別的なものとなり、戦域を不断に拡大するという戦略を内包せざるをえない。「民主化」は、基本的に当該地の人々の営為によるものであって、「民主政の輸出」は"輸出国"のおごりに依拠している場合が多い。また、軍事的コントロールによる「民主化」は、第二次世界大戦後の日本や一部の

西欧諸国の場合のように、あるいは、ポスト冷戦期の中欧と東欧の場合のように、何らかの自発的民主化や民主化の受容意識と結びついたものでないかぎり、反発を呼ぶに過ぎない。

(3) 「暴力」と「権力」との区別については次を参照のこと。H. Arendt, *On Violence*, 1969, ch.3 (高野フミ訳『暴力について』みすず書房、126‐130頁)。

(4) グラムシは次のように述べている。すなわち、「ある社会集団の覇権(シュプレマシィ)は2つの方法において、つまり、"支配 (domination)" と "知的・道徳的指導力 (intelectual and moral leadership)" となってあらわれる。ある社会集団は敵対的諸集団を支配し、"粛清する"か、あるいは、恐らく、武力的強力をもってすら従属させようとする。この集団は類似の同盟集団を指導する。ある社会集団は政治権力を獲得する以前に "指導力" を行使しうるし、実際、行使しなければならない」と (Gramsci 1971:57)。だが、こうした政治戦略的同盟概念と並んで、グラムシは、"ヘゲモニー" について、次のように述べている。「第3の要素は、自己の同業組合的諸利害が、現在および将来の発展のなかで、単なる経済的集団のもつ同業組合的範囲を超えて、他の従属的諸集団の利益となりうるし、またならねばならないという意識に到達するような要素である」と (ディヴィド・フォーガチ編、東京グラムシ研究会監修・訳『グラムシ・リーダー』御茶の水書房、1995年、236頁)。また、諸イデオロギーは「大衆を "組織" し、人々が運動し、自らの地位の意識をもち、闘争などを繰り返す土俵を形成する」としている (Gramsci 1971:377)。なお、「ヘゲモニー」と「イデオロギー」の区別については、次を参照のこと。Mouffe 1979:185-188. この指摘からすると、"ヘゲモニー" とは、従属的諸集団をも自らの指導下に包摂しうる知的・倫理的な指導力の契機であり、T. パーソンの「権力デフレ」("強制力" とその威嚇にのみ頼らざるをえない状況) とは逆の「権力インフレ」を指していることになる (Arrighi 2005:32)。

(5) グラムシの広義の、ないし「拡大国家 (extended or enlarged state)」は、政治社会と市民社会との複合的統合として理解されており、「この2つのレベルは、支配的集団が広く社会に行使するヘゲモニーの機能に対応すると共に、国家と "法制的政府(ジュリディカル)" によって行使される "直接的支配" ないし命令のヘゲモニー機能にも対応している」とする (Gramsci 1971:12)。

(6) Bell 1991: 50-51. 政治学における「例外主義」については、次を参照のこと。John G. Gunnell, *Imagining the American Polity: Political Science and the Discourse of Democracy*, Pennsylvania State University, 2004, 269-70.

(7) 斉藤光訳・解説『超越主義〈アメリカ古典文庫17〉』研究社、1975年。

(8) ヘーゲルは次のように指摘している。「北アメリカは、いまはまだ土地を開拓する立場にある。ヨーロッパのように、農民が無闇に増加することが阻止されるようになるときはじめて、住民は他所の耕地を目がけて押し寄せる代りに、自分の内にとどまって都会の営業と取引に専念し、市民社会のガッシリとした組織を作ることになり、有機的国家を必要と感じることになるであろう」と (『歴史哲学 (上)』岩波文庫、1971年、189頁)。

(9) ヘーゲル『歴史哲学 (上)』岩波文庫、1971年、189頁。

(10) 「こうして一人格に統一された群集は、コモン-ウェルス、ラテン語ではキウィタスとよばれる。これが、あの偉大なリヴィアサン、むしろ（もっと敬虔にいえば）あの可死の神Mortall Godの、生成であり、われわれは不死の神Immortall神のもとで、われわれの平和と防衛についてこの可死の神のおかげをこうむっているのである」（『リヴァイアサン　第2巻』岩波文庫、1964年、第17章、34頁）。

(11) Gramsci 1971: 263; Augelli and Murphy 1988: 129-31.

(12) グラムシは次のように述べている。すなわち、「具体的現実において市民社会と国家は一体であるから、レッセ・フェールも国家"規制"の形態であり、立法的・強制的手段によって導入され、維持されることになる。それは自己の目的を自覚した意志的行為であって、自然発生的・自動的な経済的事実の表現ではない。したがって、レッセ・フェール自由主義はひとつの政治綱領であって、これが勝利すると、国家委員の変更を、また、国家自身の経済綱領の変更を、換言すれば、国民所得の分配の変更を呼ばざるをえないことになる」（Gramsci 1971: 160）。

(13) 政治権力とは、倫理的契機を基盤として、所与の社会諸関係を法的・政治的に制度化（機構化）することで政治的・社会的活動に「経路依存性（path dependency）」を与えるという点では、社会諸関係の複合的凝縮形態である。

(14) いわゆる"権力の3つの顔"においては、権力の行動論的・構造的側面が重視されるあまり、権力過程への心理的・理念的組み入れの契機が希薄化している。フーコー的理解に従えば、各人の「主体化」とは、ヘゲモニー的権力の言説を媒介とした自己確認である限り、権力主体の「客体化（objectification）」であり、その限りでは主体の「従属化（subjugation）」の再生産をも意味することになる（Penttinen 2000）。

(15) 武市健人訳『歴史哲学』岩波文庫、上巻、188‐190頁。

(16) 「例外主義（exceptionalism）」と「反例外主義（anti-exceptionalism）」からではなく、「脱例外主義（post-exceptionalism）」の概念からアメリカ史の理解を求めたものとして次がある。Haskell 2000; Kloppenberg 2003. また、「反例外主義（anti-exceptionalism）」については次を参照のこと。Daniel T. Rogers, *Atlantic Crossings: Social Politics in a Progressive Age*, Harvard University Press, 1998. なお、次は比較のパースペクティブからアメリカ史にアプローチしている。Bender 2002.

(17) トクヴィルは1831‐32年に9カ月を、ウェーバーは1904年に13週間を、アドルノは1938年に亡命し、11年間を過ごしている。なお、トクヴィルとウェーバーの旅行の行程は次頁の略図である。

(18) 例えば、グラムシは、「アメリカニズムとフォーディズム」において次のように述べている。「アメリカは偉大な『歴史的・文化的』伝統をもたないが、こうした鉛の外套の重みに苦しめられることもない。そのことが、人民階級の生活水準がヨーロッパよりも高いにもかかわらず、莫大な資本蓄積がおこなわれた主な理由のひとつである。……過去の歴史的諸段階から残されてきたニカワのような寄生的堆積物が存在しないということが、工業やとりわけ商業に、健全な基礎を可能にしてきた。……歴史の推移によって、すでに合理化された前提条件が存在していたので、暴力……と説得……をたくみに結合させ、そし

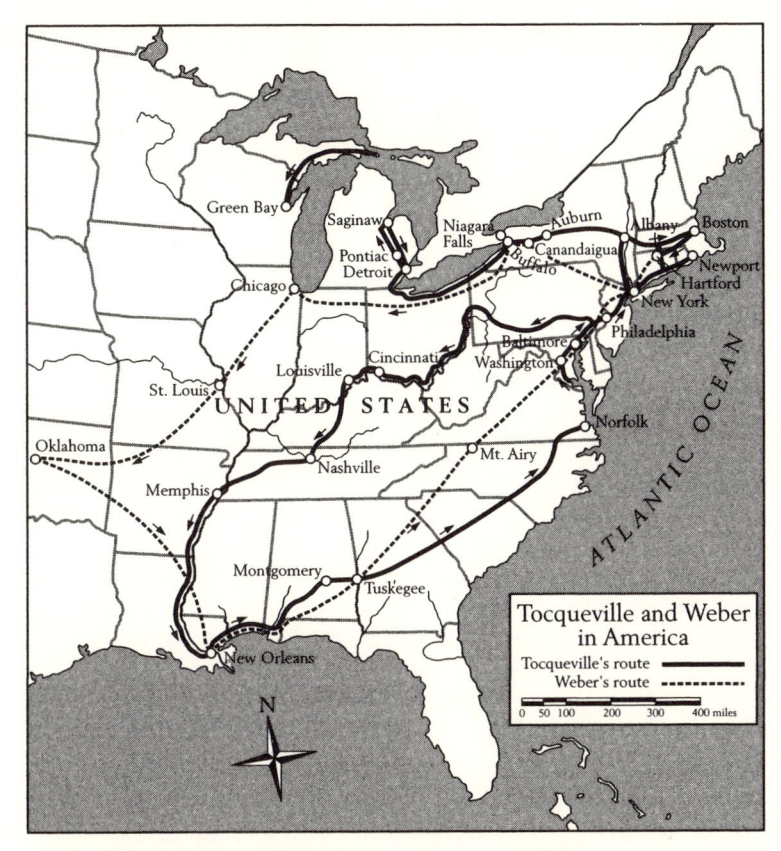

出典：Claus Offe, *Reflections on America,* Polity Press, 2005, p.48

　て生産を国の全生活の中心とすることによって、生産と労働を合理化することが比較的容易であったのである。ヘゲモニーは工場から生まれ、ヘゲモニーの行使にあたっては、政治とイデオロギーの専門的媒介者は最小限の数しか必要ではない」と（前掲訳書、345-346頁）。

(19)　「哲学」が思考の個別的営為において体系性を帯びるのに比して、「コモン・センス」は特定の時代と民衆の特定の環境に共通する分散的で非体系的な一般的思考形態という特徴を帯びている（Gramsci 1971：330）。

(20)　「領域を拡大し、党派や利益群をさらに多様化させれば、全体中の多数者が他の市民の権利を侵害しようとする共通の動機を持つ可能性を少なくすることになろう。……一致協力することが必要な人びとの数が増すにつれて、彼らの間の意思の疎通が相互の不信に

よって阻まれることも無視できない」(斉藤・中野訳『ザ・フェデラリスト』岩波文庫、1999年、63-64頁)。
(21) 社会的亀裂の重複化状況が民主政の安定化要件であるとする考えは、アメリカの多元主義民主政論の基調を構成している。例えば、次を参照のこと。Lipset 1959.
(22) ハミルトン「製造工業に関する報告書」(1791年)。ジェファソン『ヴァジニア覚え書』(1782年)、「質問19」、「質問22」。
(23) Gramsci 1971：285. 前掲訳書、346頁。
(24) コックスは「敵対的帝国主義」の時代を第1局面(1870年代 - 1890年代)、第2局面(1900年 - 第1次世界大戦)、第3局面(1919年 - 1945年)に時期区分している。Cox, R. T., 1987: 163. また、コックスは、国家の形態変容と生産諸関係のパターン変動という点から、世界体制を(1)リベラルな国際経済(1789 - 1873年)、(2)敵対的帝国主義の時代(1873 - 1945年)、(3)第二次世界大戦後のネオリベラルな世界秩序に時期区分している(Cox, Robert T., 1987:109)。ギルは1940年代以降の世界を資本主義化の過程としたうえで、(1)1940年代後期 - 1970年代前期(世界秩序の形成期)、(2)1970年代前期 - 1980年代後期(変容期)、(3)1990年代以降(グローバルな規模の拡大期)としている(Gill, S. 2003：1)。
(25) 『歴史哲学』岩波文庫、上巻、188頁。
(26) Max Weber, *Economy and Society*, ed. By Guenther Roth and Claus Wittich, University of California Press, 1978, vol.2, 971. また、W. ゾンバルトの「アメリカになぜ社会主義が存在しないか(Why is there no Socialism in the United States?」(1902年)は「アメリカ例外主義」論の触媒の位置にある。ed. and with an introductory essay by C. T. Husbands, forward by Michael Harrington, M. E. Sharpe, 1976.
(27) 例えば、次を参照のこと。Layne and Thayer, 2007.
(28) 『原典アメリカ史』第4巻、岩波書店、1955年、137頁。

あとがき

　本書は9論文を3部構成に編集することで、現代のグローバル化研究の視座を提示し、グローバル化時代の民主政の課題と方向を展望しようとする、ひとつの試みである。

　編者は別としても、寄稿者はそれぞれ、現代のグローバル化研究と民主政の課題について、何らかの理論化と提言を求めようとすると欠かせない位置にいるし、訳書を含めて多くの著作を残している。次に寄稿者をごく簡単に紹介しておこう。

- ボブ・ジェソップ（Bob Jessop、ランカスター大学教授）。マルクス主義国家論に新しい地平を拓いている代表的論者であり、『資本主義国家 —— マルクス主義的諸理論と諸方法』（御茶の水書房、1983年）、『プーランザスを読む —— マルクス主義理論と政治戦略』（合同出版、1987年）、『国家理論 —— 資本主義国家を中心に』（御茶の水書房、1994年）、『資本主義国家の未来』（御茶の水書房、2005年）の訳書がある。

- ヨアヒム・ヒルシュ（Joachim Hirsch、フランクフルト大学教授）。グローバル化のなかの国家システムの変容について多くの示唆的研究を残すとともに、「グローバル市民社会」の理論化にも取り組んでいる。訳書としては次がある。『国民的競争国家 —— グローバル時代の国家のオールターナティブ』（ミネルヴァ書房、1998年）、『資本主義にオルタナティブはないのか？ —— レギュラシオン理論と批判的社会理論』（ミネルヴァ書房、1997年）。

- モートン・オーゴー（Morten Ougaard、コペンハーゲン・ビジネス・スクール教授）。いわゆる「周辺資本主義（ペリフェラル）」における「国家」の研究から出発し、近年に至ってはOECDの研究も深めている。また、次の主著がある。*Political*

Globalization : State, Power and Social Forces, Palgrave Macmillan, 2004.

・デヴィッド・ヘルド（David Held、ロンドン政治経済学院〔LSE〕教授）。グローバル化時代の民主政研究の代表的論者のひとりであり、次の訳書がある。『民主政の諸類型』（御茶の水書房、1998年）、『デモクラシーと世界秩序』（NTT出版、2002年）、『グローバル社会民主政の展望 ── 経済・政治・法のフロンティア』（日本経済評論社、2005年）。また、次の編著の訳書がある。『グローバル化とは何か ── 文化・経済・政治』（法律文化社、2002年）、『グローバル化をどうとらえるか ── ガヴァナンスの新地平』（法律文化社、2004年）、『グローバル・トランスフォーメーションズ ── 政治・経済・文化』（中央大学出版部、2006年）、『論争グローバリゼーション ── 新自由主義対社会民主主義』（岩波書店、2007年）。

・アントニー・マッグルー（Anthony McGrew、サザンプトン大学教授）。国際関係論の専門家として、グローバル化の理論と世界政治について多くの論稿を残しており、次のヘルドとの共著および編著の訳書がある。『変容する民主主義 ── グローバル化のなかで』（日本経済評論社、2003年）、『グローバル化と反グローバル化』（日本経済評論社、2003年）

・フィリップ・レズニック（Philip Resnick、ブリティッシュ・コロンビア大学教授）。政治思想史の研究を踏まえて、グローバル民主政のガヴァナンスや多文化主義などについての著作を残している。また、次の訳書がある。『21世紀の民主政』（御茶の水書房、1998年）

・ジェイムズ・H. ミッテルマン（James H. Mittelman、アメリカン大学教授）。グラムシとポラニーの視点や実態調査に依拠して、アフリカやアジアを中心としてグローバル化の動態について論じており、次の訳書がある。『グローバル化シンドローム ── 変容と抵抗』（法政大学出版局、2002年）

・フランク・カニンガム（Frank Cunningham、トロント大学教授）。政治哲学者として民主政や社会主義についての論稿を残しており、次の訳書がある。

『民主主義理論と社会主義』(日本経済評論社、1992年)、『現代世界の民主主義——回顧と展望』(法律文化社、1994年)、『民主政の諸理論——政治哲学的考察』(御茶の水書房、2004年)。

　本書は、編者の依頼に応えて寄せられた論文を集成したものであり、ジェソップ、ヒルシュ、オーゴーの各論文は本書のために書き下ろされている。ヘルドとマッグルー論文は、立命館大学国際関係学部創立20周年記念講演(2007年3月23日)に寄せられた報告論文であり、カニンガム論文は「グローバル研究センターと倫理学センター (Center for Global Studies and Center for Ethics)」の報告(2005年4月5日、於ジョージ・メイソン大学)の原稿である。また、レズニック論文は『ナショナリズム再訪——概念・構造・過程 (Revisiting Nationalism: Concepts, structures, processes)』(edited by Alain Dieckhoff and Christophe Jaffrelot, London: Hurst, 2005) に所収予定の原稿であり、ミッテルマンの論文は『国際研究パースペクティブズ (International Studies Perspectives)』第5号(2004年)の所収論文である。いずれも、寄稿者の申し出に従って訳出したものである。そして、第9章の中谷論文は『立命館法学』第310号(2006年第6号)の転載である。なお、訳出はすべて編者がおこなった。

　編者は、濃淡の差はあれ、寄稿者とは翻訳を介して、あるいは学会での交流によって親交を深くしている。また、いずれの寄稿者も客員教授ないし講演者として立命館大学に招聘したことがある。それぞれの寄稿者には思い出を込めて深い感謝の意を表する。

　最後になったが、グローバル化時代に至って新しい視座と展望が求められていると判断し、本書の出版を快諾された秋山社長をはじめとする法律文化社の皆様に、また、直接、編集の労をとってくださった同社の小西英央さんに謹んで感謝の意を表する。

　　　2007年7月29日

　　　　　　　　　　　　　　　　　　　　　　　　　　　編　　者

索　引

ア　行

「新しい戦争」　132-32, 140
アプター（D. Apter）　71
アメリカ
　　とイラク戦争　166-68, 213
　　と自由民主政　214
　　と生態的優位　23
　　と免除主義　245
　　の共和党　211
　　の単独行動主義　189
　　のヘゲモニー　124, 200, 210-12, 218-19
　　の膨張主義　228-33
　　の民主党　217
　　の例外形態　25
　　の例外主義、第9章の各所
アナン（K. Annan）　83
アリー（J. Urry）　170-71
アルカイダ　133, 144, 188
アルメスト（F. Armesto）　121-22
「暗黒の時代」　136-37
イーストン（D. Easton）　71
Ｅ　Ｕ　90, 160, 162, 170, 207
イラク戦争　88-89, 189-90
ウィルソン（W. Wilson）　240
ウェーバー（M. Weber）　133, 180-81, 183, 230, 236, 243
ウェストファリア・モデル　66, 143, 169, 191
エンゲルス（F. Engels）　17, 56-57, 58, 159
エンジェル（N. Angell）　120, 138
オープン・マルクス主義　55

カ　行

カー（E. H. Carr）　182
「拡大国家」　34, 43, 249
核の拡散　82, 124-25
カノバン（M. Canovan）　163
カルドア（M. Kaldor）　129, 131, 141, 148
ギデンズ（A. Giddens）　122, 123, 139
機能システム　16-17
『共産党宣言』　56
強制と同意　191-92
金融資本　13-14, 15, 35
　　の生態的優位　25-26
9.11事件　91, 112, 126, 128, 180, 188, 225-26
グラムシ（A. Gramsci）　17, 19, 34, 43, 179, 181, 199, 214-15, 249, 251
　　と「常識」　179
　　とフォーディズム　250-51
　　のヘゲモニー論、第8章の各所
　　のリーダーシップ論　203-05
クリーベルド（M. Creveld）　125, 128
クリミア戦争　120
クルップ社　119
グローバリズム　126, 136-37, 140
グローバル化
　　と移民　36
　　と軍事化　188, 197
　　と経済主義　137-38
　　と自由民主政　36
　　と「脱グローバル化」　44
　　と抵抗　137-38
　　の駆動力　59, 85-87

の存続機能　70-72
グローバル・ガヴァナンス
　と安全保障理事会　99
　とシチズンシップ　104-05
　と社会民主政　96-98, 101-03
　とジレンマ　92-94
　と多層型民主政　66, 104-07
　の強化　95-96, 163
『グローバル・コベナント』　86, 99
グローバル・コンパクト　97
「グローバル市民社会」　40, 45
経済的決定　11, 18, 26
経済的支配　11-12
経済的地域格差　81-82, 84, 191
経済的ヘゲモニー　11-12
ケインズ主義的調整様式　32, 41
決定設定者と利害関係者　94-95
ケネディ（P. Kennedy）　114
現実主義派　133, 137-39, 191
構造的一対化　4-5
国際通貨基金（IMF）　36, 47, 49, 59, 94, 210
『獄中ノート』　199, 201
国民国家　60-61
　と民主政　40-41
　の生命力　164-65
「国民的安全保障国家」　38
「国民的競争国家」　38-39
国　連　89-90, 111, 160, 189, 210
　とグローバル・ガヴァナンス委員会　71-72, 161
コスモポリタニズム　167, 171
　とナショナリズム　156
　の起源　157-60
　の再生と限界　161
コスモポリタン派　113, 143, 148-49, 165
コソボ　132, 143
国家社会主義　41

コックス（R. W. Cox）　55, 207, 212, 219
コヘーン（R. O. Keohane）　64, 102, 127, 128, 133, 148
『コモン・センス』　236

サ　行

差異と等価　206, 216-18
挫折国家　131
サパティスタ　39, 42, 184
『ザ・フェデラリスト』　237-39, 245, 251
資源枯渇　62
史的唯物論　53, 138
　のパースペクティブ　53-54
　留保と逡巡　54-55
社会主義　83-84, 87
社会的編成様式　6-7, 16-17
社会民主政　41
社会民主政のアジェンダ　100
資本主義
　とグローバル化　67
　の生産様式　34
　の生態的優位　5-7, 13-17, 19
資本主義国家　31, 33
　の国際化　35
『資本主義国家の未来』　7
資本の集積と集中　59
『資本論』　7
市民社会　34, 43
集団的意思　201-03
シュンペーター（J. Schumpeter）　138, 214
ショー（M. Shaw）　65
自由民主政　33, 35-37
ショルト（J. A. Scholte）　52, 64, 72
新自由主義
　と経済決定　11-13
　と市場原理主義　227-28
　とシステム変容　7-9

と生態的優位　11-12, 18, 25-26
とレジーム移動　8-9, 23
のアプローチ　191
のグローバル化　32, 36, 38, 226
の時期区分　6-7
の内容　7-11
「新封建主義」　36, 38
世界銀行（WB）　36, 47, 49, 59
「世界国家」　35
世界市場　7, 20-21
世界貿易機構（WTO）　36, 47, 49
全体包括性の原理　104-05
組織暴力
　とグローバル化の終焉論　126-27
　とグローバル化理論　137-38
　と私兵会社　132
　と正統的独占　136-35
　と全体戦　120
　のグローバル化　112, 126, 132, 142-43
　の定義　155
　の歴史　123-25
ソ　連　32, 53, 124

タ　行

ターナー（F. J. Turner）　230
第１次世界大戦　118, 126
第２次世界大戦　124
代理戦争　124
多国籍企業　59
ダフィールド（M. Duffield）　132, 138, 141
単独行動主義　226
地球温暖化　62, 71, 81, 84, 93, 191
蓄積レジーム　4
中　国　121-22
調整様式　4
重複型運命共同体　84, 104, 107, 124-25
帝国主義　122-23, 137

テイラー（C. Taylor）　164
ティリー（C. Tilly）　112, 116, 119, 139
デュルケーム（E. Durkheim）　159, 183
デリバティブ　14, 16
トービン税　41, 98
『ドイツ・イデオロギー』　20
討議民主政　113, 145-49
同時進化　7, 16, 19
トクヴィル（A. de Tocqueville）　229, 236-37
土台―上部構造　63
　とグローバル化　64-65, 67-70
トランスフォルミズモ　204, 213

ナ　行

ナショナリズム　136
NATO　91
南北戦争　240-41
ネオ・ウェーバー主義　123, 139
ネオ・グラムシ派　55, 68, 199, 207
ネオ・コン　227, 232, 248

ハ　行

パーカー（G. Parker）　114-15, 118
バージェス（J. W. Burgess）　224-25
ハートとネグリ（M. Hardt and A. Negri）　207
バーネット（T. P. Barnett）　128, 141
ハーベイ（D. Harvey）　36
ハッサロヴィッツ条約　116
ハバーマス（J. Habermas）　65, 107, 162, 165
ハワード（M. Howard）　115, 117, 119
ハンティントン（S. Huntington）　207, 227
非政府組織（NGO）　45, 56, 106, 160
　とグローバル化　50
　と国際的調整システム　46
　と国家支援　47
　と力の格差　47

と民主的正統性　46
の両義性　49
批判的グローバル化研究　177-78
プーランザス（N. Poulantzas）　33, 35, 68, 71
ファシズム　159
フォード主義　31, 32, 38, 40-41
複合的・不均等的発展　67, 72
ブッシュ（G. W. Bush）　90, 124, 227
ブラック（J. Black）　115-16, 121
ブル（H. Bull）　136
ブルデュー（P. Bourdieu）　165
ブレア（T. Blair）　163
ブローデル（F. Braudel）　180-81
プロレタリアート　56-57
フロンティア民主政　230
ヘーゲル（G. W. F. Hegel）　232, 235, 243, 249
ベーリィ（C. A. Bayly）　113, 116
ヘゲモニー　227、第8章の各所
ヘルド（D. Held）　84, 148, 161
偏差状資本主義　5-6, 25
ホーフスタッター（R. Hofstadter）　231, 236
ボーマン（J. Bohman）　146-47
ポスト・フォード主義　25
ポッジ（T. Pogge）　82, 84
ホブズボーム（E. Hobsbawm）　56, 57, 59, 123
ホブソン（J. M. Hobson）　123, 138
ポラニー（K. Polanyi）　27, 38, 182, 192

マ 行

マキャヴェリ（N. Machiavelli）　199-201, 210, 212, 218
マクネイル（W. H. McNeill）　120, 124
マクファーソン（C. B. Macpherson）　211, 222
マディソン（J. Madison）　237-38, 245
マルクス（K. Marx）　4, 15-16, 20, 54, 56, 137, 159, 183, 202
の二重のパースペクティブ　60-61
マルクス主義　55-56
の教条化　56-57
マン（M. Mann）　123, 139
マンデラ（N. Mandela）　108, 185
民主政
とNGO　49-50
とガヴァナンス　84
と範囲　102-03
ムフ（C. Mouffe）　199, 204-05
モンテスキュー（C. Montesque）　163-65

ヤ 行

有機的知識人　215-16
傭　兵　116-17

ラ 行

ラクロー（E. Laclau）　199, 205
ラディカルな改革主義
と環境保全運動　42
と「国際市民権裁判所」　45
と国家権力　42-44
とフェミニズム　42
と「民主的立憲主義」　45
リスボン行程　90, 111
リベラル派　133, 137-38, 140
ルーマン（N. Lohmann）　15, 30
ルソー（J. J. Rousseau）　170
レーニン（V. I. Lenin）　56, 61, 138
冷　戦　53, 90, 108, 126
歴史的ブロック　18
レギュラシオン理論　32
レジーム理論　65
連　帯　83-84, 101, 107
労働者階級　31, 38

ワ 行

ワシントン・コンセンサス　85-87, 96, 100-01, 192
ワトソン（A. Watson）　117-18

2007年9月30日　初版第1刷発行

グローバル化理論の視座
── プロブレマティーク＆パースペクティブ ──

編　者　中谷義和

発行者　秋山　泰

発行所　株式会社　法律文化社
〒603-8053　京都市北区上賀茂岩ヶ垣内町71
電話 075 (791) 7131　FAX 075 (721) 8400
URL:http://www.hou-bun.co.jp/

© 2007 Yoshikazu Nakatani　Printed in Japan
印刷：西濃印刷㈱／製本：㈱藤沢製本
装幀　白沢　正
ISBN 978-4-589-03039

デヴィッド・ヘルド編／中谷義和監訳 **グローバル化とは何か** —文化・経済・政治— Ａ５判・218頁・2520円	グローバル化を社会科学として概念化した最良の入門書。グローバル化のインパクトが、何をどう変えてきたのかについて、様々な現象の実証的分析と諸理論の批判的検討を行い、グローバル化の理論的提起を試みる。
D.ヘルド・M.K.アーキブージ編／中谷義和監訳 **グローバル化をどうとらえるか** —ガヴァナンスの新地平— Ａ５判・200頁・2625円	J.E.スティグリッツほか、世界的に著名な研究者が、グローバル化をめぐる様々な議論を、社会的正義、公正、自由、民主的諸価値等から問い直すとともに、グローバル・ガヴァナンスの再構築へ向け、アジェンダを提起する。
ジーン・グリューゲル著／仲野修訳 **グローバル時代の民主化** —その光と影— Ａ５判・242頁・2625円	民主化はどう行われ、深化していくのか。民主化理論の展開をふまえ、世界の民主化過程を包括的に概説。国家、市民社会、グローバル化に注目し、これからの課題と民主化実現のための条件をさぐる。
川村暁雄著 **グローバル民主主義の地平** —アイデンティティと公共圏のポリティクス— Ａ５判・252頁・3360円	公正なグローバル社会の実現は可能か。D.ヘルドやJ.ハーバーマスの理論をもとに解明。地球的な公共圏と地球市民アイデンティティの役割に注目し、グローバル討議民主主義の可能性をさぐる。
杉浦功一著 **国 際 連 合 と 民 主 化** —民主的世界秩序をめぐって— Ａ５判・244頁・5460円	国連が果たした加盟国への民主化支援と国連自体の民主化の取り組みをグローバル・デモクラシーの議論の整理をふまえ、実証的に考察。グローバル時代におけるデモクラシーの状況と国際社会が抱える民主化進展への課題を提示する。

―――――――――法律文化社―――――――――

表示価格は定価(税込価格)です